Yo salí del abismo

Yo salí del abismo

Cómo superé el alcohol, la bulimia,
las relaciones destructivas
y encontré un propósito en mi vida

CORAL MUJAES

AGUILAR

AGUILAR

© Coral Mujaes, 2014
www.coralmujaes.com

De esta edición:
D. R. © Santillana Ediciones Generales, S. A. de C. V., 2014.
Av. Río Mixcoac 274, Col. Acacias
C. P. 03240, México, D. F.
www.librosaguilar.com/mx
t:@AguilarMexico
f:/aguilarmexico

Primera edición: mayo de 2014.

ISBN: 978-607-11-3115-7

Diseño de cubierta: Jorge Garnica

Impreso en México

PRISA EDICIONES

ÍNDICE

Introducción

Este libro es la historia de mi camino hacia la recuperación, es el inicio de una nueva vida. Cuenta mi proceso de sanación de la bulimia y otras adicciones. Todo lo que aquí se presenta, por doloroso o fuerte que parezca, es verdadero.

Por encima de las críticas y los juicios que genere, mi más grande anhelo es llegar al alma y a los corazones de mis lectores, darles un rayo de luz entre tanta oscuridad. Aunque no soy la única con estos problemas, creo que muchos seres humanos —mujeres y hombres, adultos y jóvenes— podrán identificarse con mi testimonio.

Hoy, los desórdenes alimenticios y las adicciones son lo *in*, es de lo más popular y aceptado por nuestra sociedad. Ser *hipster* o *junkie* para algunos es considerado como algo *cool*, porque te vale madre todo, pero te pasas la vida agotando tu energía en ocultar tus debilidades, tu sufrimiento: tu corazón vulnerable. En este mundo dual, lleno de incongruencias, donde nos queremos curar de todo y, al mismo tiempo, no nos queremos curar de nada; nos resistimos a tomar la medicina. Aunque, la falta de herramientas no sea el problema.

Este libro contiene revelaciones muy fuertes. Elegí hacerlo así porque, muchas veces, estas enfermedades de naturaleza caótica se mantienen como secretos bien disfrazados, y ya es hora de que salgan a la luz como en verdad son.

Con frecuencia escucho a la gente decir: "Sí, tuve bulimia o (cualquier otra adicción), pero me interné en tal clínica, o leí tal libro que me cambió por completo la vida y, es más, empecé una campaña contra eso y ahora todo perfecto". Sí, ajá, bien por ti, ¡pero eso no es de gran ayuda ni es del todo cierto! Si el mundo funcionara así, no estaríamos como estamos, pues CAMPAÑAS, SOBRAN.

La gente sabe bien de qué pie cojea. Hace mucho que el problema dejó de ser "la falta de información", más bien estamos saturados de ella y, en vez de ayudar, crean un buen de confusión. Todos saben que los desórdenes alimenticios —como la bulimia y la anorexia— o las drogas te llevan a la muerte; no necesitas estar iluminado ni tener un gran nivel académico para comprender que las drogas, incluyendo al tan excusado y aceptado alcohol, tarde o temprano, acaban contigo.

Aquí tengo que aclarar un punto, también el alcohol es una DROGA, aunque sea legal y muchos lo nieguen al decir: "No, yo no me meto nada, sólo chupo". Ah, OK, sólo chupas, como si estar pedo no pusiera estúpido, entonces no cuenta, está bien. *Really*? ¿Qué piensan que es el alcohol? En fin, todos sabemos que esto y aquello "es bueno" o "es malo"; las etiquetas están muy claras. El problema no es ése, el problema es por qué lo seguimos haciendo, o, por qué lo hacemos de una manera autodestructiva. Explícame, ¿qué tiene de padre no saber lo que hiciste en tu peda?, ¿qué tiene de *cool*? Y, *sorry to break it to you*, pero si tus amigos se ríen contigo de tus pedas y tus vergüenzas, lo hacen por cortesía y por hipócritas porque, tal vez, piensan que eres un pendejo y, créeme, no les importa mucho tu vida. El amigo que en verdad te quiere no formará parte de tu equipo para romperte la madre, te lo aseguro. No sé en qué momento acabar ahogado se convirtió en sinónimo de chingón. Y sí, yo fui de esas, yo alguna vez fui "la pendeja", por eso sé de qué hablo. Pero en todo es así, no nada más en el alcohol.

A nadie le importa que las cajetillas de cigarros tengan fotos de hígados negros y podridos, ni que esté escrito en letra a aprueba de idiotas que pueden MATARTE. Piénsalo, no se redujo, ni un poquito, la venta de cigarros después de que en nuestro país obligaron a las empresas a imprimir esa información en sus paquetes. O en el caso de la comida, tampoco causó gran impacto el documental *Súper engórdame*, en el que Morgan Spurlock, su director y protagonista, comió los productos de MacDonald's todos los días, por un mes, y casi se muere. La gente quizás pensó "pobre tipito, qué mal viaje". Nos la pasamos excusándonos de todo, somos súper creativos para argumentar por qué hacemos lo que hacemos, aun en detrimento de nuestra salud y bienestar.

La pregunta central es ¿por qué no hay una solución real a estos problemas? Parece que no vamos a ninguna parte a pesar de todos los esfuerzos por mejorar, a pesar de las veinte mil campañas contra esto y contra aquello, a pesar de los cientos de clínicas, grupos, psicólogos, terapias y libros. ¿Qué está pasando?

No quiero decir que los grupos, las clínicas y demás sean un fracaso, cero, pero no estamos logrando transformar la conciencia humana. Somos el equivalente a la piedra sobre la que Miguel Ángel hizo *El David*, ya existimos perfectos pero hay que picar piedra, tallar y pulir para llegar a esa perfección, y todo lo que hemos hecho hasta ahora es tallar un poco por aquí, medio pulir un poco por allá; sin haber llegado a tocar esa división entre la vil piedra y la obra de arte, ésa que en nosotros está en forma de carne y espíritu. Repito, no creo que sea por falta de información y recursos, sino que, en un nivel más profundo, la verdad NO QUEREMOS CAMBIAR, ESTAMOS "CÓMODOS" CON LA ENFERMEDAD Y LA MEDIOCRIDAD, porque evolucionar y trascender implica DISCIPLINA, TRABAJO Y PERSEVERANCIA pero, por desgracia, la mayoría tendemos a seguir la ley del menor esfuerzo y de la gratificación instantánea. Hoy por hoy sobrevivimos; no VIVIMOS. La vamos llevando, diciéndonos cosas como: "bueno, me conformo, mínimo, no estoy como mi pobre vecino..."

No es suficiente repetirnos novecientas veces: "Soy un chingón, todo está bien, la abundancia llega a mí, o todo pasa por algo". Sí, las afirmaciones ayudan, pero tenemos que actuar en congruencia con ellas. La magia de la vida no trabaja sola, necesita que hagamos nuestra parte del trabajo. Y, aunque todo tiene una razón de ser, muchas veces eso que nos pasó es consecuencia de nuestras propias acciones, por flojos e ignorantes, y no por obra del Espíritu Santo. He tratado a personas que se quejan de una situación; les recomiendo un libro o que vayan a tal taller o que cambien su dieta o que escuchen a tal persona, pero no, les da *güeva*, mejor se quedan como están, mal que bien, ese estado lo conocen, ya se acostumbraron y no quieren instruirse ni hacer el mínimo esfuerzo y, así, ¡está cabrón!

Como te dije al principio, esta historia es fuerte porque las adicciones son fuertes. Lo que me inspiró a escribir este libro fue mi búsqueda de la recuperación, pues cuando estaba desesperada por salir de mi abuso de alcohol y de mi bulimia crónica, nunca encontré libros con los que pudiera identificarme; lo que había era gente que escribía sobre lo chingona que era su vida gracias a que se había curado de tal o cual cosa, incluso algunos libros mencionaban literalmente que la parte de su enfermedad no sería mencionada, más bien le entraban leve al asunto. Y, llámenme metiche, yo necesitaba saber de su vida en la enfermedad porque era ahí donde yo estaba en ese momento; quería saber si alguien había pasado por lo mismo. Como no sabía de alguien, porque por vergüenza no lo hablaba con nadie, ni buscaba ayuda, me consideraba jodida y deseaba no sentirme sola, como un ser humano completamente roto y defectuoso. Pero sólo encontré historias increíbles de personas sanas que habían "trascendido". Y pues estuvo bien, actuaron como velitas que, con el tiempo, parecían consumirse rápido, cuando lo que buscaba ávidamente era un lamparón, de esos que no se apagan nunca, pero mientras, seguía sola, sin ninguna luz duradera que me sirviera para empezar a caminar firme hacia una dirección. A esos autores que sólo escribieron de su vida en recuperación, los entiendo, hay una necesidad de proteger la intimidad —it's a very smart thing to do— y, es más, la apoyo. El mundo no tiene por qué saber tus chingaderas, ¡qué oso!, pero a mí este libro que tienes en tus manos me hubiera salvado la vida, chance exagere porque no lo encontré y sigo viva, pero me hubiera ahorrado muchos madrazos, mucho tiempo y mucho dinero, así que elijo hacerlo de esta manera.

Ahora que lo pienso, cuando alguien me cuenta que su vida fue muy difícil y me dice tres cositas escuetas, siempre me gustaría saber más, a lo mejor me identifico porque los que hemos sufrido mucho desarrollamos como rayos X para el sufrimiento de los demás y, en ellos, buscamos poder vernos a nosotros mismos. Así que, después de todo, escribí el libro que me hubiera gustado encontrar; ése que hubiera representado esa lámpara, esa luz que tanto buscaba. Sinceramente, mi objetivo es servir y poder ayudar, aunque sea a una persona. No me importa sentarme en la silla del juicio si, por medio de mí, te encuentras a ti mismo.

El tratamiento que nuestra sociedad le ha dado a las diferentes adicciones ha sido erróneo porque se ha enfocado a etiquetar todo lo externo a este mundo —drogas, sexo, internet, apuestas, dinero— como "bueno" o "malo" y, en realidad, nada es bueno ni malo, las cosas sólo son, nada es adictivo por sí solo. No es del alcohol de lo que te tienes que curar, ni de la abstinencia o la compulsión por la comida, ni del sexo, ni de nada, pues esas cosas SIMPLEMENTE SON, punto. No tienen carga de ningún tipo, no son cosas poderosas por sí mismas, eres tú quien le das el poder y es de esa parte de ti mismo de la que debes recuperarte. Lo que está afuera de ti es neutral, tú eres el que elige cómo y qué hacer.

No huyas de las drogas, del sexo, de las apuestas, más bien date cuenta que EL PODER LO TIENES TÚ. El problema y la solución eres TÚ y siempre has sido TÚ. Si elegimos cómo llevamos nuestra vida, dejaremos de ser víctimas o prisioneros perpetuos. Si elegimos cómo vivir, dejaremos de ser enfermos crónicos de todo, de responsabilizar de nuestras desgracias a lo externo, a nuestros padres, a la genética, a nuestro trabajo, a nuestros hijos, a nuestra suerte, a Dios, al universo, a la religión...

Este testimonio está organizado en forma de recapitulaciones diarias que van de atrás para adelante (o sea, iba describiendo mi día de la noche a la mañana, no te confundas) a la manera de un diario que le escribía a mi maestra espiritual, la cual fue mi guía en este duro camino. En ellas encontrarás artículos, reflexiones, ejercicios y conversaciones que me ayudaron a salir adelante. Las comparto contigo porque fueron de gran ayuda para mí y ahora espero que lo sean para ti.

Bendiciones y luz para ti,
Coral.

Capítulo 1
Reconocimiento

> Quien no duda de sí mismo es indigno,
> porque confía ciegamente en su capacidad y peca por su orgullo.
> Bendito sea aquel que pasa por momentos de indecisión
>
> Paulo Coelho, *La quinta montaña*

Es una
basura

Soy adicta a la comida

20 de agosto

¡¡Hola!! ¿Cómo quieres que te diga, maestra, *sensei*? Antes de empezar, quiero confesarte algo: soy adicta a la comida, soy comedora compulsiva y vomito porque me da terror, pánico, engordar. A la mierda, soy bulímica. Si pudiera ser anoréxica lo hubiera sido, pero me encanta tragar. Tengo esto desde hace once años y no he podido quitarme la obsesión ni con mi cuerpo ni con la comida. Espero instrucciones.

Coral:

Ayer no recibí tu recapitulación, te escriba o no, tú envíamela diariamente. Cuando considere oportuno te escribiré, o si necesitas respuesta, dímelo y lo haré. Estoy trabajando en ti, tal y como me comprometí. ¿Cómo vas? Te envío un artículo sobre la bulimia. El problema no es si te ves gorda o flaca, sino que a pesar de que has hecho cosas de valor dentro de ti, a nivel neurológico tienes tatuada la experiencia de tu madre, y es eso lo que vamos a transformar a nivel del ADN. Para que esto suceda, tu trabajo personal es indispensable. Nadie es culpable, sólo hay que solucionarlo y yo sé cómo. Haz tu trabajo, quiero verlo diario.

Bendiciones y luz para ti.

Bulimia

Bloqueo físico: quien sufre bulimia siente un apetito incontrolable que lo lleva a alimentarse de manera precipitada y excesiva.

Bloqueo emocional: este problema es de tipo afectivo, igual que la anorexia, con la salvedad de que quien la padece quiere comerse a su madre. La anorexia se relaciona con el miedo al rechazo, mientras que la bulimia, con el miedo a ser abandonado. Se presenta en la persona que quiso separarse de su madre y, al no poder hacerlo, cae en el otro extremo (es decir, necesita su presencia). Es frecuente que esta persona haya sentido que su madre quería acapararlo todo, hasta el extremo de impedirle querer a su padre. La bulimia es una pérdida del control; por lo tanto, es lógico suponer que la persona afectada se reprimió demasiado por querer y aceptar a su madre y, sobre todo, por aceptar a la mujer que hay en su madre. Esto crea, tanto en el hombre como en la mujer, una gran dificultad para aceptar su principio femenino. Suele presentarse en personas rígidas que no están en contacto con sus necesidades y no se permiten realizar sus deseos.

Bloqueo mental: si tienes bulimia, posiblemente en la infancia creíste que tu madre lo acaparaba todo o que tú ocupabas mucho lugar en su vida. Una parte de ti no la quiere y otra parte tiene miedo de ser abandonada, por lo cual la necesitas. Cuando tienes una crisis de bulimia, esta última parte de ti quiere corregirse por todo el tiempo que quisiste ignorar a tu madre. Es muy probable que te avergüences de algo ante ella. Verifica si tu reacción está bien fundada y manifiesta todo lo posible. Así comprobarás que ella tuvo el mismo problema que tú con su progenitor del mismo género, y que te quiere más de lo que podrías haber imaginado. Lo que originó el problema no es lo que sucedió con tu madre, sino tu percepción de lo acontecido.

Lisa Bourbeau, *Obedece a tu cuerpo. ¡Ámate!* (fragmento)

21 de agosto

Muy interesante el artículo de Lisa Bourbeau. Muchas cosas cobran sentido ahora, pero mi intelecto está lejos de poder actuar al respecto. Ayer fui a comprar las libretas y todo para empezar mi trabajo personal. Escribir es una verdadera joda, y eso que acabo de empezar.

He soñado mucho y no he dormido bien. Estoy soñando mucho con mi novio; he tenido sueños que me generan miedo y ansiedad. Se me ha despertado una inseguridad con respecto a mi relación (si debo o no continuar). Me choca, porque no puedo tomar decisiones de ningún tipo. Necesito que me ubiques.

Me empezaron dolorcitos en la boca del estómago si no como cuando tengo hambre, hace mucho dejé de saber qué se siente tener hambre. La neta no sé si es hambre, no puedo distinguirlo, perdí la conexión entre mi estómago y mi cerebro por completo, ¡qué horror! Por ahora te escribo mis dudas:

- Me pediste que comprara una libreta de taquigrafía para llevarla a todos lados y poder responder cada quince *fucking* minutos por veinte días las siguientes preguntas: ¿dónde?, ¿con quién?, ¿qué pienso?, ¿qué siento?

- ¿Qué hago si se me pasan los quince minutos, continúo con los siguientes o cuando vea vuelvo a programar o qué?

- En mis recapitulaciones diarias, ¿escribo todas las veces que vomite o no?

- También me pediste una lista de mis viajes. ¿No tengo que estar poniendo cada que voy a Cuernavaca y México, ambas son mis casas y no cuentan como viaje, o sí?

- Me pediste una lista de los novios que he tenido a lo largo de mi vida. La verdad sólo me enamoré una vez, los demás no fueron trascendentes, ¿los considero?

- Si no me acuerdo de algún dato de mis listas o no lo sé, ¿pueden ayudarme mis papás, amigos, etcétera?

Mis recapitulaciones diarias, ejercicio de los quince minutos	
¿Dónde voy?	
¿Con quién?	
¿Qué pienso?	
¿Qué siento?	

22 de agosto

Ayer me peleé con mi novio todo el día porque en su Facebook tiene fotos con sus exes y, la neta, me caga. Antes seguía la filosofía de *Un curso de milagros*: nadie tiene que actuar de acuerdo con nuestra agenda; según mi agenda, en el momento que empezamos la relación, él debió borrar todo de sus exes, sin embargo, como quería cambiar, me aguanté y no le dije nada, pero como ahora estoy emputada con la vida, porque veo que todo eso valió para una chingada porque sigo jodida, decidí mandar ese *Curso* a la mierda y reclamar lo que en realidad siento: ME CAGA QUE TENGA FOTOS CON SUS EXES, punto, se acabó.

Tengo dos papás. Uno biológico y mi padrastro, con el que vivo desde los 4 años, al cual amo y adoro. Le digo papá porque eso es lo que es, mi padre. Dicen que un padre no es el que engendra, sino el que educa y cuida, pues eso hizo mi padrastro conmigo, me adoptó. No justifico a mi papá biológico, pero entiendo su ausencia en mi vida, está muy enfermo, lleva en la oscuridad muchos años. No le puedes pedir peras al olmo, ¿cómo iba a ayudarme, educarme, sacarme adelante, si él no puede con su propia vida? OJO, lo entiendo, no lo justifico porque yo estuve igual y heme aquí en mi intento número 4 000 000 por cambiar.

Hoy le marqué a mi papá biológico porque era su cumple y, pa'variar, andaba pedo. Es alcohólico y vive en una eterna peda, no pasa un día sin chupar, jamás ha hecho intentos por cambiar o mejorar su vida. No sé qué pase por su cabeza, no lleva bien su vida. No sé qué hubiera sido de mí de no ser por mi padrastro y mi madre, que tuvo la sabiduría y la fortaleza de dejarlo antes de que nos llevara a todos entre las patas. Y, bueno, empezó a decirme estupideces de mi mamá y lo mandé a la chingada diplomáticamente, le hablé de buenas y acabé encabronada.

Caminé por la casa pensando que el ejercicio de cada quince minutos es una verdadera mierda, que no me deja hacer un carajo. Pensé que mejor actúo como se me da la pinche gana sin meditar, sin hacer nada de mi *spiritual psychle bubble bullshit*, porque como todo lo de afuera es mi responsabilidad y mis pendejadas espirituales de antes no me funcionaron, decidí que no me gustan y que puedo mandarlas a la chingada.

Sí, soy una grosera, estoy montada en mi neurosis, ¿y qué? Me vale un kilo de reata.

Coral:

TIENES PROHIBIDO VOMITAR, TE LO TRAGAS DE NUEVO. Vamos a ir dominando el hábito. Y cuando suceda —que espero que casi no sea—, lo escribes en tus recapitulaciones. Las recapitulaciones van bastante bien. Estoy trabajando en ti. Haz tu tarea.

Para el dolor de estómago compra lácteo plus y tómate dos en la mañana todos los días. Son lactobacilos. Como vomitas tienes lastimado el esfínter, así que vamos a fortalecerlo. Es importante que me digas cuándo vomitas, aunque te regañe, porque estamos juntas conquistando esto que te daña, ¿de acuerdo?

Para ser libres debemos tomar en cuenta nuestro entorno y a los demás. Y tú no estás actuando libremente, sino en tu contra. Usa la inteligencia a tu favor.

Con respecto a las fotos, estudia tu inseguridad. Siempre habrá alguien mejor o peor que tú, física, emocional o profesionalmente. *Tú eres tú. Ámate a ti misma; si lo consigues, los demás te amarán como eres.*

Bendiciones y luz.

23 de agosto

Ayer *I had a very hot night (sex wise)* (con mi novio, ¡eh! Nunca fui de *one night stands*, bueno sí lo hice, pero cero me gustó), ¿querías saberlo todo, no?

En la noche fui a cenar a casa de unas amigas muy cercanas. Todo iba bien, no sentí compulsión y comí con hambre, hasta que llegó el postre. Era *fondue* de chocolate y pastelitos de sabores. Me entró ansiedad, me valió y comí. Obvio, se me desató la compulsión. Mi diálogo interno era "Ya pecaste, ya qué, te va a engordar mamón, ya la cagaste, *equis*, luego vomitas. No, no mames, tienes prohibido vomitar. Te aguantas, por pendeja. Mmm, bueno sí me voy a aguantar". Después, como a los veinte minutos, me sentía a reventar, me llenó tanto que, literal, sudo para que me entiendas, *I make myself so sick*, que no aguanté y vomité.

Al otro día fui a un centro comercial con mis hermanos y mi mamá. Me quedé cuidando al bebé y mientras se me metió la idea de darme un atracón y vomitar después. Lo empecé a planear, aunque no tenía hambre, de alguna manera es una actividad que me entretiene muchísimo. Pero esta vez me aguanté.

Reflexioné sobre el ejercicio de los quince minutos. Tengo que contestar primero qué pienso y luego qué siento, antes de decidir dónde y con quién, porque si no, se me va el pedo, se me olvida y trastorno todo el ejercicio. No había leído tu correo de "prohibido vomitar", así que desayuné y vomité.

24 de agosto

Mi novio llegó a verme, discutimos y se fue a caminar, pero luego regreso y todo estuvo bien, we had sex and all. Después del cine, camino al depa empezamos a discutir *again*, porque hoy es el cumple de uno de sus mejores amigos en un antro muy famoso de música electrónica y habíamos quedado en ir. Ahí llegas a la 1:00 a.m. y sales a las 7:00 a.m., después sigue el *after*, ese tipo de fiestas y lugares que te rompen la madre chingón, de la más baja vibración que hay.

El fin de semana, antes de verte, habíamos ido. Yo me metí una tacha y él un ácido (LSD). Empecé a consumir ese tipo de drogas este verano, según con un propósito espiritual, excepto la tacha, obvio, después profundizaré en ese tema. La neta sólo me gustó la tacha pal desmadre. Las consumo esporádicamente pero, ahora, con el trabajo que estoy haciendo en mí, no tengo ganas de salir ni de meterme nada. Entonces hipócritamente le dije que fuera él, porque me choca. Sé que va a ir, va a fumar mota, va a chupar, va a meterse un ácido, y no porque, según, van unos dj's cabrones. Él no es muy reventado ni nos metemos nada generalmente, bueno, él fuma mota casi diario y yo, de repente, me pongo un pedo. La neta, salimos mucho más por mí que por él, pero soy egoísta y como entré en un proceso en el que prefiero estar libre de químicos, incluyendo el chupe, mínimo por los veinte días de mi ejercicio, lo someto a *güevo* a mi proceso. Quisiera que él también estuviera en el mismo canal. Y para lograrlo, lo hago sentir culpable, diciéndole, "¿No tienes llenadera? Has ido al antro tres fines de semana seguidos (lo cual es verdad), pero si quieres ve, sólo que no te metas nada porque no confió en las drogas."

Debo dejarlo hacer lo que quiera, pero soy insegura y me cuesta un *güevo*. Lo mismo me pasa con sus exes. Me trastorna ser así, quisiera ser fresca, pero tengo un pedo con el control.

Fuimos al cine VIP muy a gusto, compramos muchos dulces y galletas. Comí, me entró la culpa y vomité después (no puedo restringir la comida, me choca, y cuando como algo que pienso que me va a engordar, entra mi neurosis y vomito). Me fascina ir al cine y comer, es uno de mis *hobbies*.

Después fuimos a casa de una amiga. Tenía pasta con crema y carne roja. Como buena adicta a la comida volví a comer, no me aguanté y vomité. Cuando como cosas en cantidades que, según yo, me engordan, vomito también. Vomito por todo, no puedo controlarlo. Si como sano no me pasa tanto, pero me gusta la chatarra, carajo. Y me siento el cuádruple de culpable porque me prohibiste vomitar y estoy lejos de lograrlo. Todo el día tragué, ¿sí o no estoy en las profundidades del hoyo? No es broma, estoy muy GRAVE.

Por diez años he vomitado diario, mínimo una vez. Ya no tengo que meterme el dedo. De no ser por eso, estaría hecha una vaca y tendría depresión de noveno grado. Es algo muy cómodo. Necesito que me operen el cerebro, mi mente es el verdadero problema. En fin, *hoy es un día nuevo y voy a volverlo a intentar*.

Coral:

Me parece muy bien la forma en que estás recapitulando. Quiero tratar dos puntos:

1) La comida.
2) El sexo.

Según leí, ambos son los placeres que dominan tu vida, no puedes con ellos. Pueden dañarte. Cuando te leo pienso en ti como una persona muy populus, que se deja dominar por sus impulsos animales. Así no se llega al poder ni a la magia del espíritu.

Lo que te pasa se llama adicción. Tú ya sabes cómo y qué se hace con eso. Yo estoy trabajando contigo porque TÚ LO QUISISTE, recuerda que contra tu voluntad no tenemos nada de hacer. Siempre habrá un pretexto para no lograr las cosas, y esas cosas no van conmigo. Así que déjate de engañar y empecemos por una de tus adicciones. ¿Te parece?

La comida. No te pongas en ninguna situación en la que sepas que vas a comer de más. Piensa antes ¿a dónde voy?, ¿qué voy a comer? Obviamente al comer y vomitar te estás partiendo la madre, ¿eso quieres? Pues, adelante, pero no te hagas pendeja, ¿OK? LA ÚNICA MANERA PARA DEJAR DE VOMITAR ES DEJAR DE VOMITAR y, para lograrlo, tienes que crear formas para NO VOMITAR. ¡¡¡¡Inténtalo!!!! Y, si de verdad quieres, lo vamos a lograr.

De tarea quiero que escribas cinco maneras en que crees que dejarías de vomitar. Describe lo que sientes al comer el bocado que te hará vomitar. Ponle nombre, "ansiedad", "tristeza", lo que sea, quiero saberlo. Sigue tu trabajo. Si quieres, lo lograremos. Yo te acompaño y guío en el camino.

Bendiciones y luz.

25 de agosto

Cuando se trata de un impulso soy más fácil que la tabla del uno. La única manera de curarme va a ser frenar mis impulsos.

Me desperté ansiosa. Ayer la cagué. Llegué a las 7 a.m. del antro, obvio, no hice mi ejercicio de los quince minutos. Me puse hasta la madre pero sin perder conciencia. Hace tiempo que no sentía culpa cuando decidía salir y, hoy, me está cargando la verdadera chingada porque no lo quería hacer y cedí. Fui al antro después de dejarme convencer por todo el mundo de que era LA FIESTA. Tomé y me metí una tacha. Antes fui a casa de un amigo a pre copear. En la tarde comí y vomité.

Mis cinco maneras para no llegar al vómito
Comer comida sana.
Hacer ejercicio.
No comer comida que pienso que puede engordarme, ni en una cantidad que crea que me engorde.
No comer cosas que me detonan compulsión, azúcares, harina refinada, salsas de chile, chatarra, etcétera.
No ir a *bufetts*, por un tiempo no ir a comidas y cosas de ésas.

26 y 27 de agosto

Estoy muy confundida con respecto a la vida, a lo que debo o no debo hacer. La palabra *debo* la había suprimido hace como un año de mi vocabulario, ya que pensaba que nadie "debe" hacer o no hacer nada. Esperaba que ocurriera un milagro que eliminara esa obsesión con mi cuerpo, que me ayudara a no atascarme de comida; ya que vomitar no es el problema, según como veo las cosas, sólo es "la solución" que hallé a mis atracones. Pero como tampoco veo bien nada ahorita, no confió en lo que pienso, porque como dicen en AA: "Tus mejores pensamientos son los que te trajeron aquí", o sea que traigo piensa-chuecos y no veo claro.

No sé qué quiero, no sé qué debo de hacer, no sé qué pedo de nada. No sé si hay un destino fijo, si venimos con misiones específicas. ¿A qué chingados venimos al planeta? ¿Quién debo ser? ¿Qué es este planeta? ¿Somos el invento de algo *gone wrong*? ¿Qué tipo de mujer quiere Dios que sea? ¿Qué implica ponerme al servicio de la luz? Rezaba por eso diario. Intenté de todas las maneras posibles ser lo mejor y, aún así, estaba mal. Según *Un curso de milagros*, vivir no implica sacrificios pero, otra vez, como todo lo interpreto a mi conveniencia, tampoco puedo confiar en mis enseñanzas pasadas.

Antes pedía con todas mis fuerzas tener un maestro en esta dimensión que pudiera ver, escuchar y resolver mis cien mil dudas, porque sola no podía —y no puedo—; aunque he dado lo mejor de mí, no ha sido suficiente, remo contra corriente pensando que voy bien, y no es así.

Tengo un ego muy chingón que usa mis enseñanzas espirituales para sabotearme y tenerme como estúpida corriendo en círculos. Honestamente, tengo miedo porque muchas veces he comenzado procesos que prometen cambiar mi vida por completo, y sí me la cambian por unos meses, pero al final regreso a mis pendejadas de antes. Por ejemplo, cuando "cambio" ya no chupo diario, sino que me empedo dos veces al mes; ya no soy tan desordenada en mis cosas, sino que dejo un calcetín tirado. En otras palabras, mi basura no se va, sólo se sofistica.

Gracias a este ejercicio de los quince minutos me doy cuenta de que cuando contesto la pregunta ¿qué siento?, el noventa por ciento de las veces respondo "ansiedad", "miedo", "enojo", "resentimiento", y aunque siempre escribo "un poco de ansiedad", la realidad es que todo lo que siento es negativo, soy miserable y no lo sabía, cero conciencia de eso. He vivido mucho tiempo así. Mientras mi ego me haga sentir un poco miserable todo está bien. Cuando tocas fondo muy cabrón, eso le choca al ego porque a *güevo* tienes que hacer cambios. Yo llevo en ese fondo un tiempo, me acostumbré y, de repente, se volvió "normal" sentirme tan mal. Y la gente ni en cuenta. El mundo me ve reír todo el tiempo, nadie me conoce en verdad. Está bien así, no me gusta llevar mi neurosis al de enfrente, ¿qué culpa tiene?

El día que me fui de antro estuve en mi depa todo el día con mi novio, crudeando, llorando, sintiéndonos los dos de la mierda, con culpas cabronas, hablando, reflexionando acerca de lo que queremos y no queremos. Acordamos que teníamos que hacer un cambio radical respecto a las drogas. No le he dicho que me voy un mes porque como estábamos con el bajón característico de la tacha, hubiera tenido un *emotional break down*; se lo diré el miércoles, cuando estemos más sobrios. Las drogas te chingan toda la química del cerebro, te dan el trancazo de endorfinas y cuando se te bajan sientes un bajón impresionante, aunque eso depende de la cantidad que consumiste; en mi caso, nada más una, pero de todos modos me jode mucho. Bueno, cuando estemos más tranquilos le diré, sé que lo aceptará mientras sepa que es algo bueno para mí.

Él es un buen chavo, de repente tiene sus *flashes* de sabiduría, pero está tan confundido como yo. Me sigue mucho y sé que si yo sano, lo ayudaré en su sanación porque estamos conectados. Pongo mi relación en manos de Dios y del Espíritu Santo y que pase lo que tenga que pasar para el crecimiento de ambos. No me aferraré a ninguna idea, aunque no soporto estar en la incertidumbre. Elijo confiar.

Dormí tres horas, tanta ansiedad y culpa no me dejaron descansar, a consecuencia de la tacha. Con razón los chavos más clavados en esto difícilmente la pueden dejar. A raíz de que probé las drogas mi comprensión hacia los drogadictos es mucho más profunda.

Las drogas no te conectan con lo superior

27 de agosto

Me desperté inquieta por un sueño que tuve. Soñé con Doreen Virtue, una maestra con la que estudié por mucho tiempo. Ella habla acerca de los niños índigo, cristal y arcoíris. Cuando me certifiqué con ella me dijo que yo era niña índigo. Afirma que los químicos, desde el azúcar, los colorantes artificiales en la comida, los pesticidas, los herbicidas, las hormonas, hasta las drogas y las medicinas, afectan mucho a estos niños. Le creo porque lo veo en mis acciones, en cómo me pongo cuando consumo esas sustancias. Pero luego dudo porque ser niña índigo implica que soy especial y esta idea entra en conflicto con *Un curso de milagros*, que dice que lo "especial" significa disfuncional, es decir, nadie es especial y todos somos especiales. ¿Ves lo que te digo? Soy la confusión andando.

Soñé que le hacía dos preguntas; una fue si mi destino era ser terapeuta (no tengo idea de por qué le pregunté eso) y me contestó que sí, aunque me dijo: "Cuando te pones seria con el universo, el universo se pone serio contigo". Eso ya lo había escuchado de Marianne Williamson, maestra que también sigo y amo, pero ¿qué chingados significa?

Ayer cené con mi hermana y vomité porque comí de más y me sentía llena. Me da gusto que ya no como pensando que voy a vomitar, sólo como de más y me siento mal, muy llena y, entonces, lo hago.

Mi novio está confundido sobre lo que es correcto. Piensa que los hongos y la mariguana no son drogas malas porque la naturaleza las produce; cree que la mariguana es una planta medicinal que lo ha ayudado mucho. Jura que se conecta con seres de luz que le hablan cuando está *high*. Cree que lo único malo de fumar mota es su dependencia a ella, pero está trabajando en bajarle, aunque según mi percepción la verdad no le está funcionando mucho. El chupe y todas las otras drogas no son problema para él, ni siquiera los hongos, sólo la mota, pues, como te digo, el *brother* fuma diario. No supe ni qué decirle porque también estoy muy confundida acerca de lo bueno y lo malo.

Pasé tiempo con mi hermana. Tuvimos una plática muy profunda. Ella ve las cosas desde sus heridas del pasado y, en consecuencia, no ve las cosas objetivamente. Le dije palabras de apoyo y se sintió mejor. No tiene nada de malo pedir ayuda, lo peor que puede hacer es descuidarse. No se siente feliz, aunque haga todo por sus hijos físicamente, para nutrirlos y cuidarlos chingonamente, no se los logrará transmitir, a los niños no los puedes manipular, ellos sienten tu energía y en su caso la sienten de malas y amargada, a pesar de que tenga una sonrisa en la cara. Necesita estar bien para ser una buena madre, ser feliz, estar sana, sentirse realizada. Es importante que duerma bien, así que le recomendé contratar una enfermera de noche tres veces por semana para que la ayude con el bebé. Es que es una mamá trabajadora que no duerme ni de noche ni de día, ¿te imaginas la neurosis que trae? CERO SEROTONINA, cómo no va a estar deprimida. Trae un desmadre en su química cerebral y un desmadre a nivel hormonal también; tiene el cortisol a la orden del día, no ha dormido en seis meses. Está pasando por un *lapsus brutus* existencial masivo, para mí es fácil verlo, pero para ella no tanto. Le aconsejé que no deje de hacer sus actividades, que retome su yoga y sus cafés con amigas de vez en vez; que ser madre no significa que tu vida se acaba, aunque la gente opine lo contrario: "No, cuando tienes hijos, a duras penas puede uno respirar, adiós amigos, adiós tiempo libre, etcétera" y te sacan su listita de todo lo que ya no puedes hacer. Creo que es una manera muy limitante de ver la maternidad, yo la veo como una etapa en la que hay que reestructurar y reacomodar prioridades, sin que tenga que ser asfixiante. Mi hermana es de las que quieren ser la súper madre, la súper abogada, la súper ama de casa, la súper, súper y, pues no, no puede. Quiere abarcar todo. Se lo dije, "prioridades, hijita, tendrás que elegir y hacer cambios o te va a cargar la chingada, créeme". Sí le cambió el semblante después de mi choro, como que soltó una maleta de novecientos ladrillos que había cargado todo este tiempo y que la estaba trastornando a otro nivel. Es increíble cómo vivimos en la idiota, cargando mil cosas que ni al *case*.

Y, ¿adivina qué? Me contó que, en su momento, muy de vez en vez, se dio sus toques para relajarse. No puedo describirte mi cara cuando me dijo eso, como que no lo procesé, aunque, no te miento, me sentí aliviada, pues la veo como una persona seria, responsable, trabajadora, fuerte. Casi se me caen los calzones al saber que fumó mota, te juro que nunca lo hubiera imaginado. Raro, pero me hizo sentir bien, la neta me hizo dudar de si estar jodiendo o no a mi pobre novio con respecto a fumar.

Me hizo dudar si la mariguana es mala, ¿sabes? A mí la mota me caga. Nunca le agarré el gusto, ¡estar en la pendeja no es lo mío! Pero, algo debe tener que le gusta a tanta gente, ¿pero eso lo hace correcto? No sé. Hay argumentos que la hacen ver como la droga menos dañina; pero sigue siendo una droga, no se las compro. Me da gusto que mis palabras la motiven a hacer cambios positivos y que sepa que tiene mucho por qué estar agradecida en vez de estarse quejando.

28 de agosto

Ayer vomité todas mis comidas, no sé qué me pasó. Desperté con un leve dolor de cabeza a las 3 a.m. porque empezaron a llorar mis sobrinos. Me tomé dos aspirinas, ¡cosa que nunca hago!

En la tarde, fui con mi novio a comer. Por fin le dije que me iba tres semanas (no sé cuánto tiempo necesite estar allá, pero si le digo que voy por tiempo indefinido *most likely*, hubiera sido causa de tensión y complicaciones). Fui inteligente, se lo manejé poco a poco. Está contento por mí, me apoya, pero, de repente, emocionadísimo me dijo que mientras no esté va a acampar todos los fines y a comer hongos para trabajar en él. En buen pedo casi le rompo el plato en la cabeza. Me alteré y le dije que por qué chingados tiene que hacer cosas que alteran su mente, por qué su respuesta a todo en la vida es la droga. Me respondió que él no critica ni juzga mis métodos para trabajar en mí y me pidió que yo no lo hiciera con los suyos, *fuck*, tiene razón.

Me menciona a una chamana que se llamaba María Sabina, ¿sabes quién es? Yo he comido hongos y *equis* la experiencia, no fue *life changing*, ni cerca. Tal vez fue medio "espiritual" porque alteré mi conciencia, pero fue más alucín que nada, no mames, me salían ramas de la cabeza, y eso que lo hice en la naturaleza y de día. Hasta fui a San José del Pacífico. No sé, a lo mejor tanto me dijo que sí era espiritual que esperaba que la corte celestial o alguien como san Miguel Arcángel bajara a hablar conmigo o algo, y nada, más bien, mis visiones iban enfocadas a la oscuridad que a la luz, el Arcángel san Miguel seguro pensaba "Ay, estos chamacos pendejos". Si yo fuera un ser de luz, eso hubiera pensado al vernos así, todos drogados en la ilusión de una conexión. Mi intuición me dice que todo fue una ilusión.

Mi novio, por supuesto, es el abogado número uno de esas cosas. Dice que las veces que ha comido hongos ha tenido revelaciones y ha resuelto cosas de su vida, pero para su mala suerte esa vez que comimos hongos juntos, vi a un niño chiquito experimentando, cero vi que tuviera algún tipo de revelación, o que estuviera en reflexión, o que fuera instruido por ningún ser de nada; estaba en la cama echo bolita y juraba que era un huevito. ¿Dime qué de espiritual tiene eso, *please*? Luego se quedaba viendo horas sus manos y como que se espantaba, yo lo estuve observando y ni su *trip* ni el mío fueron espirituales, estábamos drogados, punto. Pero dice que lo han conectado con lo superior. A veces le doy el beneficio de la duda.

Llego el sábado a Acapulco con mis abuelos. Mi mamá llegará una semana más tarde.

P.D. ¿Empiezo a leer el libro que me recomendaste o me espero? ¿Cuál era, *Viaje a Ixtlán* de Carlos Castaneda? Sí, era ése, ya me acordé. Lo leeré despacio y con atención como me indicaste.

29 de agosto

Dormí muy bien. Ayudé a mi hermana con mis sobrinos, vino mi hermano, vimos programas de risa y cenamos, aunque todavía me sentía llena de la comida de la tarde. Ya habían pasado cinco horas, no había comido nada y no sentía hambre, pero en mi mente quería comer, entonces comí y me sentí tan llena que vomité. No comí con la intención de vomitar, pero esto es automático. Mi cuerpo no digiere bien, me quedo con la comida horas y me harta.

Ahora no como con el plan de vomitar, sólo que como más de lo que me hace sentir bien, porque en el momento no me siento satisfecha, sino hasta que como mucho. *I have broken eyes*. Después de una hora me siento de la chingada. Como muy rápido, ése es el problema. Cuando me observo comer pienso "no mames, Coral, comes como si no hubiera mañana", y a medida que me hago más consciente de cómo como, observo a los demás a mi alrededor para ver si soy un bicho raro o qué; los observo en restaurantes, gente *random* y muchos comen así, en la inconsciencia total, como en automático. No comen, tragan. Eso es una conducta social aprendida.

Me enojé con mi novio. El fin de semana se va con unos amigos que son hasta el *güevo*, pero ya sabes, me la quiso vender como que van a asolearse, a nadar y no sé qué. ¡¡¡Ay, ajá!!! Obvio, no le creí y lo confronté. Me choca ser súper controladora; finalmente, es su pedo lo que haga, es su vida, pero no confío en él. Te juro que jamás ha hecho nada que me ponga a dudar o pensar que me pone el cuerno, sé que ni a sus exes se los puso, por encima de su adicción es noble y honesto, tiene grandes virtudes, las reconozco. Mi desconfianza es mi propia proyección hacia él. Eso de que "el león cree que todos son de su condición" es neta, porque yo siempre fui cabrona, a todos mi novios les puse el cuerno y les mentí. Con él estoy aprendiendo a respetar "un acuerdo sagrado", pacto que los dos conscientemente elegimos hacer: "mientras estemos juntos, no estamos con nadie más". Esto lo aprendí con él, después de que la cagué. ¿Te cuento? Andando con él, un día se me hizo buena idea irme con unas amigas y ponerme un pedo. En la fiesta había un chavo que me gustaba, ya sabes que la peda siempre es la excusa perfecta *to go wild*, entonces, *fuck*, que le pongo el cuerno, pero no sabía que esta vez me marcaría de por vida. Al día siguiente, a diferencia de las otras ocasiones, no podía con mi cruda moral, me sentía súper, súper mal, súper hipócrita porque ya estaba en el camino de la conciencia, ya estaba desarrollando un trabajo personal, cambiando mis defectos de carácter. Sufrí muchísimo. Me arrepentí cabrón y juré jamás volverlo a hacer. Antes me sentía medio culpable, pero solita me *coco-washeaba* de que *I'm young*, *equis*, no hay pedo mientras no lastime a nadie (o sea, que no se enteraran), porque jamás puse el cuerno por chingar a mis parejas ni a nadie, sólo pasaba. Tampoco ponía cuernos de acostón (bueno, una vez y esa sí me cagó), pero hacerlo así me justificaba, "sólo besos". Pero esa última vez fue horrible, en mi sufrimiento decía "¿esto de dónde viene?"

Poner el cuerno no era serles infiel a ellos, era serme infiel a mí misma, a mis valores, solita me faltaba al respeto, me saboteaba. Aprendí que la infidelidad nunca es al otro, no tenemos poder real de hacerle nada a nadie, aunque el ego crea que sí, cero, eres infiel a ti mismo, avientas la espada para arriba pero te regresa y te cae a ti. Por eso decidí que jamás me volvería a poner en una situación así, que debía aprender a respetarme y a quererme lo suficiente, pues mi infidelidad era sólo un método que utilizaba para darme en la madre, y así ha sido, una forma de abusar de mi cuerpo. Aunque fue espantoso en su momento, significó una bendición disfrazada, pues se me dio luz para resolver ese *issue* para siempre y, por primera vez, pude VER.

No estoy en contra de las relaciones abiertas ni mucho menos, mucha gente se excusa diciendo que el ser humano es promiscuo en esencia, que no nacimos para tener sólo una pareja sino varias. Si lo crees, está muy bien, pero no te metas a un noviazgo, donde la regla número uno es "la exclusividad". Es mejor hacer acuerdos. Por ejemplo, tengo unos amigos que están juntos como pareja, pero llegaron al acuerdo de que por un tiempo pueden estar con otras personas. Ellos tienen todo mi respeto porque son honestos y no andan mintiendo o poniendo el cuerno. Acostarte con mil si así lo eliges está bien, digo, no es lo ideal, pero si lo necesitas para aprender alguna lección, pues es tu responsabilidad. Pero mentir y lastimar a otro ser humano está de la chingada, no se vale.

En mi vida, nunca había tenido una relación en la que no estuviera cortando y regresando todo el tiempo como con mi novio actual. Cuando empezamos, me dejó muy claro "Yo no me ando con juegos, cuando corto, corto y se acabó". Y así ha sido con sus relaciones pasadas. En cambio, yo con mi ex ex estuve corte y regrese cien mil veces por tres años. El anterior me dio anillo de compromiso a los cuatro meses y se lo regresé al quinto. Rapidito supe que éramos una pareja conectada desde nuestras heridas, así que, imagínate, bueno *so far* todas mis relaciones siento que han sido así, "el roto con el descocido". Las relaciones de ese tipo abundan en esta sociedad, pues poca gente elige trabajar en sí mismo. Mi vida amorosa ha sido un desastre, pero con todo y todo, sólo me he enamorado mucho una vez, y ha sido mi relación más larga, el de *on and off* de tres años. Ahora somos buenos amigos. Como puedes ver, como si mi bulimia y mi alcoholismo no fueran suficientes, también mi vida sentimental es todo un caos.

Fui con mi mamá y con mi hermano a City Market en las Lomas. Empecé a comprar cosas para Acapulco, no sé si hay productos orgánicos allá. Fui con ellos a comer al café O. Comí muy bien, muy sano, sólo que otra vez me pasé un poco, no lo sentí en el momento, sino hasta después que no me dio hambre en cinco horas. ¡No digiero, carajo! Me encabrono con mi cuerpo y vomito. El enojo es un súper *trigger* para mi bulimia. Estoy pensando volver a ser vegetariana. Hubo un tiempo que no comía ni pollo ni carne ni pescado. Cuando fui a estudiar con Annie Marquier a Canadá conectaban mucho la espiritualidad con la comida. En el centro en el que estuve por un mes no daban nada de eso, así que decidí continuar con esa forma de comer. La gente más espiritual que conozco no come carne. Decidí probarlo por un año, pero al final no me convenció mucho. Ahora evito la carne roja y el pollo, pero por cuestiones de salud física, más que por razones espirituales, ya que a los animales los atascan de hormonas y mil cosas. De hecho, también estoy encabronada con las grandes industrias de la carne y pollo; me trastorna el maltrato a los animales. ¿Sabes qué es y cómo hacen el *foie gras*? Es hígado enfermo de una oca o un pato que ha sido obligado a ingerir comida varias veces al día, mediante un tubo metálico de unos veinte a treinta centímetros de largo que se introduce a través de su garganta hasta el estómago. Les meten comida hasta reventarlos, ¡¡¡no mames!!! No justifico a la gente que come foie gras, me da idéntico lo rico que sea y si se sienten de la alta sociedad al comerlo; me pregunto si les gustaría que les metieran comida al cuerpo hasta explotar, ¿o un tubo metálico por el culo hasta que revienten? ¿Por qué la gente es cero empática? Puedo sonar agresiva, pero es más agresivo todo el proceso por el que los animales tienen que pasar. La gente es ignorante, no tiene puta idea de lo que se lleva diario a la boca; y la que sí lo sabe y le vale madre, está todavía peor, porque los ignorantes son brutos, pero este otro grupo,

¡ay Dios! Y después preguntan por qué están enfermos... ¿Tú qué opinas de eso? ¿Crees que la comida tiene conexión con la espiritualidad?

30 de agosto

Mi mamá me llamó en la mañana para decirme que hoy a las 9:00 p.m. entraban energías de no sé qué, o que los astros estaban alineados de manera tal que había mucha luz; me dijo que el maestro Jesús iba a estar presente a esta hora. Quería que me pusiera a meditar y hacer oración. Llevo mucho tiempo haciéndolo, he meditado mil veces, he orado un millón de veces y creo que no me ha servido de mucho.

Estoy enojada con mis maestros, te lo juro. Oraba, meditaba, comía, dejaba de comer, hacia cosas, dejaba de hacer cosas; trabajé conmigo, en perdonar y ser perdonada, en ser una digna hija de Dios, *whatever that means*, pero este mundo me atrapa. Vivo en la peor ciudad del mundo. Antes pensaba que había una razón, que chance Dios quería que estuviera aquí, donde nadie quiere estar, porque yo podía con eso, pero no pude, ¡veme! ¿Para qué oro, para qué medito? Ya sé, estoy tirada al drama, ¿y? Así me siento. Mis oraciones me llevaron hacia ti, eso quiero o necesito creer. Estoy en duda, en duda de todo. Yo sé, o quiero creer —o creí— que tenía una conexión muy fuerte con el maestro Jesús, te voy a contar.

Cuando tenía como 8 años, soñé con la crucifixión de Jesús. Yo estaba junto a su cruz, apoyándolo, defendiéndolo; yo era su discípula y estaba con él. Ese sueño me traumó pues de por sí no puedo ver tortura, ni en películas, ahora imagínate a los 8 años, haber vivido la crucifixión de Jesús en mi sueño. Me levanté corriendo muy asustada y fui con mi mamá a contarle lo que había pasado. Ella les llamó a sus maestros para contarles y dijeron que yo tenía una misión muy especial en la tierra. ¿¡¿¡¿¡Queeeé?!?!?! Como si mi vida no fuera misión suficiente.

Puedo conectarme con los personajes y con la gente en general a un nivel tan profundo que siento su sufrimiento en mí, es algo muy raro. Después de eso volví a soñar con el maestro Jesús hace como tres años. Mientras yo sufría y me latigueaba cada que salía y me emborrachaba (porque no siempre salía y ya, *equis*, por dos años peleé arduamente por no hacerlo, estuve por mis *güevos* ocho meses sobria, sin gota de alcohol, hasta que me ganó una vez y me quedé en el pedo cinco días seguidos). Y cuando acababa la fiesta, me latigueaba con ganas, me decía que no era posible, que cómo se me ocurría, que alguien como yo ya tenía que haber trascendido ese pedo, uf, me daba duro. Cuanto más duro luchaba por no salir, por no chupar, por no bla, bla, bla, cuando caía, mis caídas eran más profundas, así que decidí no luchar y hacerlo cuando quisiera. La neta, la compulsión sí me paró. Cuando más duro me latigueaba, soñé con él. En el sueño me miraba con muchísimo amor y compasión, sin juzgarme porque no podía ser una maestra iluminada perfecta a mis 25 años. Lo recuerdo muy bien, tengo su cara en mi mente y en mi corazón. Pero entonces, ¿fue real o mi cabeza y mi culpa necesitaban que fabricara estas cosas? ¿Qué es real?

Después de tantas filosofías diferentes que aprendí, me confundí cabrón, y sufrí lo que llamo "parálisis de tanto análisis". Así que decidí que tenía que agarrarme de una sola, y ésa fue *Un curso de milagros*, que había dictado mi maestro. Pensaba, "éste tiene que ser mi camino", y si cometía errores ya no me lamentaba, porque el Curso dice que no hay error que puedas cometer mediante el cual Dios no pueda ver tu perfección, y me empecé a perdonar en cada recaída. A nivel intelectual eso me convertía en mi propia alcahueta, pero ser mi peor juez tampoco me había funcionado, *au contraire*, me castigaba más porque la culpa siempre busca castigo. Ése era mi círculo, tenía que aventarme a liberar mi control. Estuve unos meses con muy poca culpa y preocupación, y no sabes qué bien me sentía; obvio, la seguía cagando pero mucho menos. Mi discurso pasó de "Dios, la cagué" a "Dios, la cagué otra veeezzz". Y bueno, el verano pasado decidí probar las drogas. Antes no había probado nada que no fuera alcohol. Lo de probar drogas fue toda una decisión, porque en primera mi novio ya me tenía harta con su discurso de "la mota y los hongos son espirituales, te conectan y te resuelven el pedo de la vida", él juraba que como yo era toda espiritual y filosofaba, la mota me iba a rayar. Mi intuición me decía que no era verdad, pero mi parte racional necesitaba una prueba. Además, me chocaba que no tenía la experiencia de haberlas probado. Entonces, no me sentía con armas suficientes que respaldaran mi intuición y la idea me rondaba: "¿y qué tal si es cierto? No me consta que no lo sea, pues nunca lo he hecho, debo abrirme a todo". Finalmente era una chava que había tenido experiencias de una conexión espiritual fuerte en total y absoluta sobriedad, jamás necesité de nada para sentirme conectada, inspirada, relajada, feliz; sólo mi manera de vivir cuando estaba en total sobriedad y alineación con mis verdaderos valores me brindaba estos momentos benditos. Así que lo decidí —y, como casi no soy intensa— me las eché casi todas. Ya sabes, soy de las que lleva las cosas al extremo. Probé las que consideré tenían la posibilidad de enseñarme algo, porque lo que buscaba era una conexión espiritual más profunda —la coca, *güeva*; la heroína, *güeva*, y esas cosas ya más acá, *güeva*—, probé LSD's (no me gustaron tanto, de hecho, estuve al borde de un *panic attack, call 911, I'm going insane kind of experience*); las famosas tachas (aquí sí me valió porque sabía que estaban lejos de ser una droga que pudiera enseñarme algo más que el puro placer físico en su máxima expresión, obvio, me rayaron, perfectas a mi personalidad), mariguana (me caga, la probé, no una, siete veces porque mi novio no podía concebir la idea de que no me gustara. Me decía, "Es normal, es que le tienes que agarrar la onda". ¡Es la pendejada más grande que he escuchado en mi vida! ¿Debo fumar hasta que vuelva adicto a mi cerebro a estar en la pendeja y se vuelva normal o qué? No, no, no); *hash* (me caga). Después fui a San José del Pacífico a comer hongos (*equis*, me da igual nunca volverlo a hacer). Quería saber si era verdad esta ilusión y mito de conexión en estados alterados a través de las drogas, comprobar si algunas son espirituales como mucha gente dice, jura, cree y escribe al respecto. Quería vivirlo y sacar mis propias conclusiones, me gusta saber qué pedo. Un maestro mío dice que las drogas son de los seres de la oscuridad y otros maestros te dicen que en conciencia te revelan muchas cosas. En mi experiencia, *they are not real*.

Después de probar las otras drogas, el chupe dejó de ser mi fascinación. El alcohol te imbeciliza, pierdes conciencia y haces pendejadas. Con ninguna de las otras drogas perdí conciencia. Eso, la neta, me gustaba mucho; me encantaba sentir el rush consciente, ¿sabes? Siempre en control de mí y de mis acciones. Pero todo me cobró factura. Y desde que estoy contigo eso me hace sentir culpable otra vez. Pinche culpa, me caga. Como la culpa de este domingo.

Siento que tengo que aprovechar, como cuando alguien va empezar una dieta y quiere comerse todo para aprovechar que todavía "puede", así me siento ahora que voy contigo. Fui al cine y no pude evitar hacer mi "ritual": comprar mil cosas para comer y vomitar después.

31 de agosto

Ayer fue un día difícil. Hablé de mis emociones con mi novio (imagínate el escenario, pobre *brother*). Le dije que había una herida muy grande en mí que me hace ser súper insegura. No confío en él, ni en mí, ni en nadie; me pongo en competencia con sus exes todo el tiempo; siento que no soy buena para nada. Él me apoyó, me dijo que no me juzgaba, que me ama y espera que sane y resuelva mis problemas. Me dijo que en mi vida me he rodeado de gente inconstante, que él no es así, sino que siempre está. Aun cuando estoy más en el hoyo que nunca, me apoya en todo para estar bien.

1º de septiembre

Hoy llego a Acapulco, me voy con mis abuelos. Cené con mi familia, no resistí y vomité. Fui a casa de un amigo, todos estaban echando la copa y así, *same old same old*. Se me antojó echarme un *drink*, súper leve. Elegí no hacerlo, no tomar ni una gota y mejor llegar a mi casa temprano a cenar con mi familia.

Comí con mis abuelos y mi mamá, vomité el exceso. Cuando me doy cuenta, estoy muy llena y no me siento bien, no me sé medir. Digo "el exceso" porque no vomito todo, sólo lo que me hace sentir mal. Mínimo, ya no planeo mis vómitos.

2 de septiembre

Hoy tuve una pesadilla. Soñé que era susceptible a las fuerzas de la oscuridad, que me atacaban y yo luchaba contra ellas. Muchas veces he soñado lo mismo: que soy una guerrera y me enfrento a esos seres. Imagínate, he soñado que soy exorcista, ¡qué horror! En la vida real me cago de miedo, pero en mis sueños por alguna razón los enfrento. Esta vez fue rarísimo. Una de las armas que uso es la oración, pero ahora no pude decirla, como que no tenía fuerza y la había olvidado. No te vayas a reír, digo cosas como: "En el nombre de Dios, te ordeno que te vayas", y luego digo el Padre Nuestro y otras cosas. No sé de dónde las saco, porque en la vida real a duras penas me sé persignar, es más, ni a primera comunión llego. De chiquita me pasé por el arco del triunfo esa regla y me formaba para comulgar hasta tres veces.

Otro de mis *warrior dreams* fue igual a una parte de *El Señor de los Anillos*, una escena de la primera película de la saga, cuando el toro rojo persigue a Frodo y a todos en la cueva. Gandalf se queda a enfrentarlo y le grita *"You shall not pass"*. Con su bastón ilumina con un diamante, pega en el suelo e irradia una luz y una fuerza que deslumbran al toro. Y no le queda de otra más que hacerle caso. En esa trilogía hay escenas muy significativas para mí. Cada que la veo, lloro. Algo así hice en mi sueño, te digo soy un ser muy extraño. Pienso retomar mi rutina de ejercicio que frené hace tres semanas y comer saludable. El pedo es que cuando me entra hambre, me cuesta muchísimo trabajo comer moderado, más bien, arraso porque mi estómago es muy grande y me cabe un buen. La sensación de estar tan llena no me gusta. Mi mente me engaña, ¿cómo re-entrenarla?

En Cuerna desayuné con la familia enchiladas de mole y pan dulce. Aunque comer eso me detona, no pude resistirme, soy muy débil con la comida, me entró compulsión. Si hay mucha comida, siento que tengo que acabármela toda. No puedo dejar comida en el plato, es más, hasta le robo al de al lado, ¡qué oso! Estoy de *güeva*, parezco disco rayado, pero dijiste que te contara todo. Mi bulimia avanzó muchísimo, imagínate once años. Esta enfermedad también es progresiva.

Traigo tres kilos arriba de mi peso normal y no estoy traumada, pero quiero recuperar mi cuerpo. Nunca he estado como quiero si no vomito; pensándolo bien, ni vomitando, porque jamás he buscado estar delgada, más bien, marcada. Y para marcar hay que comer, *tons* de estar gordi-buena a flaca, vomitando me he quedado flaca. El cuerpo que amo implica mucha disciplina con el ejercicio (la tengo, sin problemas) y con la comida que no puedo ni madres. Entonces, como la dieta me falla un leve (ja, obvio, un chingo), vomitar es mi mejor amigo. Me encanta tragar, quisiera tener los dos: comer chingón todo lo que me gusta y no engordar nada. Mi pedo real no es el tipo de comida que como, sino las cantidades. La verdad tengo buenos hábitos, pero cuando como cosas no saludables no va bien la cosa.

Coral:

Si tu madre no ha llegado, dile que es importante que te compre sirope de arce. Eso te quitará el hambre y te purificará. Es buenísimo. Estoy trabajando en ti. ¡Haz la tarea!

Bendiciones y luz.

3 de septiembre

OK. NO ALCOHOL, NO FIESTA Y NO ATRACONES. De todas tus indicaciones, la última es la única que me cuesta mucho trabajo.

Me levanté más tranquila, tomé un vaso de agua tibia con medio limón. Ayer en la noche estuve trastornadísima porque mi novio me colgó el teléfono. Nunca lo había hecho en su vida y me ardí. Me colgó porque el domingo me molesté. Se me hizo muy raro que las 10 p.m. tuviera sueño, por lo general se duerme entre 11:30 p.m. y 12 p.m. "Se me hace raro que estés cansado si no saliste el sábado", le dije. Según él no había salido el sábado, y le creo, sé que no salió, que se quedó con sus amigos. Me enojó que le diera sueño tan temprano, te digo, si algo se sale de mi agenda me pongo brava.

Ayer me habló en la mañana y lo arreglamos. Superé mi enojo. Ayer otra vez tenía sueño muy temprano, y entonces le dije: "Ya sé por qué has andado con sueño ayer y hoy. ¿Has fumado un buen, verdad?", y me dijo que sí. "Por eso andas durmiendo tanto, la mariguana te cansa mucho y te genera una compulsión por los dulces." Cuando está en sus *monchis*, come una bolsa de cien dulces sin parar. Y le hice la observación, lo malo es que soy cero *sweet* cuando le hago mis famosas "observaciones", tengo mi tono y eso le emputa. Yo tengo carga con la mariguana, es un tema por el que hemos peleado todo el tiempo que llevamos de relación, me cuesta mucho trabajo aceptarla, pero ¿quién soy para juzgarlo? Tengo mis propias adicciones, no es justo juzgarlo a él cuando estoy igual o peor.

Hablé con él y le volví a preguntar si había fumado y me dijo que sí. Es muy honesto, aunque sabe que me monto en mis neurosis cuando me dice la verdad. Eso fue suficiente para arrancarme a decir que no era posible, que siempre que me iba fumaba diario, qué *güeva* que nunca fuera a trabajar para llevar una vida sobria, etcétera; y él cansado y con hambre, llegando de la escuela, *pum*, que me cuelga y me manda un mensajito diciendo: "Mi amor, estoy cansado, estuve todo el día en el tráfico y en la escuela, no tengo energía para pelear, te amo con todo mi corazón". Eso me emputó el doble, sentí como si me inyectaran tinta negra en las venas. Lo quería tronar en ese segundo, pero sólo le envié un mensaje ultra manipulador que decía: "más que enojada estoy triste porque me perdiste todo el respeto, me falta mentarte la madre de regreso para que nos convirtamos en una pareja de la chingada, de esas que tanto juzgas". Él y yo nunca nos decimos groserías, no nos insultamos ni colgamos el teléfono ni cosas de ésas, y ahora me la aplicó. Dentro de todas nuestras adicciones y nuestros defectos llevamos una relación de mutuo respeto. Cuando está conmigo casi no fuma mota, porque sabe que me choca. He "aprendido" a aceptarlo, mmm, más bien no, no puedo. Y, después, me acuerdo de que mucha gente lo hace, hasta gente que yo considero "respetable", y medio lo justifico.

Dice que soy una controladora de alta calidad, que lo deje vivir su vida como él me deja a mí, ser como soy y vivir la mía. Y es verdad, me acepta y me apoya incondicionalmente. Creo que como los dos tenemos problemas de adicción a diferentes sustancias, no nos queda de otra más que "aceptarnos", porque cualquier persona en su sano juicio nos mandaría a cagar. Pero bueno, como me colgó, tengo pensado castigarlo y no contestarle el teléfono dos días.

Comimos un ceviche buenísimo. Fue súper saludable, pero otra vez fue mucho. Todo iba perfecto hasta que se me ocurrió ponerle chile y me empezó la compulsión. Como el chile me pica, no siento nada y como, y como, y como. Entre lo que me detona la compulsión está el chile, pero lo amo con toda mi alma, al chile y al limón.

Fui a correr, hice hora y media de cardio. Después desayuné mi licuado de proteína orgánico. ¿Sabes qué me pasa? Mi mente y mi cuerpo están en guerra, mi cuerpo no tiene hambre, está satisfecho —lo siento en el estómago—, pero mi mente no lo registra, me dice: "Come más, tenemos más hambre, come bien, hasta que te llenes. es mejor que comas bien ahorita, a que te vuelva a dar hambre en media hora", pero es una trampa, porque cuando como "bien" como de más. Y cuando estoy entrenando, caigo en la ilusión y creencia de "es que mi cuerpo necesita comer mucho porque hago mucho ejercicio".

Coral:

Me parece muy bien que estés cambiando tu alimentación, veremos juntas tus comentarios más adelante acerca de la bulimia. Mañana te veo con tu madre.

Bendiciones y luz.

Sí, confirmadísima mi cita de mañana. Mi mamá aún no está aquí, quién sabe cuándo llegue, nada es seguro con ella. Me dijo que me va a enviar mi libro y mi miel, ¿está bien o la espero a que llegue?

¿Sabes qué descubrí? Que con mi novio soy como mis papás conmigo y él es como yo. Lo trato como mis papás me trataron y me tratan a mí: con desconfianza —a güevo— controlando todo, con amenazas, sarcasmos, juicios. Cada que peleamos, estoy pensando si mejor tronamos y salgo corriendo. Con mis papás sucede la misma mecánica, me peleo y mi mamá me quita todo económicamente hablando porque es su única fuente de control conmigo y considera seriamente correrme de la casa. Lo ha hecho mil veces en el pasado. Tengo mucha cola que me pisen. Es la cadenita de nunca acabar, ella me grita que soy igualita a mi padre biológico y yo le grito que ella lo escogió, etcétera, etcétera... BORING!

Me gusta hacer las cosas consciente porque puedo trabajar en eso y se lo digo a mi novio, le digo que se responsabilice. Sé que saco lo mejor de él, soy la única novia que no puede influenciar, las otras se volvieron potheads —o eran—, o sea, fuman mota, incluso una acabó en rehab. Yo le dije: "No, papacito, ni madres. Yo trabajo por alcanzar una vida sobria algún día, si tú no compartes esta parte, no te juzgo (pero sí lo juzgo y muchísimo) pero no quiero estar aquí". Cada quien tiene derecho a decidir qué quiere de su vida y YO NO QUIERO A UN MARIGUANO. Sé que sueno súper harsh, pero no puedo evitarlo, me quiero arrancar los pelos cada que me habla de su ídolo la mariguana, ¡me engancho cañón!

La neta no me importaría si se diera sus toques de repente, pero no diario, eso es inaceptable, ni tampoco una vez a la semana. Las drogas no te conectan con lo superior. ¿Serán mis ideas y mi ego? Necesito que me orientes porque no confió en lo que pienso. Francamente, TODO MUNDO QUE CONOZCO —Y SON MILLONES DE PERSONAS— TIENEN UN VICIO. ¿Y eso lo hace que esté bien? ¿Se vale? Pa'l caso, yo también quiero ponerme un pedo de vez en vez y saber que no pasa nada, o meterme una tacha y no sentirme culpable. O, mejor aún, poder atascarme, seguir mi vicio y que me dejen en paz. Ay, sí, jaja; no, ya estoy diciendo pura idiotez *good bye*.

4 de septiembre

Estuve jugando Monopoly con mis abuelos y mis muchachas, las invité al juego porque me caen re bien. Les gané a todos, fui la dueña del mundo, ¡sí! Jugué bien, sin trampas. Es que antes era *transísima*; esta vez jugué con mucha confianza y con desapego a ganar o tener propiedades o dinero, "me da lo mismo si gano o pierdo". El desapego me trajo mucha abundancia y honestidad, valores que estoy aprendiendo a desarrollar. Me cuesta trabajo ser honesta, pienso que si digo mi verdad, seré juzgada, rechazada o no validada. Si la gente viera en realidad cómo soy, saldría corriendo y ¿por qué no? ¿Quién querría estar con una bulímica desempleada sin autoestima?

Desde que tengo memoria aprendí a mentir. Cuando vi porn, puta, me costó mucho decírtelo, es más, pensé "De haberme acordado que le tenía que escribir todo, no lo hubiera hecho", pero después dije "Para poder sanar tienes que enseñar cómo eres realmente, revelar tus chingaderas y no seguir fabricando personajes". En el pasado hubiera dicho cualquier cosa con tal de no ser castigada o regañada, pero ahora pienso "si no te enseño, ¿cómo me vas a ayudar?" Ni yo sabía que el sexo era un *issue* en mi vida, ni por aquí me pasaba, pensaba que me gustaba como a todo mundo, que era cachonda y *sexy*, hasta ahí, porque jamás he sido de las que se acuesta con medio mundo, ¡¡¡cero!!! Y me dio mucha pena, como también me da mucha pena escribirte que vomito tantas veces. Me da miedo que me vayas a dejar porque pienses que no estoy haciendo mi trabajo...

Durante el juego me reconcilié con mi novio. Quería que me pidiera perdón por haberme colgado, y lo hizo. Hablamos bien, me dijo que no le molestan mis "observaciones", si no la forma en cómo se las digo, que soy agresiva-pasiva. Tiene razón. Pienso que soy diplomática y voy al grano, pero en la práctica soy agresiva, juzgo y hago sentir mal al otro. Igual que mis papás conmigo. Te digo, ando repitiendo patrones.

Pero estoy haciendo un compromiso de liberar mi control sobre él, dejar que haga lo que quiera y yo estar en paz, porque sé que en su interior quiere complacerme, sólo que se "rebela" cuando le armo un numerito. Debo ser más inteligente y cambiar mi estrategia.

Pero ya, neta, sólo tengo que controlar mi mente y mis pensamientos. En los momentos que lo logro, no sabes, puede pasar un huracán y no me saca de mi paz mental.

Comí perfecto con mis abuelos, sopa de zanahoria, ensalada, salmón asado y arroz salvaje orgánico al vapor. No vomité. Me bañé y me asoleé un ratín. Les dije a mis muchachas que me ayudaran, les pedí que no me hicieran porciones grandes, porque me las como todas. Quiero que me cocinen raciones proporcionales. Y está funcionando.

Mi mamá me caga
vs. mi mamá es mi influencia

5 de septiembre

Me levanté a las 6:00 a.m. Salí para estar en silencio. Quería platicar con mi cuerpo y decirle lo que voy a hacer, pedirle su apoyo y su ayuda. Después abrí mi correo y vi que tenía un *mail* de mi mamá, con todas SUS indicaciones para hacer el ayuno con el sirope. ¡¡Agh!!, ¿por qué mi mamá siempre se mete en todo?

Sus indicaciones son diferentes a las que me diste tú. Ayer que hablé con ella, algo en mí no quería decirle que me ibas a poner a ayunar diez días, imaginé que se iba a poner feliz, su sueño es que coma como pajarito. Sabe que me cuesta mucho trabajo la comida, que soy tragona. Y entre más duro me des, ella más feliz está.

Te contrató por la vez que me dijiste hasta de lo que me iba a morir en el taller, ¿te acuerdas? Cuando le platicó a mi papá se puso más feliz. El ¡¡¡*agh*!!! (de vómito) es de ambas partes. Tanto mía hacia mi madre como de ellos (mi padrastro y ella) hacia mí, lo estuve reflexionado. Sin embargo, otra parte de mí quería complacerla y se moría de ganas de contarle. Obvio, se puso feliz y empezó luego, luego a decirme cómo hacerlo y todo, ésta fue más o menos la conversación:

—Mamá, ya tengo las indicaciones. Ella es mi maestra y le voy a hacer caso.

—Sí, bueno, OK, pero tienes que tomarte sólo dos litros, Coral, no más.

—Mamá, ya, neta, mi maestra me dio instrucciones específicas y me dijo que si me da la gana tomar más de dos litros, puedo hacerlo, no metas tu cuchara.

Y vuelve el burro al trigo:

—No, sí, pero, bla, bla, bla.

Mi mamá me caga, siempre es lo mismo con ella. No respeta nada, todo el tiempo cree que lo sabe todo, pero te apuesto a que si ella tuviera que hacer el ayuno, se tomaría cinco litros. Quién sabe, porque tiene un problema de perfeccionismo cabrón, y así como es de severa conmigo lo es con ella misma. Me quiere limitar a dos litros y dice que tengo que preparar mi cuerpo tres días antes con pura fruta, está loca. Y aunque le dije que ya no se metiera, le valió y me mandó todas sus instrucciones. La neta es un gran personaje, muchas veces sí me da mucha risa. No le voy a hacer caso, OBVIO, está en mi naturaleza no hacer lo que ella dice nunca. De hecho, tengo mucha carga emocional con ella que sólo he podido "liberar" a nivel consciente porque a nivel inconsciente sigue ahí, ya que todo lo que me dice con respecto a lo que tengo o no tengo que hacer me trastorna, no puedo, aunque tenga razón, si viene de ella no lo acepto, lo vomito. Exacto. Ya me están cayendo "veintes".

Como he hecho tanto trabajo personal, he hecho mil ejercicios en talleres del "perdón", me voy con la finta de que estoy bien con ella, de que la perdoné, pero no es así, lo veo en mis reacciones con ella.

¿Te acuerdas de los seres de la oscuridad? Siento que cuando me atasco, me meto drogas y demás, me vuelvo su festín, ¿será cierto? Lo creí hace como dos años, y luchaba contra eso, invocaba la protección de san Miguel Arcángel y me visualizaba en una burbuja de luz, pero me ponía un pedo y volvía la culpa. Entonces, me desesperé, tiré la toalla y dije, "Ya no puedo, me vale madres todo y si soy festín, ni pex" (ya sé que fue de lo más mediocre). Por momentos decía, "a la chingada el trabajo personal, mejor me voy a buscar un trabajo *equis* en la vida, voy a sobrevivir como la mayoría de la gente en esta tierra, voy a ponerme un pedo o a drogarme cuando se me dé mi gana y no voy a sentir culpabilidad, voy a ser una persona normal", pero ¿qué crees? Ningún pinche trabajo ordinario me quiso, ni uno. Tengo un CV bastante bueno y ninguna empresa me habló; bueno, dos, de treinta currículos que envié. Recuerdo que fui a entrevista y no me contrataron. Por eso entré en una confusión muy grande. No quiero sonar arrogante, pero dudé. ¿Ese tipo de trabajos habrían sido destinados para mí? ¿Sería asalariada por el resto de mi vida? ¿Trabajaría para alguien más? No lo sabía, pero lo que me confundía era que si no era así, entonces por qué no me mantenía sobria y trascendía la bulimia.

En la noche me empujé dulces y cuanta cosa pude aunque no tenía ganas porque "tenía que aprovechar que mañana *bye* todo". Obvio, vomité a medias, me dio *güeva* sacar todo. Antes de dormir hablé con mi novio. Me dijo "ya compré mi libro", siempre lo chingo para que lea y nutra su mente. "Compré *Las enseñanzas de don Juan* de Carlos Castaneda." Me impacté porque es el mismo autor del libro que me pediste leer. Me puse de buenas porque veo que quiere aprender o desaprender cosas.

6 de septiembre

¡Checa el control que tiene mi mamá! Te acuerdas de que te platiqué que a *güevo* quiere ser la directora de mi ayuno. Lee su *mail*.

Mi mail

From: Mother
To: Coral

Coral, es muy importante que hagas el ayuno tal y como es. La pimienta de cayena es una pisca, NO LE PONGAS más, PORQUE IRRITA EL ESTÓMAGO. Antes de empezar el ayuno debes preparar tu cuerpo con fruta por tres días. Te envió lo que averigüé y cómo lo tienes que hacer.

¿Cómo se prepara el ayuno de desintoxicación?

Mezclar el sirope con jugo de limón natural y una pizca de pimienta picante, llamada cayena (o cayene). Preparar diariamente una botella de dos litros combinando los ingredientes de la siguiente manera:

- 1.800 litros de agua.
- 100 ml de sirope de savia (o 12 cucharadas soperas).*
- 100 ml de jugo de limón fresco.
- 1 pizca de pimienta cayena.

Quienes realicen actividades físicas aumenten la dosis de sirope de forma equitativa, disminuyendo en esa proporción el agua.
    * Es recomendable usar la medida exacta.

¿Por qué es necesaria la pimienta cayena y el limón?

La pimienta cayena ayuda a disolver las flemas y a regenerar la sangre, lo que produce un mayor calor en el cuerpo. Contiene capsaicina (un estimulante digestivo que favorece la hipersecreción gástrica y aumenta la motilidad). Tiene vitaminas A,

B1, B2, C y factor pp. Tiene un efecto tónico antiedematoso y antihemorroidal.

El limón natural con el metabolismo de las proteínas, de los lípidos y de los hidratos de carbono favorece la eliminación de los depósitos de grasa y de los tejidos. Es remineralizante, catalizador y proporciona minerales, sobre todo, potasio, vitamina C y P (citrina), la cual ayuda a la fijación de calcio. Es antiedematosa, antialérgica, antiinflamatoria y antihemorrágica.

La vitamina B1 evita la irritabilidad nerviosa y la B2 participa en el metabolismo de los ácidos grasos, las proteínas y los aminoácidos, lo que ayuda a la disminución de peso.

Síntesis de lo que debemos tomar durante cada día del ayuno de desintoxicación:

- 2 litros de preparación con sirope de savia.
- 2 tazas de té (una por la mañana y otra por la noche, sin azúcar).
- Agua natural durante el día (al gusto).
- Si se indica, se puede tomar flores de Bach o algún otro medicamento homeopático.

Me desperté a las 4 a.m. El día está muy fuerte, hay lluvia y truenos. Dicen que estas condiciones ambientales desintoxican y limpian, así que bienvenidas. Y aprovechando la disposición del universo de unirse conmigo al *detox*, hice una meditación de media hora que se llama *magnified healing*, en la que se invoca a *kwan yin* y a la llama violeta, con lo que se hace un trabajo a nivel energético fuerte. Antes la hacía mucho, pero al no poder mantenerme sobria, la abandoné. Hoy decidí retomarla.

Soñé con mi ex de hace tres años. Hace mucho dejé de sentir amor romántico por él, ahora lo veo como un maestro. Él picaba mis botones cañón, me empujaba a ser mejor, me chingaba con que era una desordenada (sí lo era), una alcohólica (sí lo era), le chocaba que arrastrara los pies cuando caminaba por floja a no levantarlos bien; él me tronaba cada que yo chupaba porque era mala copa y hacía muchas estupideces. Ahora entenderás por qué tronamos y regresamos mil veces... Era imposible mantenerme sobria mucho tiempo; mejor optaba por mentirle y escaparme. Eso no me funcionaba, y menos cuando mi motivación para no chupar era mantenerlo a mi lado. Hacer las cosas por complacer a alguien más nunca me funcionó, a veces temporalmente, porque, al final, caía en lo mismo, hasta que terminó. Cuando sucedió, estaba mucho más reformada, había despertado a esta nueva conciencia del trabajo personal y empecé a trabajar con mis *issues*, dejé de necesitarlo para ser ordenada y sobria. En ese momento, ambos encontramos la fuerza para liberarnos. Y haciendo las cosas por mí misma empecé a experimentar pequeños milagros en mi vida, como mantenerme ocho meses sobria la primera vez.

En la tarde fui a caminar y a chacharear con mis abuelos, de regreso sólo pensaba que hacer este ayuno, con mis grandes maestros, el Cielo y Dios como mi motivación, me daba la fuerza que me faltaba. Nunca carecí de ella, sino de motivación. La vanidad no es una motivación que esté alineada con mi alma porque cuando hacía dietas, o lo que fuera por estar flaca, jamás pasé de un día. La vanidad como gasolina para bajar de peso jamás me dio la fuerza suficiente. No es una razón poderosa ni lo será. Ahora me gusta sentir hambre, dominarla, conocerla. Quiero ser más fuerte que cualquiera de mis deseos inferiores, animales, instintivos, quiero trascenderlos, dominarlos. Tengo que lograrlo, no tengo opción, porque como dicen: "Al que mucho se le ha dado, mucho le será exigido" y, ¡madres!, a mí se me ha dado todo. A las grandes almas, los grandes desafíos.

7 de septiembre

Hoy me levanté a las 6 a.m. sin reloj. Me desperté con dolor en el oído derecho. Me pica y me lo rasco con la uña. Desde hace cinco meses me pasa eso en los oídos, me pican sin razón y me rasco y me rasco hasta que me los inflamo. En la noche estuve en Facebook, me metí a curiosear a las exes de mi novio, ¿por qué no? Verlas me quita el hambre, así que es buena técnica. Neta, veo cosas que me generan adrenalina porque me quitan el hambre o las ganas de comer. Veo fotos de modelos de Victoria's Secret. Todos los años veo el Victoria's Secret Fashion Show. Uff, salen actrices con cuerpos impresionantes, me inspiran, me transmiten un chingo de disciplina y perseverancia, por algo tienen los cuerpos que tienen, ¿no?

La tarde me costó muchísimo, estaba irritable, moría de hambre, quería comer sólidos. Todo el día sentí hambre aunque tomé mi sirope. Mi caso es muy difícil, tengo el estómago del tamaño de China. En mis atracones podía comer tres sándwiches, tres paquetes de galletas, dos litros de leche, cereal, *hot cakes*, lo que fuera. Me daba mucha vergüenza porque mi familia se daba cuenta, "cuidado, cuando viene Coral, todo se acaba". Me chocaba pero tenían razón. Sin embargo, poco podía hacer al respecto, mi fuerza de voluntad oscilaba de ser un chiste a no existir. Comer a escondidas nunca fue lo mío, eso lo hace mi mamá, yo me sentía hipócrita haciéndolo. Un día dije "pues si tengo un pedo, me vale, que lo vean, además, si estoy jodida, es su culpa, ellos me traumaron" (mucho tiempo viví echándole la culpa a mis papás de todos mis males, cuando elegí responsabilizarme de mi vida y los liberé, empecé a dejar de chupar compulsivamente). Llegué a la conclusión de que nuestros padres pudieron haber sido ojetes, pero no se compara a cómo llegamos a tratarnos nosotros mismos.

No me sorprende que mi cerebro no registre que nada le entra, particularmente, en las tardes. Debe entrar mi voluntad, mi motivación, mi fuerza. Siento que mis maestros me pusieron este trabajo porque debo desarrollarlas; está ahí, sólo que no la trabajo y ahora es tiempo. Si me pusieron este ejercicio es porque puedo. Ellos y tú creen en mí; ahora yo también empiezo a creer en mí. Mi devoción a los seres de luz es muy fuerte y le gana a mi hambre insaciable.

Todo me da *güeva*, para mí la vida representaba comer. Cuando iba a cualquier lugar, la diversión era la comida, comer era mi actividad favorita, era mi "felicidad". Si no comía, me aburría y me ponía de malas. Comer era mi profesión, a lo que más tiempo le dedicaba. Por comer, nunca podía hacer nada más. Imagínate el tiempo que me llevaba comer, comer, comer, vomitar, vomitar, vomitar, y luego volverlo a hacer porque vaciaba mi estómago. Duraba horas y, a veces, todo el día. Me gastaba cantidades industriales de dinero en comida. En pocas palabras, la comida ha sido mi perdición, mi manera de no hacer lo que tengo que hacer, en inglés un *delay tactic* ¡chingón! Era más fuerte que yo.

No es que nunca hubiera intentado sanar, lo hice mil veces pero siempre fallé, hasta hoy. Me consideraba victoriosa cuando vomitaba una vez al día, porque si vomitaba una vez, de seguro iba a seguir vomitando todas las comidas que le siguieran. Qué manera de sabotear mi vida, ¿verdad? Y qué ingenioso mi ego en hacerme creer que el problema era mi obsesión por estar flaca, pues pensando que era la causa incorrecta le daba la medicina incorrecta, así ¿cuándo me iba a curar? Aunque una gran parte de mí quería sanar, la otra estaba muy cómoda en esta posición, tragaba y no "engordaba", o engordaba poco, jamás el equivalente de lo que comía.

Cuando me fui un mes a Canadá a un centro espiritual, hice mucho trabajo personal pero volví más bulímica que nunca. Vomitaba *non stop* y regresé echa un palo, pesaba 47 kilos. Mis papás me aplaudieron y me reconocieron por mi peso. Mi mamá decía: "Ahora sí, Coral cambió, ve su gran trabajo". ¿Qué? Era un espárrago bulímico pero lo percibieron al revés.

¿Por qué la gente cree que en cuanto más flaca estés, mejor estás emocionalmente? Mientras no caigas en extremos de huesos, de anorexia evidente, te aplauden. Eso me enoja. Cuando estoy más llenita porque controlo más mis vómitos, estoy de la chingada y, según mis padres, volví a "las andadas". Si estoy ultradelgada, les puedo sacar lo que quiera, me apoyan en todo. Imagínate, mi mamá decía que no entiende por qué molestan a Ariah si se ve perfecta como está (ves que la estás tratando por anorexia), ¡hazme el chingado favor! Mi mamá tiene una visión distorsionada de la salud, de la flacura y la gordura. Ella ha tenido desórdenes alimenticios toda su vida. Qué horror, heredé lo peor de mis padres, de uno el alcoholismo y de la otra los problemas alimenticios, *way to go*!

Regresando a "mi recuperación", se me ocurre que más avanzada en mis días podría ir a los lugares que más me *linkean* con comer, como el cine. Nunca he ido al cine sin comer, de hecho, era de las que decía que ir al cine sin comer es no ir al cine *at all*, o a los centros comerciales, al Starbucks, o ver películas en mi casa. O sea, tele es igual a directito a atascarme. Tengo que enfrentar esta parte de mí y trascenderla, ¿crees que es buena idea o me la estoy volando?

8 de septiembre

Seguí tus instrucciones y no hablé con nadie. Nunca hablo de todas maneras, como que nunca pertenecí a ningún grupo de nada, la soledad ha sido mi mejor amiga. Y con mi mamá, leve, sólo para ver lo de mis abuelos que se fueron ayer a las 4, salí a dejarlos y al doctor. Me gusta estar sola; más ahora porque me entran mis malos momentos. Por lo mismo del *detox* me pongo de malas y así no proyecto mi histeria en nadie, o sí, un poco en mis perritas, cuando se hacen popó las quiero aventar del balcón.

Me cagué de hambre toda la tarde, lo curioso es que no se me antojaba nada. Me levanté, hice una meditación con afirmaciones, no sé ni cómo pude porque dormí de la shit, estuve despertándome toda la noche, tuve ataques antes de dormirme, me entró desesperación y malestar, creo que se me bajó la presión, y me costó trabajo conciliar el sueño, *YISUS*!

Hoy es mi cuarto día de ayuno, no lo puedo creer. Todos los días lo primero que hago es ver mi cuerpo en el espejo para ver si bajé de peso. Sé que ése no es el propósito de mi *detox* y que mi ego me quiere distraer para quitarme la concentración en mi trabajo espiritual, o sea, sabotearme, así que lo mando a la chingada, aunque tengo expectativas de enflacar, no mames, con el hambre que siento, pero lo tengo consciente y trabajo en eso.

En la tarde, estuve leyendo y subrayando recetas de cocina. Cuando me di cuenta, dije "¿qué?, *dude*, ¿es comida y estás ayunando?, ¿no hay pedo?" Leí recetas de galletas, licuados, postres, panes. Este libro, *La dieta del jardín del edén*, está basado en lo que dice la Biblia de lo que nos fue dado para comer, chance por eso estaba en paz. Todas las recetas son ultrasanas e integrales.

Fui al doctor para que me revisara el oído. Me dijo que por dentro está rojo porque me rasco y me lo irrito. Lo que tengo es "autogenerado", lo que me llamó mucho la atención. "Sí, doctor, en general me autogenero todo". Es verdad, me hice mucho daño.

Coral:

¿Cómo vas del oído? Ésa es una manifestación emocional de dos cosas, o ya no quieres oír lo que te dicen, porque lo juzgas estúpido (interpretación tuya), o hiciste algo que piensas que te regañarán y tu inconsciente cree que si estás enferma del oído no oirás el regaño.

Qué bueno que pusiste remedio a tu problema del oído, que seguiste el ayuno y que sigues sola. Como recordarás, te pedí que no estuvieras sola. Repórtame cómo vas.

Bendiciones y luz.

Sí seguí y sigo mi ayuno, sí resolví lo de mi oído, y lo de estar sola no depende de mí. Mi abuelo fue a firmar unos documentos de su rancho a la de a *güevo* y mi mamá, según, llegaba hoy, pero ya la conoces, me habló en la noche que mi papá, que sus cosas, que la chingada, y que llega hasta el martes, ¿qué hago? Yo estoy cumpliendo con todo lo que depende de mí, pero mi compañía depende de ellos, ya te dije que mi mamá es impredecible. Me siento bien sola, he podido con mis crisis y la cosa va bien.

Del oído, sí, solita me digo cosas en la cabeza que lucho por no escuchar. A mi mamá, sobre todo, y a todo el mundo, me da *güeva* escucharlos. Lo del oído empezó hace cuatro meses, era obvio que saliera ahorita pues estoy en mi *detox*, la mierda tiene que salir. También se me empezó a caer el pelo mucho más, siempre se me ha caído pero desde que empezó el *detox*, más (no te quería decir porque cuando me pusiste lo del oído dije, no mames, ahorita le digo del pelo y otra vez me va a decir que tengo problema de tal cosa y no). Me sale un problema nuevo por día, ¡ya párenle!

Coral:

No te preocupes, acompáñate a ti misma y no dependamos más que de tu decisión. Aunque no estoy físicamente, estoy energéticamente mucho tiempo y cada día contigo.

No metas mierda a tu cerebro. Nada de películas de terror. Cuídate. Hazlo como sabes, ¡bien! Te envío esto, reflexiónalo: "En lo que respecta a los dolores en el oído, en lugar de acusarte es preferible que cambies tus creencias. Para ello, puedes compartir con los demás tus sentimientos de culpa, lo que te ayudará a comprobar si lo que crees es realmente cierto" (Lise Bourbeau, *Obedece a tu cuerpo*).

Bendiciones y luz.

¿No puedo ver películas de terror? En mi desesperación por distraerme vi una. No me sé cuidar pero estoy aprendiendo, qué tipo de películas puedo ver. ¿Si hay algún amigo de la universidad que esté aquí puedo salir a verlo de día, o invitarlo a platicar un rato, o ir al cine? Necesito instrucciones mega específicas, si no, pues ya ves, interpreto todo a mi conveniencia y hago cosas.

9 de septiembre

Hoy es mi quinto día de ayuno. *Applause*! Como todas las noches, me costó trabajo conciliar el sueño. Desde ayer me he despertado con un sabor de boca y una saliva muy extraña, asquerosa. Lo atribuyo a la miel. El color de mi pipí es como el color de la miel, ¿estaré deshidratada?, porque cuando alguien hace pipí de color fuerte es señal de que necesita más agua.

Hablé contigo por teléfono y me dijiste que valgo mucho. Cuando me dices eso pienso "¿cómo?, ¿a qué se refiere?" Me da miedo de que haya expectativas de mí y que no dé el ancho. Cuando me dijiste hace tres semanas que iba a llevar luz a las personas, pensé que era un chiste, pero como vi que lo decías en serio, pensé "Si lo que dice mi maestra es verdad, qué responsabilidad tan grande", y me vinieron a la mente frases de películas que me llaman mucho la atención y las memorizo. Una de ellas, por ejemplo, es "con gran poder viene gran responsabilidad", es abrumador para el que carga con eso, ¿no crees? ¿Te acuerdas del pobre Spider Man? Sí, muy chingón pero en un momento no se la acababa. Me siento como Elías en la *Quinta Montaña*, "Salomón sabría qué hacer ahora —comentó con su ángel— también David, Moisés e Isaac. Ellos eran hombres de confianza del Señor, pero yo soy apenas un siervo indeciso", y yo además estoy enferma, soy bulímica.

Hablé con mi novio. Discutimos sobre lo que llama "plantas medicinales" y yo, "drogas". Sabe que está en una cárcel con la mariguana, no sabe cómo curar la adicción. Dice que no quisiera dejar de fumarla pero no quiere depender de ella. Ahora salió con el cuento de que, en su viaje de hongos, le dijeron que tenía que escribir dos cartas a sus papás con las palabras: "Lo siento, perdóname, te amo". Me asombré porque esa técnica se llama *hopono hopono*, es un método de sanación antiguo de Hawái. ¿Cómo habrá llegado a eso? Me dijo que los chamanes no son adictos a los hongos, que lo hacen una vez al año lo que hace la diferencia. Le dijeron que tiene que estar limpio de químicos un año para probar peyote, *really*? *Oh, my God*, ahora sí ya lo perdí. Como estoy harta, le dije: "Me parece bien lo del año limpio, después vemos".

Estoy llegando al punto donde podría tener un bufet enfrente y no tendría ningún significado para mí, eso es trabajo de *Un curso de milagros*: lograr que las cosas no tengan ningún significado que, en realidad, nuestro ego fabricó. En este ayuno he entendido, profundamente, mi curso, mis enseñanzas pasadas. Antes se quedaba todo en mi intelecto, no hacía mías las enseñanzas, por eso nunca hubo un *breakthrough* real en mi vida antes; ahora, apenas empiezo.

Ay, nooo... físicamente, todo me está saliendo. Me regresaron unas ronchas en la piel que me brotaron hace siete años. De la nada me dio comezón y me dolió la piel, y cuando me rasqué me salieron unas ronchas gigantescas. ¿Qué onda con eso? Todos mis males están brotando. ¿Qué chingados les pongo a las ronchas? Todo me duele, todo me pica, qué horror, entre los mosquitos y estas cosas, no me la estoy acabando, me quiero arrancar los pelos, HELP!!!

10 de septiembre

Me levanté a las 6 a.m. y le escribí un correo a mi novio. Decidí contarle mi verdad, MI ADICCIÓN, mis dificultades. No sabía de mi bulimia, alguna vez le dije que *tuve*. Mi manera de vomitar era muy rápida y sutil, nadie se daba cuenta, bueno, casi nadie, mi hermana sí me cachó, claro, es abogada y su chamba es encontrar evidencia, es chingona, porque yo disfrazaba el pedo muy bien. Te reenvío el correo. Ojalá no me regañes por lo que le escribí de las drogas o "plantas medicinales", sé que son drogas pero siento que, por ahora, se lo tenía que manejar así.

Llegó mi mamá y la acompañé a comer. Come con la misma ansiedad con la que yo comía, es igual a mí, ¡qué cosa! ¿Será que mi mamá también es mi influencia?

Mi mail

From: Coral
To: X
Sent: September, 6:00 A.M.

Lee esta carta con el corazón, con el alma, con tu luz, aprieta *off* a tu personalidad y ego. Primero que nada GRACIAS, porque este tiempo juntos. Me has enseñado mucho, a tu lado viví cosas que jamás pensé que viviría. Abrí mis percepciones a nuevos mundos y aprendí la verdadera honestidad. Eres un gran ser humano, una persona valiosa y con mucha más luz de la que imaginas. Estoy afuera de tu ruido interno, por eso puedo verte más objetivamente de lo que muchas veces puedes verte a ti mismo.

CONFÍA... No confías en nadie más que en ti y en tus percepciones de las cosas, y eso es una espada de doble filo. Eres un ser excepcional con grandes cualidades, vi tu esencia desde el primer día que te conocí: luminosa, noble, me atrajo a pesar de las situaciones exteriores, de mi intelecto y mi razón.

En estos días de ayuno he reflexionado mucho. Tengo claridad de muchas cosas, ojalá confiaras en mí y en mis palabras. Mi más grande deseo es apoyarte para que encuentres luz y, con ella, puedas ver tu camino, un camino que te haga feliz, sea cual sea. ¿Estarías dispuesto a soltar todas tus creencias y hacer cosas diferentes en tu vida? Eso sería un parteaguas para ti, como lo fue para mí conocer el mundo de las drogas y plantas medicinales.

No tengo nada en contra de la mariguana ni los hongos, en sí son sustancias neutras, no son ni buenas ni malas, simplemente son. Lo que define su propósito es la persona que los utiliza; sé que todo esto ya te lo sabes, lo tienes muy bien intelectualizado, PERO NO LO HAS HECHO TUYO. Tú dijiste, "ESTOY EN UNA CÁRCEL". Las plantas medicinales se han convertido para ti en un *modus vivendi*, una dependencia, la única manera en la que puedes hallar soluciones, trabajar contigo, iluminarte, sentirte mejor, tener un pasatiempo, un lazo fuerte con la gente que quieres (tus amigos) y tu salvadora en tus momentos de dolor más fuerte.

Cuando me dijiste "la mariguana te da claridad, pero la utilizo tanto que ya estoy perdido dentro de tanta claridad", al principio no te creí nada, después pensé, y dije, "Es posible que las plantas medicinales con un fin espiritual puedan darte claridad, pero con un uso apropiado, cuando, sin ellas, una persona ya es dueña de cierto grado de maestría y no se genera en ningún momento una dependencia a la sustancia". Pero, ¡aguas!, son un arma de doble filo, y tú te estás clavando la espada con ellas, de la manera más sutil. Cuando aprendas a estar sin ellas, podrás retomarlas y hacerlo de una manera diferente. Pero tu maestría debe venir primero en sobriedad y ellas ser un apoyo, no una solución.

Te voy a revelar algo muy difícil para mí. Lo que más trabajo me está costando dejar es mi adicción a la comida y mi bulimia. Te conté que tuve bulimia, pero no te dije que la tengo ahora, desde hace once años soy bulímica, de los 16 hasta ahora, sin voluntad alguna para dejar de darme atracones de comida y vomitar después por la culpa que sentía. Yo ya no tenía que meterme el dedo, era vomitadora profesional, solito se me venía. He tenido bulimia todo el tiempo que llevo contigo, no sé si te diste cuenta o no, pero es una situación que está latente. ¿Sabes por qué no me sentía digna de decirte nada con respecto a tu adicción? Porque cómo te iba a decir eso, teniendo yo una adicción a la comida, sin fuerza alguna para detenerla. Yo sé lo que es tener una adicción a algo y no poder dejarla. El problema conmigo es que soy adicta a algo con lo que tengo que vivir TODA mi vida, no es una sustancia que pueda dejar un buen rato, limpiarme y después retomar con otra percepción. Es algo que diario debo hacer y DIARIO debo trabajar.

¿Por qué crees que me vine a Acapulco? ¿Por qué crees que estoy a agua, en ayuno, SIN COMIDA, purificándome, quitándome lo que más me cuesta trabajo? Creo que tú no entendías cuando te decía "entiende, me han quitado lo que

más me cuesta trabajo"; no es nada más por tra[g]
porque la comida, como la mariguana para ti, repres[e]
todo para mí, solución al aburrimiento, a mis dolore[s]
profundos, era mi fiel compañera, me hacía feliz, manejaba
mi ansiedad, comer era mi hobby favorito. Y ahora me lo han
quitado, ¿sabías que la cosa era tan grave?

Nunca me atreví a decírtelo por vergüenza, no quería
echarte mis pedos encima, porque me ibas a vigilar cuando comiéramos and you *were gonna BUST me*. Y, ¿qué crees?
No estaba convencida de querer curarme, una parte de mí
NO SE QUERÍA QUITAR DE AHÍ, pues me traía ganancias
secundarias, como tragar y "no engordar"; era un vicio "cómodo", era mi droga, mi solución instantánea. Siempre hay
una dualidad en nosotros, una que quiere liberarse y la otra
que nunca se quiere mover de ahí, porque quedarse es más
cómodo, más fácil, pero a la larga puede destruirnos. No sé
si esto que te cuento te impresiona o como siempre: "ya te
habías dado cuenta", pero te lo cuento porque espero que
mi experiencia sea un rayo de luz para ti.

Mi adicción no es diferente a la tuya, la comida no es
mala, es algo que te nutre y te da vida: es una medicina,
pero yo la utilizaba para matarme y quitarme vida, ¿cachas?
Tengo que dejar la sustancia un buen rato, purificarme, dominar mis emociones SIN COMIDA, y poco a poco, con guía
y apoyo, reintroducirme a la comida. Mi guía me dijo, "Coral,
la única manera de que dejes de vomitar, es dejándolo de
hacer", punto, así de *güevos*, y eso es lo que estoy haciendo.

Aquí me tienes, abriéndome como nunca, en esperanza de que tomes de mí lo que te pueda ayudar a crecer. Te
ofrezco otros lentes para ver las cosas, nada más. Por favor,
no le cuentes a nadie de esto, ni a tu mejor amigo, es mi
secreto y lo comparto contigo.

¿Sabes qué he aprendido? Pensé que la bulimia era un
problema de vanidad, de ego, de autoestima, llegué con mi
guía y me dijo: "POR ESO NUNCA HAS LOGRADO CURAR-
TE". Es mucho más que eso. "A un nivel más profundo, estás
vomitando a tu madre. Los desórdenes alimenticios tienen

todo que ver con la madre". Por eso te digo que el lobo se disfraza de abuelita, las cosas no son obvias, la oscuridad es muy astuta.

Mi único deseo para ti es verte fuerte, feliz, INDEPEN-DIENTE, en TODAS las áreas, irradiando toda esa luz que te fue dada para el servicio a la humanidad. ¡TÚ PUEDES, CONFÍA!

Mi mail

From: X
To: Coral
Sent: Tuesday

Hoooola, pues sí, ya lo sabía, sólo que no sabía con qué frecuencia lo hacías. Pocas veces lo caché, pero en realidad no importa, hay cosas que sé de ti. Mi mejor manera de ayudarte fue dejarte sola porque no quería convertirme en energía que chocara contigo, que detuviera el curso de energía. En vez de eso dejé fluir mi amor incondicional por ti para enseñarte que te amo por quien eres. Quería que lo vieras, que te sintieras segura y comprendida, como si fuera tu amiga alcahueta, porque así te abrirías algún día. Confío en tu sabiduría, por eso no me ha preocupado eso, claro que a veces fue difícil verte sufrir o sentir algunas cosas, porque te amo con todo mi corazón; por más que quería intervenir y, según yo, ayudarte a arreglar todo. Pero hay caminos que sólo uno puede recorrer, por eso lo único que traté de brindarte fue amor y comprensión (lo mejor que pude) para que fueran herramientas que te sirvieran en tu camino. No quería decirte para que no te sintieras bajo presión, observada, a prueba. Sé que hay adicciones en las que el problema no es saber que estás mal, si no que uno quiere estar ahí por alguna razón. Por eso te dejé, ése fue mi acto de amor incondicional, saber que te estabas haciendo daño y no poder decir nada, dándote tu espacio y libertad para que recorrieras tu camino como lo tuvieras que recorrer, estando lado a lado contigo, dándote amor y esperando que, algún día, me pidieras ayuda o lo trascendieras. Quiero ser tu equipo incondicional, por eso me gusta que te sientas en libertad de hacer todo, incluso cosas que parece que están mal. Mientras nos respetemos, no nos mintamos, o hagamos cosas que al otro le duelan, todo está bien, incluso si tienes secretos. Te ofrezco caminar al lado tuyo, ¡¡quererte mucho!! Soy tu amigo y tu equipo, ¡puedes confiar en mí!

11 de septiembre

Me tomé un vaso grande de agua tibia con limón y me llenó como si me hubiera comido nueve *hot cakes*. No podía concentrarme en mi respiración porque me sentía muy llena. Elegí escribirte y cuando abrí mi correo, vi el correo de mi novio, uno que me mandó ayer. Obvio tenía que leerlo hoy *first thing in the morning*, me ganaba la curiosidad de ver con qué cuento me salía ahora.

Al leer su correo, noté la frase "soy tu amiga alcahueta". Sí, exacto, ése es nuestro problema: nos hemos vuelto muy indulgentes con los dos y, por ende, autoindulgentes. Lo estuve reflexionando desde antes de que me mandara el correo. Estamos muy confundidos sobre lo que es ayudar y apoyar, creemos que amor incondicional es pensar: "sé cuál es tu pedo, pero no importa que lo hagas"; o sea, aceptar todo de alguien y sin querer hacerle daño. Me acordé de *Viaje a Ixtlán*, cuando Carlos le cuenta a Don Juan sobre el hijo rebelde de su amigo, y él le aconseja que no sea el "padre mismo el que le pegue", que busque a alguien más para que lo haga porque: "Si queremos parar a nuestros semejantes, hay que estar FUERA del círculo que los oprime. En esa forma se puede dirigir la presión". Mi novio hacía bien no metiéndose (hizo muy bien, lo hubiera mandando a la chingada). ¿Será indulgencia o sabiduría? Estas cosas me confunden. Al leer el correo me invadió una sensación de enojo porque se concentró cien por ciento en mí, cuando el propósito de contarle mi secreto era que se viera él. No mencionó SU ADICCIÓN o sus reflexiones. Tal vez me contestó así porque inconscientemente quiere que lo deje fumar su mariguanita y sus droguitas sin meterme ni decirle nada y, nada más, lo quiera. Ni madres. Llevamos un rato así, y no puedo, no es lo mío, es tiempo de un cambio. Si se rehúsa a dejar el vicio y a trabajar en purificarse, tendremos que caminar por rutas separadas, siempre lo he sabido.

Hoy noté que mi mamá comió muy bien y sin ansiedad, o mínimo enfrente de mí. No sé si la estoy inspirando a controlar su compulsión o mi energía la está ayudando, porque se levantó y dijo "No tengo hambre hoy", *really*? Bien...

Mi mail

From: Coral
To: X
Sent: Wednesday

Muchas gracias por no juzgarme ni verme con ojos diferentes por esto. Lo que me llamó la atención fue que todo tu correo se trató de mí y mi problema, cuando el propósito de contártelo era hacerte reflexionar. Te conté muchas cosas y tú no compartiste conmigo lo que piensas. Ser nuestros "amigos alcahuetes" no es la mejor manera de ayudarnos, eso se llama ser INDULGENTE y autoindulgente, eso sirve para justificar nuestras adicciones, no para corregirlas. Me gustaría que compartieras conmigo tus pensamientos sobre ti. ¡Háblame de ti!

Recibí una contestación. Sentí como si quisiera explotar, este correo debería llamarse "Las 90 000 razones para drogarse". Sabe cómo manipular la cosa porque la enreda como si fuera trabajo personal. Está más confundido que yo, pero no se da cuenta. Aunque use un lenguaje "sofisticado" está lleno de incongruencias. Lo resumo con los puntos más importantes y te hago unos comentarios contrastando sus más ilustres ideas.

No es que no quiera creer en las plantas medicinales, pero tengo buenos fundamentos y pruebas que me dicen lo contrario. Discutimos toda la noche. Me quiere manipular y chantajear, dice que no es amor incondicional lo que siento por él (Sí, ajá). Lo que pasa es que ya no soy su trasatlántico. Me encanta una frase que escribió: "antes no tenías las fuerzas de exigirme porque tú también tenías tu problema, por eso digo que tu amor es condicionado". Y yo, "SÍ, EXACTO, MIJITO", no tenía la fuerza para hacer nada; ahora sí porque elegí crecer, punto, se acabó.

Mi mail

From: X
To: Coral
Sent: Wednesday

Estoy encerrado en la mariguana, pero no estoy desesperado ni en dolor ni nada, sólo estancado en un mundo que no he querido evolucionar, pero estoy en busca de ciertos misterios mentales que poseo. Estoy en construcción de un esquema mental de las razones por las que fumo, porque no quiero dejarla. Todas las preguntas están tejiendo una red que llegará a algún lugar, lo siento dentro de mí. Estoy evolucionando, esperando una pequeña luz que me dé dirección. Dejo de fumar pocas veces pero vuelvo otra vez. Tengo que implantar un sistema que razone conmigo. Hay algo por lo que sigo fumando. No la estoy dejando por la razón correcta. Mi meta es que la mariguana no sea una adicción, ése es mi objetivo.

Descubrí la verdadera naturaleza de las plantas medicinales, ya no estoy confundido (aunque estoy encerrado en la mariguana, pero con conciencia de eso). He descubierto que las drogas enseñan a un costo físico y mental, pero que puede ser justo el precio que se tenía que pagar para evolucionar. Por eso las drogas no son ni buenas ni malas, aunque se debe tener conciencia de que su química destruye la física humana. En cuanto a las medicinas naturales (hongos, peyote, datura), mediante diversas experiencias de vida o las percepciones, he descubierto que no tengo la menor duda de mis creencias, son más fuertes que NUNCA y quiero compartirte lo que pienso: las medicinas naturales para mí tienen propiedades que revolucionan al ser.

Me consta que esta afirmación no es verdad, pues he comido hongos con él y ya te platiqué su experiencia. Lo vi mil veces pacheco, por eso no me convence, sus palabras no tienen peso conmigo, porque lo viví. Es incongruente con sus ideas. Cualquier persona que no lo haya visto puede creerle. El niño tiene verbo, pero "perro no come perro".

Para mí, trascender algo sobrio o bajo el efecto de una medicina natural es irrelevante, pues he aprendido que tooooo-das las realidades son reales, perfectas. Por eso no le resto mérito cuando hago las cosas de una u otra manera. Cosa diferente cuando lo haces con drogas, pues el precio que tiene que pagar el deterioro de tu templo, tu cuerpo.

¡¡¡HAZME EL CABRÓN FAVOR!!!

Coral:

Lo que dice son las típicas razones que tiene un adicto para no querer dejar la adicción... Usa el viejo recurso de culparte porque has tenido un problema que ya estamos resolviendo. Dime, ¿cuántos días llevas sin vomitar?

Cuando uno se siente perdido y con baja autoestima, busca parejas iguales con problemas iguales a los tuyos. Esto causa un estancamiento brutal, no tiene que ver con amor incondicional o condicionado, tiene que ver con la química (pasión) y con estar juntos emocionalmente jo-didos.

NO DISCUTAS CON ÉL DEL TEMA. Tu supuesto problema de "bulimia" no es una adicción, ni es para avergonzarte, es un reflejo emocional inconsciente, y no habías encontrado la manera adecuada para resolverlo. Pero en eso estamos, vamos a resolverlo de una vez y para siempre.

Existen muchos remedios naturales que no alteran la percepción para equilibrar la química del cerebro junto con la conciencia (bien dirigida, ya viste la maravilla de la planta valeriana para la ansiedad).

Para verse uno mismo no se necesita ponerse hasta el dedo, al contrario, es una manera de evadirse de la realidad. Es falta de poder otorgar a alguna cosa, o alguien, tu propio poder por no saber cómo usarlo o por estar paralizado por dos cosas: miedo y dolor. Así que tú en tu tarea aquí y ahora, luego resolveremos lo demás.

Bendiciones y luz.

12 de septiembre

Fue un día muy difícil. Estuve con síntomas insoportables, me salieron ronchas dolorosas, en las nalgas, los dedos, la nuca; me dolían los ovarios como si me fuera a bajar, y ni al caso; tenía inflamada la panza, me mareaba, se me iba el aire, no, ¡no mames! No me la acabé, pero aguanté y no desistí.

Me levanté pensando que son mis últimos tres días y que son mis tres días de "resurrección". En la mañana medité y oré. Algo pasa que todos los días me levanto a las 4 a.m., ¿por qué será? Mientras meditaba me llegaron pensamientos como: "Tengo que mudarme de México, es tiempo de salirme de ahí, todo lo que me ataba a esa ciudad ha sido concluido este verano. Me encanta San Diego, les dije a mis papás que me quería ir para allá a vivir; sin embargo, no sé si ahí me necesiten mis maestros o estoy aquí para hacer su voluntad y no la mía". Nunca he estado fuera de la energía destructiva el tiempo suficiente para hacerme fuerte, regresar y NO CAER.

Siempre que me voy de México a cursos, de alguna manera regreso a mi centro, pero poco a poco se cuelan cosas y no tengo la fuerza de sostenerme y regreso a mis viejos patrones. Necesito el sol y el mar, la naturaleza, lo simple, y México es una ciudad que me absorbe. Jamás me gustó pero no había opción, ahí iba a la escuela, pero después de siete largos años por obra del Espíritu Santo la acabé, ¡siete es mi número!

Creí que ayer sería un día lleno de sorpresas y *puts*... me costó el alma, pero no cedí. Estaba desesperada por hablar contigo, por sentir tu apoyo y tu guía, y ni madres, no te encontré, SABÍA que no ibas a estar. El universo me puso a prueba, y la pasé. Me metí a la tina de agua caliente con aceites esenciales y me tranquilicé. La neta me reí, cuando más te necesitaba y no estabas, dije, OK, lo entiendo, ¡YO PUEDO!

En la noche confronté a mi novio por sus correos. Le dije cosas que nunca le había dicho por miedo a lastimarlo, pero, ¡carajo!, necesita despertar o, bueno, no necesita ni madres, pero se lo pongo en la mesa para que lo agarre cuando quiera, a los 90 años o en diez vidas más. De por sí había sido un día muy difícil para mí... Este niño me "llovió sobre mojado", por eso estaba en la desesperación máxima.

Estuve muy inquieta, no podía concentrarme, me la pasé orando y pidiéndole al Cielo ayuda porque mi mente quería comer a como fuera lugar. Me sentí como Jesús cuando ayunó y fue tentado.

Salí con mi mamá a comprar cosas. Me di cuenta de que aburrirme es mi perdición, no puedo no hacer nada y menos en ayuno, ¿sabes? Fui a correr y me llené de ronchas.

Coral:

Sí, sí, sé que mi voz no ha estado contigo dos días, pero sólo mi voz, ¿eh? Tuve un pequeño percance que me impide hablar. Me duele la garganta y mis cuerdas vocales requieren reposo, debo callar unos días. Sin embargo, mi energía te ha acompaña en uno de los mejores procesos de tu vida. No mires para abajo, no eres pollo de corral, eres ÁGUILA. La inercia te lleva a ver para abajo, pero si no haces lo que te digo, todo se te dificultará más. No veas televisión ni películas, así debe ser, por eso luego te metes en problemas mentales. Hoy nos vemos a las 6 p.m. Te espero con tu mamá.

Bendiciones y luz.

13 de septiembre

Hoy fue un mejor día. Hablé con mi novio, ya no discutí nada relacionado con las drogas. Honestamente, no sé qué hacer con esta relación. Ayer mientras corría, y no quiero sonar despectiva, pero pensaba, "¿cómo puedo andar con un *güey* más chico que yo, adicto a la mariguana, que no trabaja (ni tiene interés, a menos que sea la ley del menor esfuerzo), no tiene un varo y su aspiración en la vida es convertirse, según él, en algún chamán, guía de 'plantas medicinales'?", ¡no seas cabrón! Pero chance cuando me vea cambiada se agarre del barco conmigo y/o agarra la onda o *I'm walking out really*. Amo *Un curso de milagros* pero ya aguanté vara lo suficiente como para no volver a repetir y buscarme ese mismo patrón, siento que ya pasé este examen. Necesito una tarea nueva, ya se lo dije al universo, aunque el hecho de pensar en tronarlo me provoca ansiedad y miedo.

Durante el día leo, medito, hago ejercicio, limpio mi computadora, escribo, pero eso no me lleva todo el día, soy muy eficiente y puedo hacer mucho en poco tiempo. Necesito instrucciones clarísimas como "no puedes ver tele, de tal a tal fecha", casi como dicen, "instrucciones a prueba de idiotas", si no, ya sabes que hago cosas.

Cuando veo pelis con mi mamá, va a la cocina por comida. Si la veo deja de masticar y se esconde, cree que no me doy cuenta de que pica todo el día. Y me emputa el triple, porque me trae de bajada con mi gordura y mis (ex) atracones. Ayer me dijo "con los banquetazos que te dabas". ¡Puta!, si me dan ganas de decirle "A ver, mamacita, hoy yo no me atasco, estoy flaca y estoy bien, tú comes a escondidas, crees que no me doy cuenta y la neta estas gorda". *Sorry*, pero me desespera cabrón y es agresiva conmigo, le tengo paciencia, pero es especialista en sacarme de mi centro con sus comentarios.

A estas alturas, no dudo que sea mi influencia en todo esto, así es mi madre, siempre saca sus comentarios de mi cuerpo, mi peso o de sus cositas, se ríe cínicamente y dice "es inevitable". No la tengo que aceptar, aunque sea mi madre; si me hace daño, me alejo. Abajo te ilustro mi punto.

Fuimos a la isla a comprar cosas, estaba probándome unos pantalones muy padres que se me veían muy bien. Cuando mi mamá me vio me dijo: "Ahorita porque estás delgada, pero ya sabes que siempre engordas, ¿para qué te los compro?" y se salió de la tienda. Me encabroné, ¿viste la ojetada?, y se supone que me ama. ¿Por qué siempre tiene que salir con sus comentarios? Cero ayudan, na'más me chingan y lastiman.

Si mi mamá fuera el ejemplo de las cosas por las que me juzga, no tendría nada que decirle, pero no es nada, no trabaja (y quiere que yo trabaje), es compulsiva (y come a escondidas), no tiene su propio dinero (y me dice que debo tener el mío), es dependiente de otro ser humano y a mí me jode. Quiere que sea mejor que ella, que no repita sus errores y está bien, definitivamente no quiero ser así, pero que se relaje.

Viaje a Ixtlán está muy interesante. Este hombre tiene un vocabulario amplio, tuve que comprar un diccionario. No es broma, me gusta instruirme.

Ayer se me olvidó tomarme la pastilla anticonceptiva en la mañana, me parece increíble porque NUNCA se me olvida, ¿cómo es posible? Cuando conté cuántas me faltaban para terminarme el paquetito, me faltaban siete... Ésa fue una señal de que a la chingada las hormonas, y ya no me las estoy tomando. ¿Recuerdas que te dije que el día siete representaba como "mi crucifixión"? Estos últimos tres días han sido "mi resurrección", pues siento que ese día mi cuerpo decidió sacar esas cosas de mi sistema, como si me dijera "ya no las vas a necesitar". Ayer y hoy me he sentido perfecta de salud, nada de achaques, ronchas, ahogamientos, mareos, cólicos. *Bye* todo.

14 de septiembre

Medité al levantarme. Trato de respirar consciente, con la intención de conectarme con mi cuerpo. Le hablo mucho y le explico todos los procesos por los que está pasando.

Hablé con mi mamá. Empezamos a profundizar, "Mamá, ¿a qué le atribuyes tu exceso de peso?" Me interesaba saber su percepción, porque asegura que no tiene problemas de compulsión. Dijo que come así porque está cargando mil cosas, entre todas a mí, y que aunque eso no debería ser, así lo siente, dice que su gordura es su protección y más confesiones. Todo ese rollo es su lobo disfrazado de abuelita porque si en verdad pudiera "ver", sus estrategias hubieran sido efectivas. De mí no acepta nada, igual que yo de ella, las dos tenemos mucha intolerancia. "¿Por qué no entras a proceso con mi maestra?" No, bueno, para qué le dije, parece que la insulté. "Mira, Coral, no le voy a pedir a tu papá otra cantidad de ésas para mí, bastante gasta en tu hermana y en ti. Ustedes son mi prioridad, finalmente tengo más herramientas que tú. Yo saqué adelante a tu hermana y a ti, sola, cuando le pedía dinero a tu papá biológico para tu colegiatura, ¿sabes qué decía? 'Métela a una escuela pública', pero jamás lo permití." Bueno, me echó en cara todo lo que ha hecho por mí, imagínate. Mi mamá tiene todo mi respeto por eso, es una chingona, pero por qué carajos me lo echa en cara, como si le debiera mi vida. Se embarazó de mí, decidió tenerme, ¿por qué quiere cobrarme todo lo que ha hecho por mí? Jamás tendré suficiente para pagarle. Estaré en deuda toda la vida. Después agarré el pedo y le dije: "Mamá, no debemos profundizar de lo nuestro, porque es IMPOSIBLE".

Siento como si mi alma hubiera regresado de un viaje clandestino y tuviera claridad. Estoy atorada en la confusión. Me pongo en situaciones que me confunden. Si alguien me dice algo, busco la opinión de todo mundo; todos opinan diferente, eso me genera tal confusión que me atoro. Así viví hasta que te conocí. Ahora me siento en mi cuerpo, ya no estoy flotando, ya estoy aquí.

P.D. Mi mejor amiga de Francia, que hace diez años no veo, vino a México, ¿la puedo ver?

15 de septiembre

Me levanté y abrí mi correo. Lo primero que vi fue un correo de mi mamá con el título de "Te está hablando el maestro a ti". Son pensamientos de nuestro maestro espiritual, Omraam Mikhaël Aïvanhov. Mi primera reacción fue de vómito —como siempre—, no por el mensaje, que es hermoso, sino porque mi mamá me lo señaló. Le dije que para señalarme mis errores te tengo a ti. Aunque su intención sea ayudarme, provoca lo contrario. No sé cuántas veces le tengo que decir para que escuche, porque no escucha ni madres, le entra y le sale.

Me levanté a las 5:30 a.m. Cuando sonó mi alarma, pensé "un ratito más", pero luego recapacité y dije "no, mi reina, cumple con tu propósito". Por un momento creí que debía "escuchar a mi cuerpo" y quedarme en la cama, *not*! A eso le llamo ser autoindulgente. No sabes cuántas veces he caído en eso. Pero hoy no, ya no quiero ser mi propia alcahueta, ¡*güeva*!

En la noche acompañé a mi mamá a cenar. Me agarró el estómago y me dijo "Ahora sí te sientes flaquita, no que antes te sentías gordita". De plano no entiende o no puede evitarlo. ¿Qué hago cuando me diga esas cosas? Me dan ganas de cachetearla.

Reflexionando sobre mi vida amorosa, me di cuenta de que ligar era de mis pasatiempos favoritos. Acostarme con hombres jamás fue mi objetivo, *one night stands* nunca fue lo mío. Lo que me gustaba era conquistarlos y coquetear, lo disfrutaba, era una calienta braguetas, ¡qué horror!

En la tarde estuve en la playa y leí casi la mitad de *La quinta montaña* de Paulo Coelho. No sabes cómo me identifico con el personaje de Elías. Está en duda por todo, nada más que en mi caso no tengo ni ángel, ni sueños tan volados, ni cuervos hablándome. El libro me da mucha esperanza y fe. Antes me preguntaba cómo podría ser una buena trabajadora de la luz si con frecuencia me preguntaba sobre la existencia de Dios. De chiquita tenía una fe infinita, no sé si me la inculcaron o nací con ella, pero poco a poco *bye*, perdí la fe y dudé de todo.

16 de septiembre

En la mañana quise estar en silencio, todavía me cuesta mucho trabajo poner mi mente en blanco por más de cinco segundos, pero lo estoy intentando, cada día un poco más. Reflexioné varias cosas. La primera: mi novio. Dices que no es para mí. Creo que siempre lo supe. Desde el primer día que empecé a andar con él intuí que sería algo pasajero por el problema de la mariguana, pero me enganché. He durado porque mi ego me confunde y me atora. Por un lado, pienso que estamos en caminos diferentes, que pensamos diferente. Hoy no tiene lo que quiero en un hombre. Pero, después, pienso "Bueno, dale chance, tú también has tenido que pulirte, has cometido errores, has tenido adicciones (yo tomaba como idiota)", y tuve un novio que me tronó por eso. Y mírame ahora, lo veo como un diamante en bruto. Pienso que es hijo de Dios también y que cuando yo me mueva de lugar, él lo hará conmigo. Pero no sé, lo único que quiero es estar sola. Me quiero ir de México. No tengo idea a dónde, sólo sé que es momento de moverme de aquí y el universo me apoya. A principios de noviembre termina el contrato de mi depa, ¿a dónde iré? Esa respuesta todavía no la conozco. Ya se cumplieron siete años que vivo en México. Mi magnífico siete.

Quiero discutir con él sobre las drogas para tener el pretexto perfecto para decirle, "Bueno, hasta aquí llegamos". No tengo los pantalones para enfrentarlo, así nada más, "Ahí te ves". Se me hace ojete y me da miedo. Siempre soy la que decide dejarlos pero lo manejo de manera que parezca que ellos fueron los responsables, hago todo para que solitos me digan "Reina, ya te la volaste, *bye*". Así es fácil decir "Bueno, fue tu decisión, eh" y liberarte de culpas y responsabilidad por si acaso en el futuro te arrepientes, ¡qué manera de manipular, qué horror!

Me acordé de una escena que leí en *La quinta montaña*, donde el Cielo le dice a Elías que tiene derecho a un milagro más. Pero para salvar a Akbar y salvar a Israel necesita dos milagros. Entonces se voltea y le dice al Señor: "Por favor, toma esta decisión por mí". Y hoy pensé lo mismo, DIOS, TOMA

ESTA DECISIÓN POR MÍ, y después mi mente —magnífica en confundirme como siempre— me dice "Qué tal que Dios quiere que lo hagas tú, nunca has tenido los pantalones, ahora enfréntalo. A lo mejor te corresponde a ti esta vez". Pero no quiero, quiero que todo sea pacífico y amigable; sobre todo, no quiero lastimarlo. Por el momento no voy a hacer nada, esperaré señales del universo o, en su defecto, tu guía directa.

Soñé rarísimo, mi alma salía de mi cuerpo. Algo me llamaba y me desdoblaba, estaba flotando y veía todo abajo de mí, incluso mi cuerpo físico. Me dio miedo. Recuerdo la sensación de ser llamada y mi alma salirse de mi cuerpo por unos minutos, después elegí dirigirme hacia mi cuerpo y meterme otra vez. Puede ser que esto sea el principio de los viajes astrales, con el alma es que puedes viajar a donde quieras, ¿no?

Ya casi acabo el libro. Comí aunque no me gustó la comida. Cuando trajeron mi plato, vi que tenía muy poco pollo y decidí que necesitaba más, sin haber comido nada. "Como hago mucho ejercicio necesito proteína y ésta va a ser mi única entrada de proteína, entonces debo aprovechar", y pedí más pollo y le eché. No me lo acabé, no me gustó nada y no lo disfrute. No era la sopa, era yo. Todos dijeron que la sopa estaba buena. Eso me pasa por idealizar la comida, le pongo un valor fuera de proporción. Mi mente me juega esa carta de "Si me ejercito, necesito más". Ya no voy a pedir más de lo que me sirvan.

Comer enfrente de mi mamá me chocó. Esta vez no hizo nada, pero pienso que sólo está juzgando lo que como todo el tiempo.

P.D.: El mundo de mi madre gira en torno a la comida y lo que más ama en la vida es a las espiritiflaúticas, a las chavas que comen tres pedacitos de comida una vez al día. Para mí comer poco es igual a complacer las pendejadas de mi señora madre. Entonces, no, más bien tengo que comer mucho para chingarla (ya sé que es idiota, pero lo tengo que exponer), actuar así (comer poco) sería darle la razón y hacerla feliz. Y no quiero, porque está muy mal. Así no es la vida, así no es la salud. Tengo coraje contra ella, me molestan sus estándares de belleza tan dañados, y me enojo más porque se la compro, yo también lo creo e inconscientemente la quiero complacer. No sé cómo empezar a corregir esa parte. No quiero estar ligada a mi mamá en ese aspecto, quiero ser yo. Ser y comer como si ella no estuviera en mi vida.

17 de septiembre

Me desperté a las 5:15 a.m, llovía mucho. Pensé en mi sueño para que no se me olvidara. En él le pedía al Señor que tomara mi alma y la llevara a una escuela de iniciación para que aprendiera de noche.

Pedí guía para resolver lo de mi relación de pareja y soñé que estaba en casa de una amiga nadando. Ella iba a casarse por segunda vez con el mismo *güey*, iba a reafirmar sus votos, nada más que a los tres años y no a los cincuenta. No era feliz porque quería tener hijos y él no. Aun así se casaba. Lo más obvio es pensar que esa chava soy yo, metafóricamente, ¿será que me caso con mi novio todos los días sabiendo lo que está pasando y elijo seguir con él? Le digo que lo amo porque soy cobarde y no me atrevo a terminar. Estoy esperando que venga el fin de semana, que quiera hacer de las suyas y enojarme para tomarlo como pretexto. Cada que hablo con él, me doy cuenta de que estamos en procesos diferentes, pero me aferro a seguir por miedo a dejarlo y a arrepentirme después, a extrañarlo y a lastimarlo. Creo que es una gran prueba del universo. Por cierto, ya acabé el libro, estoy lista para el que sigue.

18 de septiembre

Me desperté con mucho ruido en la mente, como siempre. Otra vez se me inflamó el oído derecho. Me senté en la oscuridad y me pregunté por qué no puedo tener mi mente en silencio. Hay mucho ruido. Es porque afuera todavía tengo mucho ruido, alboroto mi mente con estímulos externos, como si hiciera ejercicio todo el día y en la noche quisiera que se relajara. Obvio, vive toda trastornada. Lo mejor sería borrar mi historia personal, como dice el libro, *Viaje a Ixtlán*, pero está cabrón.

Siempre quise que todo mundo supiera que me estaba poniendo buena, que viajaba, que estaba con alguien, que supieran lo que hacía. Ya sabes, cuando haces cosas chingonas quieres que todo mundo se entere. Me encanta andar informando y andarme informando. Facebook es la peor herramienta para borrar la historia personal. Yo me engancho mucho en eso. Así que primero dije "a la chingada de mi teléfono", porque lo tengo vinculado y ahí me llega todo luego, luego. Obvio, tuve la discusión interna de "*Güey*, no, luego cómo te vas a comunicar con tus amigas y así", y me respondí, "la gente a la que le importo tiene mi correo personal". Así que agarré mi teléfono y, con el dolor de mi corazón, lo borré. "No es suficiente, debo apartarme del mundo un tiempo, pero esta vez el suficiente para estar fuerte, entrenar mi mente y llevarla a otro nivel." Decidí cerrar Facebook temporalmente, me puse mínimo un mes para ver qué pasaba. Ya lo he hecho. En otra ocasión hace cuatro años y otra hace un año cuando troné mi compromiso. Como en Facebook tengo mi relación a vista del mundo, cuando truenas y lo quitas de ahí, todo mundo se entera, es como darles carne a los hambrientos. Todos empiezan con comentarios y cosas. No quiero contribuir ni ponerme de pechito al chisme, y menos ahora que también sé que tengo que terminar esta relación. Sí tuve mis resistencias en cerrar mi Face, me costó trabajo liberar esa parte. Pero, como están las cosas con mi novio, cerrar Facebook es lo más difícil porque implica soltar el control por completo de todo. Por el momento, le dejo todo al universo para que ponga orden en mi vida ahora. Haré mi parte y liberaré el control.

Él tiene llaves de mi departamento y tiene cosas ahí. No sé si debo hacer el cambio poco a poco o de trancazo. Tal vez todo debe ser de madrazo, ésa es la técnica que está funcionando: ayuno total, truene total, cambio total, como le dijeron a Elías: si tu presente está sujeto a tu pasado, no volverás a construir.

Debo destruir mi pasado y reconstruir mi vida, no importa si fallo o no. Todo es nuevo. Nunca había podido dejar de vomitar y debe tener un impacto muy fuerte en mí a nivel energético, físico, emocional y espiritual.

Coral:

Iremos por partes: ¡FELICIDADES! Entendiste la causa de estar viviendo como el *populo*, ricos o pobres: LA IMPORTANCIA PERSONAL. Todo se reduce a eso, hasta tu supuesta: bulimia. Es un gran trabajo que NO TE DOMINE LA IMPORTANCIA PERSONAL, sino TU LIBERTAD, a dónde quieres llegar, porque el inconsciente quiere y hace todo por ser ACEPTADO Y APROBADO. El desierto es un gran maestro para lograr este poder, todos los iluminados se han retirado y dejado todo para conseguirlo.

Con respecto a tu novio, no creo que te convenga que le digas nada definitivo, pero sí que te vaya sintiendo diferente. En su momento lo haremos bien, pero por ahora tengo una reflexión. Al irse contigo, aceptó que se podía terminar; la responsabilidad de su vida NO ES TUYA, es de él. No agregues a tus problemas culpas ajenas.

Bendiciones y luz.

Perfecto, poco a poco. Ahorita que estaba haciendo ejercicio en el *gym*, vi que estoy enflacando diferente. Antes me enflacaba la panza y la cara, y lo demás no tanto. Mis piernas se están delineando como siempre quise, mis brazos ahí van, pero sigo con pancita y celulitis. Elijo confiar en la sabiduría de mi cuerpo y en tenerle paciencia, después de los millones de años que ha sido paciente conmigo.

19 de septiembre

Otra vez traigo el oído derecho muy inflamado. ¿Qué no quiero escuchar? Estoy haciendo todo, qué más tendría que hacer. Ayer fue un día súper difícil. Experimenté una ansiedad severa, me agarré de mis chochos de valeriana porque, no mames, cómo quería tragar toda la tarde. Me aguanté y tomé sirope. No me salí de mi plan, pero estuve tentada. Pasaron varias cosas. Primero, tomé la decisión consciente de que mi relación tiene que terminar y dejé de estar con un pie afuera y otro adentro, característica mía. Cómo me cuesta comprometerme con todo. Le dije mi neta de la cosas, le hablé de lo que no me latía —amistades, ambientes, su dependencia a mí—, se lo dije diplomáticamente para que viera sus errores y cambie, si en el futuro quiere cosas mejores.

El universo me lo puso enfrente. Tenía que fajarme los pantalones y enfrentarlo. Me dijo que cambiaría para que funcionáramos. Está dispuesto a liberarse de su adicción, a trabajar, cero drogas, pero honestamente yo ya avancé. Quiero estar sola. No puedo tener una relación, tengo mucho que trabajar en mí. Jamás he sido honesta en mis relaciones, y ahora siento que el universo me orilla a serlo, decir lo que en realidad siento, y no puede convencerme de lo contrario.

Me peleé con mi mamá porque le recordé que este fin de semana llegan mis amigas. Se enojó y empezó a decirme que no haría súper para mis amistades. Sacó mil cosas del pasado, que está harta que dependa de ella y que está hasta la madre de mí. Mi mamá me odia, neta. No lo sabe, me odia a un nivel inconsciente. Me tiene mucho coraje y rencor, la tengo harta. Antes de esta pelea pensé "Bueno, le cancelo a mi otra amiga que viene este fin, pero a la francesa no puedo, ya compró su boleto, hace diez años que no la veo, viene tres días, no jodas". Pero ella empezó, "No, le cancelas a todas", "Mamá, van a traer dinero para su súper, a una le digo que no venga y ya", pero seguía gritándome hasta que me dijo: "Pues si vienen tus amigas, yo me largo de aquí, y me llevo a todo mi servicio, y a ver cómo te las arreglas". Honestamente, que se largue de aquí es lo mejor que me puede pasar.

Cuando reflexioné dije, bueno, chance quiere estar conmigo y no sabe cómo decírmelo, por eso le ofrecí cancelar a una amiga pero no, o cancelo todo justo como manda o se larga de Acapulco hoy mismo. Así que le dije "¡lárgate!" Siempre es lo mismo, cuando se enoja me reclama todo lo que hace por mí y me quita todo lo que me da. Tengo que pagar un precio muy alto por cada cosa que recibo de ella. En la discusión me sacó el típico: "¿Ya se te olvidó que todos estamos aquí por ti? Todo esto es por ti", y pues la mandé a volar.

Por ahora no va a cambiar. Todo lo que lee y le enseñan le entra por un lado y le sale por el otro, es la misma mujer de siempre, no avanza, y esto me chinga porque ella paga mis cosas. Mis papás me tienen cierto rencor, puede ser a nivel inconsciente, porque me culpan de todo lo que hay mal entre ellos, que se gastan su dinero en mí, que estoy de la chingada. No me pongo de víctima, tengo que moverme de lugar para dejar de ser su blanco perfecto. Debo estar lejos de ellos. Me ultra caga depender de ellos en lo económico, pero cuando intenté independizarme no funcionó. Inconscientemente me da igual que gasten su dinero en mí, es más, siento que me lo deben porque pienso que ellos me traumaron con sus cinismos y todas las cosas que ya te platiqué que me hacían; y aunque sé que, en el fondo, en verdad me quieren y jamás han hecho algo a propósito para chingarme, la cagaron mucho conmigo. Tengo que perdonarlos porque, de otra manera, seré su dependiente perpetua. No hacerlo equivale a tomarme el veneno y esperar a que ellos se mueran. No encuentro trabajo porque no quiero trabajar, hago que mis papás paguen sus errores, creyendo que me tienen que mantener, ¡qué horror! Apenas lo descubrí, eh, no creas que siempre lo supe. Está cabrón esto del inconsciente.

Coral:

Me escribió tu mamá. Dice que son cinco amigas y yo te autoricé sólo una.

Aparte de todo, mentirosa. Este fin de semana viene una amiga y se va el domingo. El martes llega la francesa. Mi mamá se va y se lleva todo, pero me deja el depa, entonces estaré bien. ¿Qué opinas sobre este correo que le voy a mandar a mi novio?
P.D. Quince días sin vomitar.

Hola. Quiero agradecerte por el tiempo increíble que hemos compartido. Ha habido de todo, peleas, risas, luz, diversión, celos, aprendizaje, mucho aprendizaje. No sabes cuánto he estado meditando y reflexionando sobre nuestra relación porque ya no está funcionando. Sé que es difícil verlo porque nos queremos, pero es una realidad que hay que enfrentar.

Hay muchas cosas en mí que tengo que trabajar y pulir mucho. Ya no mando mi vida, he elegido ponerme al servicio de la luz y de mis maestros. Ahora vivo en tiempo presente. No sé dónde me toca ir, ni qué me toca hacer, y me parece muy injusto para ti, porque estás en un camino diferente al mío. No es mejor ni peor, sólo diferente.

Por eso considero que debemos cerrar nuestro ciclo. Esto va más allá de nuestras adicciones, amigos y todo el ruido del mundo material que nos engancha. No quiero que cambies nada, todo lo que hablamos ayer de acuerdos y eso; tienes razón, no va por ahí. Es momento de que esté sola. El siguiente paso me toca darlo por mi cuenta, ojalá a nivel del alma me entiendas. Te considero un ser sabio, por eso te hablo de esta manera, porque tienes la capacidad de comprender. No es que te deje o que no te lleve conmigo, no es que haya alguien más, no es que ya no te quiera, no es nada de eso. Hay algo mucho más profundo que me impulsa a estar en soledad. La necesito. No necesitas de mí ni de nadie, estarás muy bien sin mí. Haz los cambios necesarios, tienes la fortaleza. Debes aprender a caminar solo; a lo mejor, en un futuro nuestros caminos se vuelven a encontrar (sé que no crees en eso), pero el universo sabe lo que es mejor para los dos y lo que nos hará más felices. No veas esto como un truene, eso nos pondría al nivel de la gente y elijo no ponerme ahí. Velo como cerrar un ciclo hermoso de aprendizaje en paz y en armonía. Tienes las herramientas para seguir bien y fuerte; úsalas. No se trata de romper el corazón, ni yo NI NADIE TIENE LA FUERZA PARA HACERLO. Un corazón es lo más poderoso que hay, le pertenece a Dios, no es cosa del hombre. Sepárate de los clichés pendejos de la sociedad. Elévate, sé diferente, trasciende, trabaja. Hay una fuerza mucho más sabia que nosotros y, estoy segura, de que a nivel alma estás de acuerdo conmigo.

Desde mucho antes sabías que nuestro ciclo estaba por completarse, eras más perceptivo que yo. Busca adentro de ti y te darás cuenta. Tu personalidad te ciega y te quiere encerrar en las emociones, pero ve más allá. Por supuesto que duele y da miedo, pues es un cambio, pero el amor que nos tenemos estará ahí, como un diamante que hicimos y que por siempre llevaremos con nosotros, no importa lo que pase. Deseo que seas feliz, que camines hacia la luz y te transformes en un ser libre.

Con mucho amor,
Coral.

Coral:

¡Felicidades! Este bienestar es PARA SIEMPRE, sólo sigue aprendiendo a manejar tu ansiedad y a conectar el cerebro con el estómago (es muy importante).

Bendiciones y luz.

En *Viaje a Ixtlán*, Don Juan le dice a Carlos algo muy importante. Al principio de sus visitas, Carlos no entendía nada y se enojaba cuando Don Juan lo confrontaba. Carlos le dice que mejor se vaya y no lo vuelve a ver. A lo que Don Juan le contesta, "Te tomas demasiado en serio, te das demasiada importancia, eso hay que cambiarlo. Te sientes demasiado importante y eso te da pretexto para molestarte con todo. Eres tan importante que crees que puedes marcharte, así nomás, si las cosas no salen a tu modo. Sin duda, piensas que con eso demuestras tu carácter, ERES DÉBIL Y ARROGANTE". Sentí que me hablaban a mí, soy de las que sienten algo incómodo y sale corriendo como Speedy González. No tengo paciencia ni estoy lista para los procesos de nada. Nunca aprendí a manejar mi malestar, nadie me enseñó. Creo que los papás deben hacerlo con sus hijos desde pequeños; enseñarlos a autorregularse de una manera sana, porque si no aprendemos solitos de la manera incorrecta, en mi caso buscando desesperadamente sentirme mejor en todos los lugares equivocados, en la comida, en las drogas, en las relaciones. No puedo sentirme mal porque luego, luego estiro el brazo para la anestesia, ¿cómo aprendo a manejar mis malestares de manera diferente?

No voy como los cangrejos

20 de septiembre

Ayer fallé, recaí a la compulsión. Me levanté con otra actitud, porque cuando me fui a dormir, no sabía cómo iba a decírtelo, incluso pensé en no hacerlo y retomar mi camino hoy, o decirte que sólo me comí un puño de nueces. Me daba pavor decirte la verdad. Me aterroricé con las consecuencias, pensé que me ibas a castigar, que volvería a hacer todo el ayuno. Hoy no tengo miedo.

En la mañana no podía dejar de pensar y repasar qué había pasado, en qué había fallado, cómo pasó. Lloré, me enojé conmigo por sufrir esta "enfermedad", "disfunción" o como se llame. Muchas cosas me llegaron a la mente. Me encabrona la posición de víctima, así que me quito de ahí y elijo hacerme responsable. No puedo mentirte, eres la única persona en el mundo a la que le digo mi verdad. Cuando la cagaba, no podía hablar con sinceridad, me avergüenzo de mí y de quien soy, por eso me escondo y me vale mentirle al mundo con tal de que no vean mi disfunción y mis fallas. Ser juzgada es lo peor que me puede pasar; sin embargo, contigo no puedo y no quiero. Quiero curarme.

Para empezar, no me encuentro. La identificación con mi cuerpo físico es una de mis grandes debilidades. Mi compulsión fue un llamado de que mi motivación a que mi semi ayuno se descarrilaba. Ayer mientras comía lo "prohibido", me sentía como mi mamá, me escondí para comer. Nunca me ocultaba para comer, todo mundo conocía mi "gran apetito", pero ayer me sentí en una cárcel. Es horrible esconderte para comer, es la peor sensación del mundo. Comí nueces con frutas secas y barritas de proteína. No te voy a mentir, desde que mi mamá compró el botezón, se me hacía agua la boca por las nueces. Me encantan y mis barritas de proteína, también. No fue un gran atracón porque me metí a la cabeza que aunque había perdido mi fuerza para no comer, no la perdería para vomitar. Eso sí no lo iba a hacer, si estaba comiendo lo que fuera, me haría responsable de las consecuencias. Y aunque vomitar pasó por mi mente, NO LO HICE, porque si ya la había cagado no debía llevar mi error a otro nivel, por lo que comí mucho menos que antes.

Tienes razón, la comida es mi medicina. Cuando comí me sentí muy bien. ¡Puta!, el primer bocado de nueces me supo a gloria, pero la culpa no me dejó disfrutarlo por mucho tiempo. La comida para mí es igual a CULPA. ¡Qué carga tan pesada! Así me enseñó mi madre y así me siento cuando estoy con ella.

Todo empezó desde la hora de la comida. Papaya con queso *cottage*. Era un plato grande, extraordinario, pero excesivo. Me acabe todo. Según yo, iba intentar dejar algo de comida en el plato, pero ayer fue imposible. Comía como si no lo hubiera hecho en años. Obvio, con la juez —mi mamá— me engancho mucho, así que tenía que acabármelo, y cuando me lo acabé supe que ya se había detonado el chip de la compulsión porque busqué más queso cottage para comer y me tomé dos cucharadas extras. Después mi cerebro registró que estaba súper llena. No hay conexión todavía.

Por mi oído inflamado tuve dolor de cabeza todo el día y me sentía mal. Mi mamá y yo decidimos ver películas. Ella hizo dos bolsas de palomitas. Estuve resistiendo lo más que pude, me agarré de la valeriana y mi sirope, me tomé medio litro de trancazo. Estaba más que satisfecha, pero mi mente era como un perro desesperado que jalaba cada vez más fuerte hasta que no pude más y cedí, mientras retumbaba en mi cabeza la idea, "sólo un puño de nueces, sólo uno", pero ese puño se convirtió en muchos. Para entonces se habían invertido los papeles, ahora yo hacía con mi mamá lo que ella hacía conmigo, juzgarla y vigilarla.

En la noche le entré a las barritas. No comí mucho, ahora que lo pienso comí el veinte por ciento de lo que comía antes, pero llegué a un punto donde dije: ¡ya!. ¿Los lácteos detonan mi compulsión? ¿Qué cantidad detona mi compulsión? ¿Será la presencia de mi madre?

Mi amiga que llega hoy es cero tragona, es de esas personas que admiro por cómo come. Mientras tanto mi mamá me la armó. Sacó cosas de la alacena y empezamos a pelear por la comida, te juro que no me importa que se lleve la alacena completa, lo que me molesta son sus razones, "No te voy a dejar esto, porque son muy caros y bla, bla, bla..." No mames, no puedo con ella, me cree una pendeja, que permito que abusen de mí. No pienso que compartir sea un abuso. Me quitó la tarjeta de crédito y todo, no me importa, estoy acostumbrada. No funcionamos juntas, la amo y es la persona más importante en mi vida, pero tenemos una relación muy destructiva, somos el "pégame, pero no me dejes".

Coral:

Lo peor que puedes hacer con respecto a tu recaída es meterte en la culpa. La culpa mira al castigo, el inconsciente se activa para castigarte, y qué mejor castigo que llamarte "enferma", decir "no puedo" y dar rienda suelta a tu compulsión.

NO, PROHIBIDO CULPARSE, mejor LEVÁNTATE Y SIGUE. Lo que hiciste fue activado por la partida de tu madre. Esa niña interior en ti sigue queriendo *chichi*, pues dásela tú. Estás en una lucha porque tu madre cambie. A VER, ¡despierta! Ella es así, y punto.

Por lo pronto, ¡FELICIDADES! NO VOMITASTE, NO VOMITASTE A TU MADRE, pero, tampoco tienes que tragártela.

Ubícate, no te confundas. Lo de ayer es un tropezón. Lo mejor es aprender de eso, acuérdate: "el conocimiento de uno mismo es el PODER."

Quisiera verte el domingo para lo que sigue. Si te queda un día que no te dije qué comer, de lo que te di elige lo que más te guste y apóyate en el sirope, porque te llena y eso nos ayuda a romper el hábito cerebral de lo sólido y del antojo.

Bendiciones y luz.

21 de septiembre

Ayer todo empezó igual. Después de escribirte me fui a correr, a los 45 minutos tuve que parar porque tenía un dolor de estómago del carajo, estaba toda inflamada, tenía panza de embarazada. "Obvio, con todo lo que comiste (la noche anterior) ahora sí te lo dejaste adentro y tu cuerpo está teniendo mucho trabajo para digerir", me repetía.

Tomé poco sirope, esperando que se me pasara, digiriera la comida y me sintiera ligera otra vez, pero no pasó. Al contrario, me dio un chingo de hambre, pero mi estómago seguía lleno y me dolía. Me comí un sándwich y quería el segundo con todas mis fuerzas. Mi mamá se fue hoy. Antes de irse (ves que es bipolar, da la cachetada y al minuto me abraza) se portó de lo más linda. Le entró culpa de dejarme sola en este proceso, y para pagarlo suelta dinero. Yo he estado muy cómoda recibiendo ese pago a cambio de sus ojetadas, también es mi culpa, lo sé, he elegido soportarla a cambio de dinero, ¡qué horror! Me compró el boleto de avión para ir a unas conferencias de educación prenatal en San Francisco.

Decidí distraerme y vi pelis. Cuando estaba sentada mi mente no dejaba de empujarme a comer, así que fui por mis chochos homeopáticos, pero cometí el error de tomármelos directos y, como saben a dulces, me acabé el frasco. Empecé con pensamientos permisivos que llevaron a acciones permisivas como "*güey*, échate una galleta, no pasa nada, una", así que me la comí y por supuesto que no paré, me tragué el paquete. Ya me sentía tan culpable que me hice pendeja y me convencí de que guardaría en secreto mi desliz, comí hasta llenarme y, finalmente, vomité. Me acordé de lo mal que me había sentido en la mañana. "Ahora sí, no tienes perdón de Dios", "No pasa nada, mañana empiezas bien otra vez", pensaba.

Estoy confundida, ¿por qué no puedo? Eso me pasa en la vida, le chingo cabrón un tiempo a algo y después hago algo para sabotearme, ¿por qué me crucifico así?, ¿por qué soy tan permisiva? Un permisito me lleva a perder la cabeza. Empecé a hacer dieta con el sirope, y obvio me llevó la fregada. Estoy triste y a la vez contenta de que me haya pasado, porque éste es mi verdadero problema: no completar ni perseverar. ÉSTA SOY YO.

Hoy me vino a la mente el lema de mi universidad: "La verdad nos hará libres". Debo hablar con la verdad, ¿por qué necesito sentir que si la cago voy a perder todo para no salirme del carril? Aún cuando lo siento, me salgo, y más, si no siento presión. Está saliendo la base del iceberg. Ojalá ya pueda comer, aunque me ponga gorda. Me comparo con un drogadicto que necesita su droga a como dé lugar, no es broma.

Ahora que mi mamá se fue, la extraño y me siento un poco sola. Cuando mis papás en su desesperación me llevaron a Inglaterra a la escuela de Krishnamurti, al despedirse de mí, me sentí como paquete de DHL que dejan, firman y se van. Desde mi ventana veía su coche irse y lloré, y lloré, y lloré. Sentía que mi mamá me estaba abandonando, y no sé por qué siento lo mismo. Con mi mamá sufro, pero sin ella sufro peor, como niña de cinco años llorando porque su mamá no está. No tenía conciencia de que estoy triste porque mi mamá se fue.

Hay una niña muy, pero muy mal dentro de mí. Ése es el fondo de mi *iceberg*, nada de vanidad, de inseguridad, esos son mis disfraces. Tengo una niña muy herida. Por primera vez en mi vida puedo contactar con ella en realidad. Vomitar fue la consecuencia de sentirme abandonada por no ser lo suficientemente buena y castigarme, o quererla castigar a ella vomitándola, ¡no lo puedo creer! No sabía que la necesitaba tanto, ¡no puedo dejar de llorar!

Me cayeron 40 000 *veintes*, sólo escribiéndote en la mañana, ¿cómo voy a independizarme económicamente de ella? Sería como perderla por completo, si estoy mal y me tiene que mantener, la obligo a que no me deje. Soy una niña con una profunda herida de abandono, lo siento como hace veinte años. Estoy logrando ver y sentir mi verdadero trauma, mi verdadero dolor, mi verdadero luto. Es como si sufriera porque alguien se fue. Me siento abandonada por mis padres, adoptada y mantenida por el esposo de mi madre.

Sé que no es real, pero ésta es mi obra de teatro, en la que actuó y me muevo. Pienso en mi novio que me decía —y yo no comprendía—, "no importa qué hagas, no te voy a abandonar, sé que eso han hecho siempre contigo", y no le hacía mucho caso. Me siento súper sola, si pudiera ponerle nombre a mi película seria: *La niña mala a la que el mundo abandona*. Soy responsable de mis abandonos, no estoy en la posición de víctima, sino en la culpa. En mi juicio, el veredicto es: culpable.

Busco chavos que tengan menos que yo. En el dinero encontré la única manera en la que puedo amarrar a la gente. Si tuviera una relación con alguien económicamente igual que yo, seguro me abandonaría. Pero como con mi mamá es como un lazo económico, hago lo mismo en mis relaciones. ¿Cómo pude y puedo vivir así?

Todo empezó desde la pelea con mi mamá, cuando me dijo que se largaba de aquí, pues mi herida de abandono se activó. Me encabronó cuando me dijo: "¿Cuándo llegan tus amigas? Para quedarme hasta que lleguen y no dejarte solita". Después de que se fue, salí a correr y pensaba, "Cabrona, por mí que se largue, no necesito su lástima ni compasión". Pero ahora, ¡qué claro veo las cosas! No estoy de la chingada como pensé, no voy como los cangrejos, he hecho el descubrimiento de mi vida, aunque sea agridulce.

Hace dos días me salió la carta de la victoria con los mensajes de los arcángeles, pero no podía entenderlo, "cómo puede ser victoria cuando vomité el día que comí de más". Y ayer en la noche salió "regalo de Dios", ¿cómo que "regalo de Dios"? ¿Que no ven que estoy vomitando otra vez, que la cagué, que soy lo peor, bla, bla, bla? Y, ahora, ve a lo que me llevó: a comer de más, vomitar y, lo más importante de todo, tener el valor de decir la verdad. Porque al escribirte me llegó esto, no tenía idea, hasta que decidí decir toda mi verdad, con mis juicios y mis miedos preferí la honestidad ante todo. Justo antes de romper mi iceberg, puse el lema: "La verdad nos hará libres". Mi camino a la liberación se escribió confesando mi secreto, ¡qué lecciones me han revelado hoy!

22 de septiembre

No me gusta estar en la pobreza ni en la limitación y no tengo por qué estarlo. El dinero no tiene nada que ver con la humildad y la sencillez, esas virtudes son cuestión de actitud. No tener un varo no tiene nada de espiritual y de "soy sencillo" como la gente cree, que entre menos tengas más sencillo eres. El dinero es una bendición, es un medio de intercambio. Que haya sido prostituido, como todo por el hombre, no es su culpa. El dinero es neutral. Nuestro apego a las cosas es lo que las hace "buenas" o "malas".

23 de septiembre

Seguí tus instrucciones de ayuno por tres días. Mi primer día estuvo estupendo, sin problema. Reflexioné sobre mis papás. He juzgado la manera en la que llevan su relación, de hecho, toda la familia lo hace. Estamos muy mal, no entendemos ni madres. Comprendí el amor entre ellos, sentí su relación y que, de verdad, se aman. Su relación es diferente. Lo importante es que, aunque sea por minutos, pude sentir su amor.

Pero, al mismo tiempo, me vino la huella de abandono por mi papá biológico. Nunca supe qué me movía a hacer todo lo que hacía. Mucho tiempo pensé que era rechazo; pero no, era abandono de mis dos padres. Lo sé por la actitud de mis hermanos, a todos nos afectó de manera diferente. A mí fue a la que más, pues soy hipersensible.

Busqué departamentos porque ya se terminó el contrato de un mes, ahora voy a rentar frente al mar. Imagínate tener el mar todos los días y correr en la playa, ¿qué terapia, no? A mi mamá le dije que no era necesario que estuviera aquí, que podía venir cuando quisiera. Creo que se sintió libre. Poder elegir es lo máximo. Te comparto un pensamiento de uno de nuestros maestros (de mi mamá y mío).

"No echéis vuestras perlas delante de los cerdos, decía Jesús, no sea que las pisoteen con sus patas y, después volviéndose, os despedacen." Lo que significa que es imprudente revelar las verdades espirituales a aquellos que no están preparados para recibirlas: no sabrán cómo utilizarlas, y seréis vosotros las víctimas de su incomprensión. Pero para aquél que se ha preparado largo tiempo, el conocimiento de las verdades espirituales es la mejor de las cosas. Por ello Jesús dijo: "Conoced la verdad y la verdad os liberará." ¿Qué hay más importante que ser libre? Ahora bien, justamente, es la verdad la que tiene la propiedad de liberar. La verdad tiene la propiedad de dar la libertad como el amor tiene la de dar el calor, y la sabiduría la de dar la luz. Cada cualidad, cada virtud posee propiedades particulares, y las de la verdad es pues de liberar, porque la verdad tiene un vínculo con la voluntad, con la fuerza.

Omraam Mikhaël Aïvanhov

24 de septiembre

Mi ayuno estuvo perfecto. Me levanté a las 5 a.m. después de sueños muy locos, de mundos rarísimos, de escenas que no tenían conexiones entre sí. Desperté pensando en mi lectura de *Las valkirias* de Paulo Coelho. El personaje de Took dice que para conectarte con lo elemental hay que hacer rituales —no sé, uno solo—, con los maestros, con oración —tampoco tengo ninguna— y con nuestro ángel mediante la canalización (no confió mucho en la voz de mi cabeza todavía).

Cuando era chica, en el estudio de mi mamá vi muchas luces translúcidas blancas, como ondas en el aire. Se paraban en mis manos y jugaban alrededor de mí. Las cortinas estaban cerradas, no era el reflejo del sol. Estoy segura de que eran ángeles. Luego no viví algo similar.

Me trastorna estar con un pie adentro y otro afuera en la vida, me da pánico comprometerme por miedo a fallar, a que no sea "el indicado" o "el correcto". Por ello pienso que es mejor no entrarle por completo; así, si no sale, no quedaría como pendeja. Quiero tener el valor de poner mis pies juntos.

Comprometerme con algo *fully*, veo que requiere de mucho valor. Esto me recuerda la película *X-men*, cuando Wolverine está en duda si ir con el bando bueno o con magneto, el malo. Y le pregunta a Storm "¿estás segura de que elegiste el bando correcto?", y le responde "al menos, yo escogí un bando". No sé si esté bien o mal, si sea el correcto o incorrecto, pero no lo sabré si no me aviento. Hoy me aviento al camino de la luz, elijo confiar en un poder más fuerte que yo, creer en el universo. La fe en algo es mucho mejor que la fe en nada. ¿Sabes que la fe mantuvo vivos a los sobrevivientes de los campos de concentración? Conozco sus historias. A pesar de todo, la fe les dio la fuerza para trascender ese infierno físico. ¿Qué poderoso, no?

La gente que dice que no cree en nada y se considera atea no se da cuenta de que sí cree en algo, cree en "la nada", y ésa es una creencia. Como me dijo un amigo una vez, "no creo en las supersticiones, pero las hago *por si acaso*". Con la fe, no pierdes nada si no hay nada, pero podrías ganar muchísimo. La fe es un *win win thing*.

Prendí una veladora en honor a mi ex, lo único que se me ocurrió en mi ritual fue invocar a los grandes maestros y decir un Padre Nuestro, pues no soy nadie para saber qué es lo mejor para él en el sentido de no pedir por algo específico. De hecho, nadie sabe qué es lo mejor para el otro. En este ritual pedí que le fuera otorgada luz y claridad, que lo apoyen a liberarse de sus adicciones y fantasías, pero sobre todo que sea feliz sin importar el camino que elija. Pedí al Cielo que me ayudara a liberarme de mi naturaleza controladora, a tirar mis agendas y mis reglamentos de lo que alguien debería o no hacer. Experimenté el verdadero amor, el deseo ardiente de lo mejor para la otra persona en total libertad. Siempre rezamos para que el novio no nos deje, o que nos llame, o que cambie, pero nunca rezamos para que esa persona sea feliz.

Esta sociedad no nos enseña el amor. Amar no es obsesión, ni estar fuera de control, donde lo último que se da es libertad. Las películas y las telenovelas difunden una idea terrible del amor. Está de la chingada que la gente se crea todo lo que ve, que se hipnotice y después lo actúe.

Debo descubrir más actividades que me diviertan y que me den ese *punch* que me gusta, que ocupen tiempo y que me hagan ser más creativa, que saquen lo mejor de mí, porque me gusta sentir el *rush*. Soy mujer de adrenalina, por eso en el pasado lo busqué en la fiesta y las drogas. En su momento fue lo único que me dio esa emoción, la sensación de estar viva, de ser poderosa. Ahora sé que lo encuentro en otras actividades no momentáneas, como las drogas, sino en cosas que perduran y me dejan algo, para cada vez sentir más y más, en vez de quitarme y dejarme en déficit. Carajo, cómo no lo encontré antes, las que me hubiera ahorrado...

Estuve leyendo *Las valkirias*, los ángeles son un tema que me fascina. Nunca he contactado con mi ángel, o chance sí, pero he estado viviendo mi vida tan en la pendeja que de seguro ni cuenta me di. En fin, voy a seguir leyendo para ver cómo le hace este personaje, ya sabes, soy de las que leo, aprendo y pongo en práctica.

Capítulo 2
Desapegos

La verdad te hará libre

Mi semi ayuno va muy bien. Por alguna extraña razón, el pollo me está dando asco, sólo como pescado con verduras y arroz integral al vapor.

He dormido más de lo normal, me está cayendo bien. Elegí despertarme de 6 a 6:30 a.m. y no volverme a dormir, irme a la cama a las 10 p.m., en vez de a las 9. Hoy, al levantarme, la puerta del balcón estaba abierta, sentí que mis maestros me invitaban a salir y meditar. Siempre lo hago adentro por los mosquitos, pero esta vez salí. En el cielo había una estrella hermosa, brillaba con una luz impresionante enfrente a mí. Lo tomé como un regalo de mis maestros. Me llegó a la mente una creencia que dice *"wish upon a star"*, y así lo hice. Me acordé del rey Salomón, cuando Dios le ofrece un deseo y él le pide sabiduría porque ésa le traería todo lo demás. Antes, me iba con la finta de pedir que ya no tuviera una adicción a la comida, que se me quitara la obsesión tal, cosas que no eran el problema, sino sólo sus reflejos, pero hoy fui mucho más inteligente, como el rey Salomón.

¿Adivina qué? Encontré un lugar para estar mi siguiente mes. La administradora que visité me enseñó la villa "Barbados 7". Mi número de la suerte, perfecto. Nada más de ver el nombre sentí escalofríos. Al entrar me enamoré de ella, de la energía que tenía. El lugar es impactante. Aunque no tiene vista al mar, tiene un jardín hermoso, lleno de arboles, lo único que se escucha son los pájaros. Dos pisos, tres recámaras con muchísima luz, baños, televisión de paga, internet, gimnasio, un lugar para correr. La recámara principal está arriba, donde, además, hay un patio con un *jacuzzi* privado, un espacio para asar carnes y asolearte *topless* si quieres (la verdad soy medio encueratriz). La cocina es muy bonita, tiene un cuarto de servicio perfecto, y ¡me aceptaron con mis perritas!

Hablé con mi mamá y me dijo que sí, que hiciera el trato. Ella va a venir a quedarse una semana conmigo; bueno, según, ya sabes que uno no puede confiar, cambia de decisión como de calzones. Y chance regresan mis abuelos o mi hermana, quién sabe, ¡solita estoy muy bien!

Cuando le dije a mi mamá que tenía que regresar a la ciudad unos días para renovar mi pasaporte, se puso súper eriza porque cree que debo esperar hasta noviembre. Tiene razón, no saldré de aquí hasta finales de octubre, cuando sea el bautizo de mi sobrino. Necesito estar protegida con la energía positiva de este lugar. Aunque pienso que lo que no quiere es que vea a mi ex por ningún motivo, eso hay detrás de tanta *nefastez*. Si antes no le caía bien, ahora que sabe que fumaba mariguana, no, bueno. Ahora mi mamá no controla más mi vida, le he quitado ese poder y se lo he entregado al Cielo.

Fui a entrenar. Me imaginé en diferentes escenarios, me vi interactuando en bodas, en reuniones sociales, y me llegó la interrogante de cómo debo actuar. ¿Podré echarme mis chupes de repente? Me imaginé echándome unos chupes y me dije no, a mí el alcohol me cae mal. Siento que soy alérgica a él. Desde la primera gota que entra en mi sistema, me pongo un pedo... Una chela podría cambiarme la energía. ¿Por qué quisiera chupar? *Güeva* la cruda, *güeva* el ambiente, no hay nada ahí que me interese. Nunca ha sido mi ambiente, me ponía ahí a fuerza por mis culpas y pedos mentales. Si tanto me gustaran esos ambientes, podría disfrutarlos sin tener que chupar; la verdad de las cosas es que nunca lo disfruté sin chupar, me daba la peor flojera, casi me estaba durmiendo a las 11 de la noche. El alcohol me ayudaba muchísimo a pasar esos momentos porque no me gustaban, aunque creía que sí, lo que buscaba era reconocimiento, sentir poder y vestirme *sexy*, nada más.

Muchas veces chupé para probarme que tenía la fuerza de controlarme sin caer en el exceso, no porque quisiera tomar, sino para ver si mi teoría de que no soy víctima de nada era verdad. Alguien una vez me dijo que jamás podría probar una gota de alcohol sin que se me botara el chip, que mi sobriedad dependería de cosas fuera de mí, lo cual me haría víctima dependiente y enferma perpetua. Pero eso no resonaba en mi alma. Necesitaba la prueba de que no fuera cierto, de que yo tenía el poder, de que las razones reales por las que buscaba ponerme hasta mi madre habían sido sanadas y trascendidas de raíz, de que en ningún momento sentiría el impulso de querer ponerme así otra vez. Es más, si mi teoría era cierta, mi fuerza de voluntad no sería necesaria. Y me pasó. Estaba en lo correcto, soy poderosa sin medida.

Pensé sobre el libro que estoy leyendo. La mujer de Paulo lo acompaña al desierto y conocen a Took, un chavo de 20 años que vive en su tráiler en medio de la nada y tiene una vida espiritual. La mujer le dice a Paulo "qué vida de sacrificio lleva este muchacho, se está perdiendo su juventud por andar en estas cosas". Eso lo transporté a mi vida: "Creo que una vida en la luz te lleva a 'sacrificar' cosas".

Un curso de milagros te dice que es un error pensar que ponerte al servicio de Dios es un sacrificio. Así lo pensaba yo hasta hace poco, de esa frase me agarré para no cambiar nada en mí y no hacer esfuerzos ni sacrificios. Tengo que dejar muchas cosas, tengo y quiero dejar la fiesta, el alcohol, las drogas, mis diversiones de antes. Estoy dispuesta a dejarlo todo, pero después veo y digo, "No es un sacrificio real, el sacrifico es una ilusión del ego porque, al final, estoy mucho mejor así, soy mucho más feliz sobria que drogada, entonces no es sacrificio en lo absoluto".

¿Tú sientes que has sacrificado cosas que hubieras querido para servir a la luz y volverte una maestra espiritual?

Hoy el pensamiento del maestro Omraam lleva dedicatoria para mí.

Como no encuentran trabajo en su propio país, ¡cuántos padres de familia parten a trabajar al extranjero! Allí permanecen meses, incluso años, y cuando vuelven, están felices de haber podido satisfacer las necesidades de su mujer y de sus hijos.

Pero fue necesario primero dejarlos. En cierto modo, el mismo fenómeno se produce con el espiritualista. Medita, reza, se une al Cielo: puede decirse que también él se marcha al extranjero; con la única diferencia de que esto no dura meses ni años, su espíritu se aleja de su cuerpo físico durante algunos instantes. Permaneciendo demasiado unido al cuerpo, el espíritu no puede hacer mucho por él, entonces se marcha para ganar dinero, digamos, más bien, para recoger la luz.

A su regreso, trae esta luz al cuerpo y a sus habitantes: los instruye, los vivifica, los purifica, los regenera.

Omraam Mikhaël Aïvanhov

26 de septiembre

En la mañana me llegaron mensajes de mi ex, reclamándome y preguntándome cómo me desapegué de él tan fácilmente. Pero no fue así, estuve en duda por meses antes de tomar la decisión. Cree que nunca lo quise, jura que tengo otro *güey*. Por supuesto que no, lo que pasa es que está súper dolido. Dice que él me aceptó bulímica y yo no lo acepto mariguano.

He is in pain, no se da cuenta de que sufriría más conmigo que solo. Los dos estamos caminando hacia la misma dirección, te lo aseguro, pero siento que yo llevo recorrido más camino que él, voy más adelantada. No quiero sonar arrogante, pero siento que *I finally go it*, y él aún no. Esperarlo me hace perder la cabeza. Él tiene 24 años, o sea, ¡no jodas!, yo a su edad estaba mucho más de la chingada, pero años luz más jodida de lo que él está ahora. Para la edad que tiene va bastante avanzado en cuanto a la conciencia; tiene sus rollos, pero ¿quién no?

Tengo que empezar a caminar otra vez y no puedo darme el lujo de esperarlo, no es justo querer que se ponga a correr en chinga para alcanzarme. A mí nadie me anda acarreando, nadie me pide que deje la adicción a la comida porque si vuelvo a vomitar me va a mandar a la chingada. Y me veo mala onda exigiéndole cosas que todavía no están en su camino; chance, tener trabajo y dinero aún no están en las zonas de su interés; chance, dejar la mota de jalón, tampoco. Obviamente, es su proceso personal y a su paso. Apresurarlo y obligarlo a que haga mi voluntad es inhumano. Empieza a tener resentimiento hacia mí, la cosa no va bien. Ahora dice que me odia, imagínate. No le hago caso, y mucho menos me lo tomo personal, sé que son su personalidad y ego herido.

Estoy quitando mi depa en la ciudad, tomé la decisión de que por ahorita no regreso a México.

Sufrí un ataque de ansiedad toda la tarde y noche. Hay algo mal en mi cerebro. No pasó nada diferente en el día, todo bien con todo, no tengo hambre sólo quiero comer a como dé lugar. Es un sentimiento súper fuerte. No comí nada, pero tuve que comprarme chicles para aguantar, si no, me hubiera acabado mis chochos. Necesito ansiolíticos o algo, en serio, pues tres días estoy bien y al cuarto o quinto, ¡madres!, me entra un ataque. ¿Qué hago? Me enojo de que sólo puedo comer una vez al día. Mi mente quiere comer cuando quiera, está desesperada. Necesito ayuda. Hasta hoy no he roto mi semi ayuno.

De repente, en la tarde, me pongo mal. Me fijé si hay algún detonador, como cuando mi mamá se fue, pero ahora no encontré algo, todo normal. ¿No tendré desbalanceados mis químicos cerebrales? Porque esos ataques de ansiedad son intensos. Estoy trabajando con una mente enojada y desesperada. ¿Cuál va a ser mi estrategia cuando me vuelvan a entrar mis ataques?

Todo bien en la comida. Estoy comiendo súper bien, pescado, verduras y tortitas de quínoa. ¿Podría tomarme un té de hierbabuena o manzanilla a la hora de la comida? Ah, para acabarla de chingar, lo que me ayudaba a quitarme ansiedad en las tardes era el té verde, y resulta que me infla, carajo. Ya había escuchado que el té verde no es tan bueno como te lo pintan porque deshidrata el cuerpo —aunque tenga antioxidantes— y altera tu sistema nervioso por la cafeína.

Fui a hacer ejercicio. Estoy estresadísima, vivo en el estrés y me las doy de fresca. Sólo cuando quiero comer mucho es como un *warning* de que mi nivel de estrés está rebasando mis límites, pero si no, siento que estoy bien, ¡ajá!

A la hora de la comida, comí más de lo que debería. Estoy cayendo en el error de creer que si como sano puedo comer más en cantidad, pero es lo mismo, pinche exageración. Me siento más que satisfecha pero no estoy vomitando. Y aunque es raro que me sienta así, me pone feliz. Tomo menos sirope y como más comida. ¿La estoy cagando? ¿Debería de ser al revés? Hago una comida al día, no he roto mi semi ayuno, sólo que como más, ¿será porque siento que es mi única comida y tengo que aprovecharla porque no comeré y eso me provoca ansiedad? Hoy, al terminar de comer, se me antojó un vaso de leche de soya, me lo tomé, y no vomité.

Ya estoy en mi nueva villa. Es hermosa, estoy feliz. Me presentaron con el administrador, quien me preguntó a qué me dedicaba y le dije que escribía. "¡Qué increíble tener una artista aquí!"

27 de septiembre

Me levanté a las 5:30 a.m. Me costó un poco de trabajo, pero hago todo lo necesario para disciplinar mi cuerpo. Me levanté pensando mil cosas. Ayer recaí *again*. Después de escribirte el último correo, empecé a darme más permisitos, me comí dos galletitas por acá, tres nuececitas por allá y así (sin ninguna intención de vomitar), quería sentirme libre para comer mis antojos. Cuando vi, estaba llenísima y me sentí pésimo. A mi cuerpo ya no le cabe tanto como antes. A mi mente y a mis ojos les está costando mucho trabajo. A la hora de la comida como de más porque en el momento no siento mi cuerpo. Mis ojos necesitan ver mucha comida. A pesar de que ayer vomité, no me siento tan culpable. Pienso que mi cebolla tiene un millón de capas que he fabricado por once méndigos años de vomitar. Mi pensamiento es un poco extremo, de "soy un caso imposible, no voy a poder" paso a "no te preocupes, Coral, sí has avanzado, en un mes sólo has vomitado dos días".

Mientras comía lo que se me antojaba puse atención en lo que sentía. Estaba feliz. El tiempo se me pasa súper rápido, disfruto la comida. Antes de vomitar, cuando estaba llena me dije, "OK, ni modo, ya comí, me hago responsable", pero mi cuerpo saca la comida. Se me regresaba y me la tragué una vez (ya sé, asco, pero pasa cuando el cuerpo lleva vomitando tanto tiempo). Al final sucumbí y vomité.

Con esta mala experiencia vi que ya no agarro dulces o papas; cuando como, en mi cerebro produzco un químico que de otra manera no tengo; cuando como, siento un efecto de "droga de felicidad" y de dicha (me encantaría poder probar mi teoría científicamente). Quisiera tronar los dedos y que mi obsesión, adicción, enfermedad o lo que sea, desapareciera para siempre. Luego pienso, OK, mi mamá no tuvo nada que ver con esto, estoy bien con ella, estoy en mi nueva casa, todo marcha bien. Pero, mi cuerpo siente estrés. Una parte registra que algo pasa pero la otra, no, como dos entidades separadas, sin conexión aparente. El día antes de vomitar me había entrado un ataque de ansiedad que apenas pude controlar.

Mis chochos ya no me ayudan tanto y mi sirope, tampoco; mi cuerpo ya encontró resistencia a ellas. No me entiendo, leo, reflexiono, medito, hago ejercicio, como mis chochos, ayuno, lloro, siento mis emociones, hay algo que no estoy viendo y no sé qué es. Oriéntame. No quiero presionarte, pero ¿dónde carajos estás? Hace mucho que no me escribes, ni podemos hablar. Sé que estás de viaje y que muchas veces "me dejas sola" para que viva mi proceso, pero no puedo.

Quiero hacerme un electroencefalograma, para saber si mis químicos cerebrales están muy mal, porque soy bipolar; un día amo esto y otro lo odio; un día no tengo pedo con la comida y el otro me estoy cortando las venas. Neta, ¿no será que es más a nivel físico esta situación? Chance, necesito la ayudadita de un psiquiatra. Me siento como las mujeres embarazadas que trabajan todo su embarazo para tener a su bebé natural y cuando están a punto de dar a luz, nunca se imaginan que las contracciones del parto puedan ser tan dolorosas y gritan desesperadas "¡epidural, yaaaaa!"

De tan culpable que me sentía, ahora ya no me siento tanto, como si la esperanza se desvaneciera sutilmente en mí. Mi mamá me mandó un correo en la noche, me decía que mi papá y ella estaban contentos y orgullosos porque veían mis esfuerzos. La neta me sentí muy mal porque no he dejado de vomitar. No sé qué más hacer. Chance, mis papás vienen y no quiero ver a nadie, incluso quiero que se vaya mi amiga, no quiero hablar con nadie, no quiero nada, estoy enojada. Es muy difícil. Me siento sola.

Sé que tienes tu vida y muchas cosas que hacer, y también sé que trabajas conmigo, pero mi cerebro necesita pruebas. Habla o escríbeme, aunque sea para decirme que voy de la chingada. Dame un poco de orientación, porque mi barco tiende a perderse, todavía no aprendo a leer mi radar muy bien, y te necesito. Volví a chocar, empecé a desviarme y mi niña interior siente que no estuviste ahí para corregirla a tiempo, que la dejaste navegar sola. No estoy enojada contigo sino conmigo. Mi ego te quiere echar la culpa, a pesar de que mi mente sabe que no es así, que soy yo la responsable de todo, porque no seguí tus instrucciones al cien por ciento, dado que comía más de la cuenta y me di mis famosos permisitos de comer lo que no estaba permitido en mis menús.

Me desespero por comer libremente. Estoy trastornada con tanta restricción con la comida, me genera un chingo de ansiedad. A veces pienso, "Ya, me vale madre, no vomito y me pongo gorda, pero déjenme comer", así de cañón ansió comer. Tal vez nunca logre quitarme la obsesión.

OK, OK, me sacudo. Estoy dispuesta a levantarme hoy otra vez. En mi vida me he caído un billón de veces y jamás me he quedado abajo. Hoy me vuelvo a sacudir y me levanto, pero algo tengo que hacer diferente. ¿Seguir tus instrucciones a la perfección, no meterle de mi cosecha?

Comer para mí es como estar enamorado. Te pones feliz, nada te molesta, el tiempo se pasa súper rápido, te sientes muy bien. Mi relación con la comida es como si fuera mi novio. Vivo una ilusión, pero ¿cómo se la quitas a un cerebro que lleva creyéndosela veintisiete años? Porque siempre he comido de más. No es de los 17 para acá, tengo desórdenes alimenticios desde que tengo memoria. De chiquita hasta los 13, más o menos, no comía nada, era medio anoréxica. Mis papás batallaban para hacerme comer. Comía puros dulces y chicharrones con salsa. Ésa fue mi alimentación, por eso no crecí. Y a los 13 años empecé a comer mucho.

Después de vivir en Veracruz con mi tía y mis primos (donde fui realmente feliz), mis papás y mis hermanos nos fuimos a vivir a Washington (donde fui miserable). Fueron los peores años de mi vida. Me chocaba la escuela, de entrada, no daba una, la actividad más divertida con mis amigas era *strawberry picking*, me sentía humillada por mis compañeros de clase porque no hablaba inglés a la perfección, ah, y en la única obra de teatro que hicimos me pusieron de pollo. Me traumé, yo esperaba ser la princesa, imagínate. Así que, la comida era lo único que siempre tuve, que no me avergonzaba, al contrario, me hacía sentir bien. Obviamente, abusé de ella como abuso de todo porque soy excesiva y extremista.

La gente que me conoce dice que soy el *yin* y el *yang*, todo blanco o todo negro, no conozco el gris, me voy de extremo a extremo, y tienen razón. Por eso necesito encontrar mi equilibrio. Quisiera comer cuando tenga hambre, disfrutar mi comida y no pensar en ella hasta que me diera hambre otra vez. Lo peor de todo no es la comida, sino el tiempo que paso pensando en ella, toda la energía que le dedico, estoy exhausta.

Esto es una enfermedad mental. La comida ocupa ochenta por ciento de mis pensamientos. Estoy obsesionada y no sé cómo quitármela. Quiero ser libre. A lo mejor por eso me interesaba más pensar si tronaba a mi ex, porque me sentiría libre, pero no es esa libertad la que ansía mi alma, sino la verdadera: quitarme las esposas de la comida.

Dicen que la comida representa la vida, ¿será que no quiero vivir?, ¿estaré matándome poco a poco?, ¿convierto lo que Dios diseñó para nutrir mi cuerpo físico en un arma letal contra él? Chance, busco morirme inconscientemente; chance, por eso los accidentes en mi coche. He tenido tres accidentes fatales, donde pude haber muerto. Uno fue cuando tenía 15 años, me salí de un quemacocos con el coche andando. Y los otros dos en carretera, porque le pisaba chingón, amo la velocidad. Las dos veces mis coches fueron pérdidas totales y yo salí ilesa por alguna extraña razón, porque ni el cinturón de seguridad me ponía. Recuerdo que una de las múltiples veces que mi mamá me corrió de la casa, la esposa de mi papá biológico pasó por mí y me llevó a su trabajo. Me le escapé, se me hizo buena idea salirme de la ventana de una de las oficinas de un edifico de veinte pisos. Estábamos como en el quince. Me salí al barandal tranquilamente y me senté. Cuando ella me vio, casi le da el infarto, imagínate, pobre, yo tenía 7 años. Chance me quiero morir porque no me hallo en este mundo, no lo entiendo; no me gusta su hostilidad, me absorbe.

Mis ataques de ansiedad ocurren en la tarde. Así que decidí cambiar mi rutina de ejercicio a las tardes. Las tardes están reservadas para comer o sufrir. Por eso ahora me voy a obligar a cambiar mi rutina. Aprovecharé las mañanas para escribir, ir a la playa y leer. Una semana voy a hacer eso, a ver cómo me va. Ojalá funcione. A lo mejor me convendría tomar clases de yoga. Lo que sí es un hecho es que necesito más actividades, estar sin hacer nada me vuelve loca. Todavía no soy sensei para no hacer nada. ¿Qué más podré hacer? Escribo, leo, hago ejercicio. ¿Pintar? ¿Comprar un libro para colorear? Podría ser, pinto pésimo. Lo haré como *hobby* porque me hace feliz *even thought I suck at it*. También me encanta cantar desde que soy chiquita, y como no canto como Celine Dion, pues lo abandoné. Cantaba en la regadera, todos mis hermanos podían escucharme. Pegaba unos gritos que se escuchaban a veinte kilómetros a la redonda. *Big mistake*, me trajeron de bajada por el resto de mi vida. Yo también me pasaba, me ponía a cantar ópera y como la sirenita, cuando la bruja le quita la voz. ¡Qué oso!, yo creía que cantaba hermoso. Mis hermanos se encargaron de bajarme de la nube y jamás lo volví a hacer. Pero eso no quita que me guste mucho. Da igual si soy o no buena en algo, si me gusta y me hace feliz, *fuck judgement*, lo voy a hacer.

28 de septiembre

Empecé mi ayuno total otra vez, y todo perfecto. Cuando me mentalizo con anticipación, es sorprendentemente fácil hacerlos. Cambié mis horarios y me gusta. Me duermo 10:30 o 11:00 p.m. y me levanto 6:30 o 7:00 a.m. Apenas amanece salgo a caminar descalza a mi jardín, para conectarme con la energía de la tierra. Respiro profundo y escucho a los pájaros. No hay mejor *high* que la naturaleza, siempre lo digo.

Vi una peli muy bonita con mi amiga que ya se va hoy, *thank God*. La quiero mucho y es buena compañía, pero ya, ya. Me siento feliz porque quiero estar sola. Voy a aprender a estar conmigo y haré otro tipo de actividades. Está cabrón aprender a sólo estar, sin hacer nada. La gente se queja de todo lo que tiene que hacer, pero se arrancaría los pelos si le quitaran sus mil actividades cotidianas.

También cambié mi horario de ejercicio. Lo hice de 7:00 a 8:30 p.m., bien, sin *güeva*. Como te digo, me mentalicé de que así iba a ser y punto, lo grabé en mi mente y lo alimenté durante el día. Cuando llegó el momento, ni lo pensé, sólo lo hice. Siento que dormí mejor. Vamos a ver con el transcurso de los días.

Fui a la playa. El sonido del mar es terapéutico para mí, además me doy mi respectivo masajito. Vivía en un estrés permanente que relacionaba con la comida. Me acordé del libro de Marianne Williamson, *A course in weight Loss*, en el que dice que el estrés lleva a energía frenética, y energía frenética lleva a compulsión. Ya no quiero que mi nivel de estrés se eleve al grado de que no lo libere y acabe en mis ataques. Dormir en la playa es una buena terapia por el sonido. Soy súper auditiva. El sonido de las olas, de los pájaros, del viento son mi terapia más efectiva y, además, el masaje. Cada que me dan uno, siento la gloria. Que me laven los pies tiene un significado sagrado, es un momento de magia y de alquimia. Una vez que le lavé los pies a mi ex sentí lo mismo. Es un acto de amor y gratitud. No tengo idea de dónde viene esta sensación, ni por qué, ni qué significa, ¿tú sí?

Antes navegaba por la vida con bandera de fresca, de que nada me importaba, de que era feliz sin mi familia, sin novio, sin dinero, sin nada, y no es cierto. Me afectan mucho, pero muy chiquita aprendí a cerrarme porque era más doloroso de lo que podía manejar en ese momento. Me hubiera muerto. Pero ahora tengo nuevas herramientas. Mis ataques de ansiedad se deben al estrés. Tengo que vigilar que lo libere con masajes, meditación, ejercicio, el sonido del mar, una buena dieta, suplementos (el picolinato de cromo me ha ayudado a regular mi azúcar en sangre y Equivit de Soria Natural también, además de un buen complejo B para mi sistema nervioso).

Quiero hablarte de algo muy serio y quiero pedirte algo, pues sé que estás preparada para hacer esto, eres como una valkiria. Ayer mientras leía mi libro, me quedé impactada por unas escenas que describe Paulo cuando va al hoyo de la tierra con ellas, las valkirias, y todo lo que hay que hacer para ver a tu ángel. La lectura me llegó al alma. Dicen que hay que romper un acuerdo que todos hacemos con las tinieblas, que los ángeles son visibles para aquéllos que aceptan la luz y rompen el acuerdo con las tinieblas. El maestro de Paulo dice "El hombre siempre destruye lo que más ama", "Tenemos un contrato entre nosotros, no vencer cuando es posible la victoria". Yo tengo un acuerdo con las tinieblas. Ayúdame a romperlo, no sé bien en qué momento decidí hacerlo para no tener éxito en nada en mi vida. Es increíble todo lo que Paulo describe. Él había hecho un trato con las tinieblas a cambio de dinero y éxito; en las canciones que producía y grababa usaba mensajes subliminales, mantras de rituales mágicos, "con las palabras de la bestia leídas al revés, quien cantara aquellas canciones estaría invocando la fuerza de las tinieblas". Todo eso me dejó pensando.

Escucho mucha música, no necesariamente espiritual. Escucho Lady Gaga, Britney Spears, mil cosas. Mi mamá me ha tirado muchos CDs porque me decía que había música que tenía mensajes ocultos. Por lo pronto, ya no escucho toda la música, ni la oigo tan fuerte. Voy a limpiar mi música un poco, ¿cómo saber cuál es inocente y cuál es magia negra?

Total, la valkiria al final de todo le pide a Paulo que "prometa en nombre de san Miguel Arcángel que nunca más levantará la mano en contra de sí mismo", y él tenía mucho miedo porque decía que no sabía cómo cumplirlo, no sabía lo que estaba haciendo con él mismo, pues podía traicionarse. Así me siento yo. Me muero de ganas de hacerlo, quiero romper mi acuerdo y aceptar la luz. Sé que no tengo elección, ése es mi destino. Lo último que la valkiria le dice es "Ahora ya lo sabes, la verdad te hará libre". Eso lo dije yo hace una semana. ¿Ves, ves?, te lo dije, ¡lo sabía!

He vivido muchos años en la oscuridad, con drogas, donde uno solamente puede llegar a los planos astrales más bajos, donde nunca se tiene resultados de nada, sino pura ilusión. Las drogas son manejadas por seres de la oscuridad disfrazados en forma de bien. Jamás vi nada mágico ni trascendental en ellas; más bien son una mentira, una trampa.

Hoy es día once, mi número, además hoy es el día de san Miguel Arcángel. No es casualidad, él es el encargado de cortar los lazos y protegernos de la oscuridad. Siento que haber hecho consciente este día llevo la mitad ganada. Hoy voy a hacer un ritual y romperé mi acuerdo, lo haré como mejor pueda.

Dejo mi postura de víctima

29 de septiembre

¡Qué día! Lleno de milagros, gané mi gran batalla. Me levanté a las 6:30 a.m. porque llevé a una de las chicas que vino a ayudarme a la estación de camiones. Todo el camino fui orando y encomendándome al Espíritu Santo. De regreso, no sé por qué ni cómo, me equivoqué de calle. Nunca me pasa. No doblé en la calle correcta y me seguí "sin querer"; doblé en la calle equivocada sin darme cuenta, todavía estaba medio oscuro. Iba manejando y en la parada de autobús vi a dos hombres tirados con miles de cervezas y botellas de alcohol. No sabes lo que sentí. Me hubiera gustado pararme, levantarlos y dejarles una botella de agua o ayudarlos de alguna manera, pero en mi mente algo me decía que hubiera sido imprudente, que debía rezar por ellos, que el trabajo personal que estaba haciendo en mí los impactaría a ellos y a la humanidad pues, en realidad, no están separados de mí. Escuché este mensaje, y así lo hice. Recé un Padre Nuestro y pedí a Dios perdón y misericordia por ellos. Así como los vi en la mañana estuve en algún momento de mi vida, ¡tirada! Después de pasar por ahí me di cuenta de que ésa no era mi calle. Di vuelta en "u" y regresé a mi casa. No fue un error que transitara por ahí, esos hombres necesitaban de mi oración y mi ángel me guió. A veces siento que hago poco por los demás, me gustaría levantarlos con mis manos, darles comida, hogar, orientarlos. Ya sé, no todos quieren ni están listos para recuperarse, pero, la posibilidad es maravillosa.

Regresé a casa y fui a mi cuarto para hacer una oración que mi mamá me mandó. La veladora que había prendido para mi ex ya se había consumido y la foto de él que había puesto arriba como en una bardita cayó dentro de ella. No sé cómo sucedió, era imposible que cayera cara arriba en el centro, pues el vaso de la veladora era largo y delgado. Tuvo que haberse colocado ahí después de que se apagara o se hubiera quemado. En la noche me dormí con las dos veladoras prendidas y la de mi ex no se terminaba. Creo que esa veladora le ha servido, que ha encontrado fuerza para hacer cambios positivos en su vida.

Mi crecimiento personal está relacionado con mis noviazgos; siento que los hombres que llegan a mi vida necesitan un empuje, y yo tengo la fuerza para hacer eso. Rezo por ellos, a mi ex, ex (con el que duré tres años *on and off*) no sabes cómo le hacía la llama violeta y rezaba por él. El universo es muy inteligente y me manda hombres que podrán ayudarme también, debe haber un intercambio. Pero mientras más evolucionado espiritualmente estás, Dios te manda gente más inteligente y se pone ruda la cosa.

Me dormí temprano. Prendí una veladora en honor a san Miguel Arcángel y al acuerdo que quiero romper, oré. Me costó un poco de trabajo dormir, pero lo logré. Soñé con uno de mis ex, a quien he soñado últimamente. Qué raro, cuando troné con él hace como dos años, más o menos, ese verano me la pasé ahogada en Cancún. De seguro estaba sufriendo, pero no lo hice consciente. Nunca me gustó pasar lutos en mis relaciones personales cuando tronaba, era más que nada *"OK, next"*, pensaba que era bueno, que por fin estaba soltera otra vez. Finalmente, había hecho todo por encabronarlos y empujarlos al extremo de querer tronar conmigo porque no encontraba el valor de hacerlo yo. No era nada buena para saber qué me pasaba; sin embargo, lo reflejaba afuera. Ahogarme un mes completo después de tronar no me suena a alguien con paz, pero a nivel consciente no lo sufrí. Creía que estaba contenta.

Fui a hacer ejercicio. Ya puse mantras y canciones más relajadas en mi iPod, borré algunas de mi lista, ahora la tengo campechana.

Mi tarde y mi mañana fueron ¡extremadamente difíciles! Casi recaigo. En la mañana mis muchachas se estaban cocinando huevo con salchichas, lo vi y lo olí. Eso fue suficiente para prenderme el chip. Sentí ansiedad y ganas de comer. Así que agarré las llaves, mi coche y me largué de ahí, fui con mi amiga a sacar dinero y a comprar unas cosas. La sensación de querer comer no se iba, estuvo coqueteando conmigo todo el día. Regresé y tomé una siesta, me levante toda mareada, mi azúcar en sangre está muy mal, no es normal lo mal que me siento, por lo mismo, me levanté con mi mente a *full* de potencia de querer comer para sentirme mejor. Resistí como pude, pasé la prueba más difícil de todas. Estaba sola porque mis muchachas habían ido a dejar a mi amiga y tenía todo para hacer lo que quisiera, sin que nadie viera. Antes, hacía mi ritual atracón-vomito, atracón-vomito por horas, y ahora estaba sola, sin películas, sin amigas, sin distracciones; sola enfrentando esta batalla. No te miento, toda la tarde estuve a dos de ir a abrir ese bote de nueces y por fuerzas del Espíritu Santo, de san Miguel Arcángel, de Dios, de quien quieras, la pasé. Me enfrenté a una de las pruebas más difíciles, no cedí y no comí. Después me sentía súper bien, pero esas horas fueron muy cabronas. Pinche enfermedad closetera, es *secretiva* y te aísla del mundo.

Ayer concluí mi segundo día de ayuno y hoy empiezo a comer como la vez pasada. Me fue dada una tercera oportunidad, ahora sí voy a seguir al pie de la letra los menús. Sin permisitos de ni madres porque eso no funciona.

Mi siguiente trabajo es educar mi vista, pues como con los ojos. Un plato gigantesco me hace feliz. Debo comenzar a sentir. Hay una parte de mí que me observa, me convierto en mi propio testigo y me pregunto "¿en qué momento de mi vida desarrollé estos programas?" Mi cerebro es como una computadora programada *food wise* de la mierda. ¿Cachas el trabajo que tengo que hacer? Este problema no es nada más emocional, *I have emotionally cried myself to sleep for years* y no logré romper con esto. Tengo que cambiar toda mi programación, mis neuronas, mis células, mi percepción. Mis células tienen memoria, lo confirmé cuando leí a Candace Pert en *Molecules of emotion*. Todo empezó como una manera de manejar todos mis problemas, luego se convirtió en un hábito y más tarde en mi manera de vivir. Finalmente, se hizo un programa perpetuo, aunque el empuje emocional incial ya no exista está cabrón desprogramarme. ¿Crees que ahora termine de perder la cabeza? Ya sé que te saco mil dudas nuevas por día, pero me siento frustrada. Imagínate lo que tuve que haber sufrido desde niña para desarrollar algo tan fuerte. Mi infancia no fue feliz, fui una niña con depresión severa y no detectada, me automedicaba con puros dulces: *pum*, adicción al azúcar desde los 5 años, resistencia a la insulina garantizada y *ADD al full, I had the Golden ticket to addiction right from birth. Fuck!*

Antes, cuando veía gente gorda me cagaba la madre, pensaba "A ver, *brother*, ¿no te has visto en un espejo? Cierra la boca, por piedad de Dios", "prefiero vomitar mil veces al día que estar como tú", como diciendo que era mejor ser bulímica que ser gorda. Esa gente me provocaba mucho coraje y enojo. Ayer vi una gorda y sentí mucha compasión por ella, porque me imaginé todo el dolor que cada kilo extra significa. Mi problema me ha hecho desarrollar mucha humildad y ser más compasiva. Lo que le haces a otros te haces a ti, regla universal. Cada que criticaba y juzgaba, *I was just throwing arrows.*

Pido a Dios que me dé fuerza de voluntad para parar. Y me mentalizo que así es, repaso y repaso la escena en donde me traen sopa, como mi plato y quedo bien, igual que a los grandes atletas los hacen visualizarse en competencia, ganando y repasando sus rutinas. Me mentalizo en restaurantes, pidiendo un plato de ensalada o sopa. Tengo que verlo en mi mente, grabármelo a como dé lugar, entrenar de nuevo, sólo por hoy. Por ejemplo, en vez de caldo de pollo, hoy cambié a caldo de pescado porque pollo en caldo no se me antoja nada, quedé súper asqueada de la vez pasada. ¡Con qué facilidad guarda mi mente cosas desagradables!

30 de septiembre

Me levanté rara, triste, desmotivada, pensando en mi día de ayer, recaí otra vez. Estoy haciendo todo lo que puedo, me estoy ayudando lo más que puedo pero no sé qué pasa. No sé por dónde.

Ayer me puse a trabajar en la mañana. Las veces que he caído ocurren a la misma hora, como a las 4 p.m., después de que me acabo el frasco de chochos y me empino un litro de sirope; cuando agoto esas fuentes ya le entro a la comida. En mi alacena tenía cosas ricas que se me antojaban, así que de alguna manera tenían que salir de ahí. No es comida lo que quiero porque, cuando tengo hambre de verdad, una sola cosa me basta y me deja satisfecha, pero cuando no, puedo comer, comer y comer y nada me basta; es más, ni siento que la comida entra en mi cuerpo. Cuando como compulsivamente estoy desconectada por completo de mi cuerpo, se rompe ese lazo y no siento que nada entra. ¿De qué tengo hambre en realidad? Necesito descubrirlo.

Pensé en buscar un trabajo por las tardes, ir a algún asilo o algo. Que mi mamá estuviera aquí me ayudaba porque sentía que no podía cagarla. Podría ser ella o cualquiera de mi familia, lo que necesito es supervisión para sentirme presionada; pero después digo que eso no importa, con mi mamá aquí ya había recaído sin que se diera cuenta. Es como si de 3 a 6 p.m. necesitara una camisa de fuerza porque hay algo que a veces puedo controlar pero a veces me rebasa. Quiero aprender a estar sola conmigo, pero necesito una ayuda, en mi aburrimiento no puedo estar tranquila y menos con esta adicción a la comida.

Cada día estoy más segura de que soy bipolar o de que tengo algo en el cerebro, ¿y si empiezo a tomar triptófano o melatonina? No sé cómo abordarla, me hablo, me aguanto, hago afirmaciones, visualizaciones, estoy agotando mis fuentes. Hoy voy a hacer ayuno total, ya ni ganas tengo, estoy corriendo en círculos.

Ya no puedo vomitar bien, mi cuerpo no lo saca todo, no están funcionando mis trucos de antes. Y mientras caigo en la compulsión *again*, mi casete dice tengo que aprovechar ese atracón. Así me pasaba con el alcohol, me aguantaba cabrón y cuando cedía me súper ahogaba y me sentía mega culpable. Ahora que lo pienso, se parece mucho al proceso para dejar el chupe. Al principio me restringí, me abstuve de todo, luego recaía y volvía a restringirme, y así como tres años, tirando la toalla veinte veces y volviendo a levantarme, hasta que dije "A la chingada con mi culpa", y empezaba a chupar cuando se me daba la gana sin restricción. Eso me funcionó, ya no buscaba ahogarme cuando tomaba porque sabía que cuando quisiera lo podía hacer otra vez. Era *adictasa* como con la comida; la cosa es que el alcohol me traía problemas visibles al mundo y la comida es mi enfermedad de clóset. El alcohol lo puedes dejar por completo y la comida, no. Mi cerebro se volvió a programar y ya no busca el alcohol. Para mí el alcohol no es algo padre ni *cool*, ni nada, incluso me da *güeva* estar peda. Este trabajo duró casi cuatro años. *Please, please*, que con la comida no sea tan largo. Necesito reprogramar mi cerebro en cuanto a la comida. Romper con la ilusión que he fabricado en torno a ella, la tengo en un pedestal, y como dice *Un curso de milagros*: "*do not bow down to idles for you shall whip each time*", y yo me arrodillo a la pinche comida *over and over again*. Aunque a nivel consciente sé que la comida en exceso me trae destrucción, es claro que a nivel inconsciente sigue tatuada la ilusión de que la comida me ayuda y me da confort, tranquilidad, protección, seguridad, emoción, todas las etiquetas que le puse desde muy chiquita, porque si no, ya no la buscaría. Ya sé que es lo que hemos venido haciendo, ¿pero crees que pudieras ponerme ayuda extra en las tardes? *Fuck it, I'll do whatever it takes to heal*, me quejo todo el tiempo, pero nunca me daré por vencida, nunca. Jamás lo haré, moriré tratando, si es necesario.

1º de octubre

Fue un día muy bueno, ayuné hasta que, a las 7 p.m., me entró una ansiedad controlable. Lo más duro fue en la mañana, cuando me pasó por la cabeza la idea de desayunar pero me aguanté, me fajé los pantalones, hasta que en la noche, después de resistir todo el día, dije, "*güey*, estoy hasta la madre de ayunar", y me preparé la cena, sin culpas y sin nada. Una parte de mí no quiso ayunar, se estaba revelando.

Sufro ataques de ansiedad que a veces puedo y a veces no controlar. Estoy agotada, llevo cuatro litros de sirope y un mes de ayuno, necesito un *break*. Ayer vomité porque me da pánico engordar y me da miedo la comida. Estoy entrando a la crisis del proceso del desierto, me harté de estar sola en Acapulco, pero cuando hay gente también me harto de ella. Es insoportable no tener nada emocionante que hacer, no hablo con nadie (excepto con mi familia y a veces con mi ex), casi no veo tele, estoy súper aburrida de esta rutina.

Quiero algo diferente, ésta es una de mis espadas de doble filo. La rutina me trastorna y necesito cambiar. Desde chiquita he sido trotamundos, fui a casi quince escuelas en cinco países diferentes, he tenido 900 000 amigos, depas, novios etcétera, étcetera. La rutina no me gusta, pero cuando la tengo, me funciona. Ayer me rebelé conscientemente, a diferencia de los demás días.

Extraño el mundo, pero, hoy es un día nuevo. Hasta que me contestes voy a desayunar sirope, y si me dices que tengo que volver a ayunar, lo voy a hacer aunque no quiera. Ya no sé cómo está relacionada mi madre con estos episodios; con ella todo va bien. Mi hermana no va a poder venir este fin, pero sola PUEDO.

Cómo quisiera no tener este problema, ser alguien normal con la comida. Esta situación me está abriendo todo un mundo nuevo, de muchísimo aprendizaje. No todo es negativo, mi cerebro empieza a funcionar diferente, ya no idealizo la comida como antes; puedo abstenerme más fácil, más veces que antes, aunque sigo fallando algunas he avanzado mucho. Ya no como comida chatarra, disfruto comer bien, sano. En los días que he recaído y he ido al súper ni la veo, antes me atascaba de toda esa basura. Es un gran avance. Mi mente está cambiando, aunque una parte se resiste. Tengo días muy buenos y otros no tan buenos.

Mientras no estuviste, me diagnostiqué trastorno bipolar, con un mal funcionamiento cerebral, síndrome metabólico, hipoglucemia, déficit de atención con hiperactividad y depresión crónica entre otras. Pobre de mi cerebro. Una parte de mí no quiere dejar de vomitar, se siente "cómoda" comiendo todo lo que se le antoja, sin engordar, sin restringirse de nada. Cuando vomito, hago más lento mi organismo y me sumerjo en la ilusión de que no engordo, lo creo tan fuertemente que, de alguna manera, mis ojos físicos así lo ven en mi cuerpo. Vivo una ilusión. Tengo que hacer algo con esta parte que piensa así porque es la que me está saboteando, la que se rebela y no quiere. ¡Cuántos defectos de carácter, carajo!

Lo bueno es que estoy distinguiendo entre hambre real y hambre mental. Por años ignoré a mi cuerpo saciado y me lo saltaba, me empujaba la comida aun cuando me sentía peor. A pesar de que el atracón me dé un *high*, me quita mucho más de lo que me da, así que es una ilusión. Es como el Sombrerero Loco de *Alicia en el País de las Maravillas*. La cosa es salirte de esa ilusión. Debo acostumbrar a mi cerebro, a mis ojos, a mi cuerpo a quitarse algo reforzado por 27 años, o sea, ¡*hello*! Lo voy a lograr, tarde o temprano obtengo lo que quiero, a pesar de que haya todavía una parte de mí que no quiere dejarlo ir, que muere de miedo de lo que pasaría sin eso. Mínimo, ya lo hice consciente (le llamo "bipolar").

Coral:

Come al mediodía la dieta que consideres mejor. Enchufa tu cerebro con tu estómago. Ubícate en el estómago, no en los pensamientos. Escribe tus objetivos del día. Nos vemos mañana. Prohibido vomitar, come poco. ¡Tú puedes!

2 de octubre

En la tarde fui a comprar unas cosas. Comí sopa de pescado con alga y quínoa, que me dejó mega satisfecha, al grado que ni ansiedad me entró en toda la tarde. ¿Aparte de la comida del mediodía, a las tres horas puedo tomarme un licuado de proteína con fruta? A media tarde eso puede controlar mi ansiedad. La proteína y la fruta me caen muy bien, ¿cómo ves? Estoy por terminar *Las valkirias*, ¿cuál es el siguiente libro? Quiero trascender la comida para avanzar. Según yo, estaba bastante evolucionada, y nada, no puedo con el nivel más básico de la evolución, el terrenal, estoy en kínder, *borinnggg*.

Quiero ser maga. Antier mientras veía la tele, sentí un calor muy fuerte en el brazo derecho, como si alguien me estuviera tocando, era un calor que no venía de mi cuerpo. Pensé que era mi ángel, aunque nunca he vivido algo extraordinario que no sea en mis sueños o cuando era niña. Sé que el Arcángel Miguel está conmigo y el maestro Jesús, pero son pensamientos. Pocas veces los siento, chance, nada más quiero creerlo. Nunca he tenido prueba de que ellos estén ahí.

Coral:

¿Por qué crees que tu ex no puede sin ti? Porque también entró en un proceso. Te diré algo que no te había dicho: trabajo en él a diario. Toda esta brincadera que trae es normal, está decidiendo sobre sí mismo, y si se ven, se rompe el proceso de los dos. No se lo expliques, prohibido decirle. Déjalo en el ácido, ahí se purifica para crecer, si lo decide. Ponle su velita y su foto, eso está bien.

Con respecto a la comida, cinco días seguidos sin vomitar, sólo una comida al día, luego veremos lo que sigue. Este trabajo te lleva a otros planos. Es normal que empieces a vivir cosas poco comunes. No te asustes, estúdiate a ti misma, ése es el secreto de ser mago. Tu siguiente libro es *El sendero del mago*, de Deepak Chopra (necesito tus comentarios escritos). Léelo despacito.

Bendiciones y luz.

3 de octubre

Hoy me desperté, medité, oré e hice visualizaciones. Me gusta visualizar que entre la comida y yo hay un cordón umbilical energético que corto cada vez. Me gusta visualizarme a la hora de la comida, comiendo lo que mi cuerpo requiere, sin apegos de nada, sin parecer demente hablando como merolico. Me gusta imaginar que estoy en *bufetts* y que no causan ninguna reacción en mí, que soy indiferente a ellos, que no me prenden ningún botón, que no idealizo nada. Me repito que la comida es sólo comida, no es diversión, no es amor, no es compañía y no es un arma; porque a nivel inconsciente busco en la comida mi propia destrucción, por sentimientos de culpabilidad, por creencias de no merecer ser libre y feliz. El inconsciente tiene un poder misterioso y no revela sus secretos fácilmente, como el universo. Si todos supiéramos la raíz de nuestros problemas, el mundo no estaría así.

Creo que todos nosotros sufrimos de personalidades múltiples, somos blanco, negro, amarillo, azul, verde, gris, morado y todos los colores. Pero, como en los colores, siempre están los primarios y sus derivaciones, o sea, sus hijitos. Al igual que los colores, cuando mezclas los primarios obtienes los demás. De mi recuperación y trascendencia a la comida depende mi vida, depende todo, no tengo opción.

En la noche me entra mucha ansiedad y mastico muchos chicles, que me empeoran porque le meto gas a mi estómago: tengo el sistema digestivo hecho mierda. Hoy voy por las pastillas que me recomendaste, Remotiv tres veces al día con comidas.

En la mañana meditando, escuché un mensaje, creo que de mi ángel o de alguno de mis múltiples guías. Me dijo que respirara profundo en las tardes, que ése sería mi ansiolítico. Vamos a ver. Es verdad que respirar profundo me ayuda a sentirme mucho mejor, el pedo es que se me olvida. A veces me quedo sin respirar o respiro a medias, pongo poca atención en cómo y cuánto respiro, sólo cuando medito, no es suficiente, respiro 24 horas siete días a la semana. Parte de mis fallas cerebrales es que no oxígeno bien, así que a respirar chingón.

Comí delicioso. Aprendí que mi cuerpo es sabio, pero tiene pésimas costumbres y hábitos. Entonces, le tengo que jalar la rienda todo el *fucking* tiempo. Hice ejercicio y luego trabajé en un proyecto. Por fin encontré una razón poderosa, tengo una misión.

4 de octubre

¡Tus pastillas son un milagro del Cielo y eso que son naturistas, no lo puedo creer! Me levanté y como siempre me puse a meditar y a orar. Analicé mi día, pensé que fue muy bueno. No tuve ansiedad. Pude comer bien sin sufrir, no comí nada entre comidas hasta en la noche porque no tenía hambre, pero mis pensamientos —o ego o mente inferior o como quieras llamarle— aprovecharon que las pastillas me quitaron la ansiedad y empezaron a pensar, "Perfecto, no voy a comer, por fin seré un palo, que se me vean los huesos, súper flaca", ¡no te digo! Tomé sirope hasta muy noche porque tenía hambre sin ansiedad. Mi mente empezó a pensar en comida de una manera diferente, sin atascarme. Pero, otra vez, trampa. Mi enfoque **no estaba en la maestría de mi mente, sino en bajar de peso** y ése es el camino empedrado, donde tambaleo y sufro. Me caché y me jalé la rienda: "No estás haciendo esto para adelgazar, ni para marcarte, ni para nada que tenga que ver con tu cuerpo físico. Esto se trata de tu cerebro en conexión con tu estómago, de fuerza de voluntad, de trascendencia, de superación de debilidades".

Ayer fue el primer día de mi vida *anxiety free*, ¡qué chingón vivir así! Ayer no me costó nada de trabajo. Eso es un milagro, por Dios.

Estuve revisando lo de APPPAH (Educación Prenatal), porque voy a San Francisco. En la Universidad de Stanford, el director global del Heartmath Institute va a dar una conferencia de cuatro horas, ¿lo conoces?, se llama Bruce Cryer. Explica que en el corazón tenemos otro cerebro. Está comprobado que la fuerza más fuerte es la del corazón y que el corazón piensa por sí solo, sin ayuda del cerebro. Dice que el cerebro recibe más señales del corazón, que el corazón del cerebro. Estas ideas no son teorías espiritistas o esotéricas, sino conocimientos científicos com-pro-ba-dos. Hay que poner en armonía el cerebro con el corazón. Lo bueno es que, aprovechando mi viaje, voy a tomar el curso. Quiero compartir este pensamiento contigo:

La condición del verdadero éxito no está en el esfuerzo violento y espectacular de un instante, sino en la repetición cotidiana de pequeños esfuerzos. El agua que, gota tras gota, cae sobre la piedra, acaba por ahuecarla. Y, sin embargo, ¡la gota de agua es tan suave y la piedra tan dura! Esforzaros cada día, porque el secreto del éxito está en la continuidad, la perseverancia. Si os paráis, os arriesgáis incluso a perder lo que habéis adquirido, porque la materia posee un inmenso poder de resistencia y tiene siempre tendencia a volver a su inercia primitiva. Debéis trabajar sin cesar para elevarla y después retenerla en el nivel donde deseáis elevaros para hacer vuestra morada.

Omraam Mikhaël Aïvanhov

5 de octubre

Hoy fue un día pésimo. Me va muy bien un día y al otro nada me funciona. ¿Y si mi destino es ser bulímica para siempre? ¿Y si nunca me recupero?

OK, ya pasó la crisis. Retomé mi día. Después de escribirte me sentí mucho mejor, qué bien me hace escribir. Empiezo a escribirte con una idea y cuando veo estoy en otra diferente. **La escritura revela secretos**, qué interesante herramienta, con razón los diarios son tan poderosos. Y lo mejor es que son gratis.

Tengo una petición, te suplico que me permitas tomarme un licuado de proteína después de hacer ejercicio. Me trastorna pensar que hago ejercicio y no me alimento después, es proteína orgánica y vegetal (Hemp Protein).

6 de octubre

Ayer estuve bien con la comida. Desayuné sirope, hice ejercicio y me tomé un licuado de proteína, que me cayó muy bien. Continúe con sirope, comí a las 4 y después le entré a las palomitas sin exagerar. Lo malo es que coma lo que coma mi cerebro empieza "esto te va a engordar" y viene la culpa. Así que me castigo acabándome el bote y, como niña chiquita, no me hago responsable de mis actos y lo vomito (¡gran descubrimiento!). ¿Crees que esta idea sea verdad? Será que no quiero tomar responsabilidad de lo que como o de mi vida. Pues, si te comes un *hot dog*, ni pedo, ¡pasa la hoja! No puedes disfrutar algo que te hace sentir culpable, no te engañes. La bulimia tiene mil capas.

Las veces que me he atascado de comida, disfruto como quince por ciento de todo lo que como, lo demás es comer por comer, no hay ninguna satisfacción. Si sobrepaso el límite de mi hambre, rompo la conexión con mi estómago y, por ende, se duerme mi sistema y dejo de sentir, por eso puedo seguir come y come. Cuando veo, estoy a uno de explotar y tengo que vomitar. No puedo dejar esa cantidad de comida adentro, me moriría, en serio.

Mis atracones actúan como analgésico y después se convierten en anestesia. Una anestesia autogenerada. Por eso las bulímicas podemos comer mucho más que cualquier otra persona en el mundo. Rompemos y rompemos esa conexión hasta que deja de existir; el cerebro se acostumbra a no saber cuándo tienes hambre y a no distinguir cuando estás satisfecha. Este proceso ha sido un reentrenar mi mente, preguntar qué se siente tener hambre, en dónde se siente y cómo se siente estar satisfecha. No tenía idea, no me acordaba. Desde que tengo memoria me salté ese mecanismo. Y no sabes lo difícil que es aprenderlo o programarme de nuevo. Actúo en automático, está fundido en mis mecanismos más fuertes.

Coral:

Estoy de regreso. Leo que el afecto se liga a tu vomitadera, la cual no es para siempre porque paras cuando te da la gana, así que no te la compro. Tienes demasiada necesidad de importancia personal y eso te hace perder tu objetivo que es evolucionar, así que ¡aguas! Sé consiente.

Explícame cómo estás comiendo ahora, porque si dejas el sirope como leí, vas mal. El sirope es mejor que un licuado de proteína.

Bendiciones y luz.

Fuck... Sí, tengo demasiada importancia personal, no me doy cuenta cómo actúo. Y sí voy mal, estoy haciendo mi santa voluntad. Tomo el sirope la mitad del día o menos, *ash*, ¿entonces qué hago?

Coral:

Debes:

- Abandonar cuanto antes la postura de víctima, salir del "pobre de mí".
- Abandonar la costumbre de quejarse y criticar.
- Amarte y aceptarte como eres.
- Aprender a aceptar las cosas que no puedes cambiar.
- Aprender a estar en armonía contigo misma.
- Mejorar la autoestima.
- No buscar la aprobación de los demás para sentirte bien.

- Ser auténticamente tú misma en todo momento.
- Tener confianza en ti y en el proceso de la vida (fe).
- Trabajar interiormente para superarte.

7 de septiembre

Le conté a mi mamá que me ha funcionado controlar mi mente y dejar de idealizar el alimento. El ego usa miles de estrategias utiliza por eso no vale la pena luchar contra él, sólo perdemos. El truco es conocerlo, saber cómo trabaja, qué disfraces usa para utilizarte y después discernir entre estas dos voces. Al controlar mi mente y dejar de idealizar la comida, no compro ni como lo que no me hace ningún bien. Por ejemplo, ¿qué tiene de bueno un pan dulce? Harina refinada, azúcar, mantequilla, excelente combinación. Eso alimenta al cáncer, la obesidad, la ansiedad, la diabetes, el cansancio, el estreñimiento y la famosa "inflamación silenciosa". De acuerdo con el doctor Barry Sears, "El exceso de grasa corporal estimula y provoca la inflamación de las células, que se caracteriza por ser silenciosa, no duele ni está a la vista y por ello puede pasar inadvertida por mucho tiempo. Esta inflamación afecta lentamente la salud y es la causante de enfermedades cardiacas, obesidad, diabetes, cáncer, envejecimiento acelerado e incluso Alzheimer"; también te quita la habilidad para concentrarte. La harina no nutre nada a mi cuerpo por un minuto de placer. **Nos jugamos la vida por un minuto de placer.** ¿Nunca podré disfrutar de un pan dulce sin que me lleve la chingada? No lo sé. Hoy me detona compulsión. A lo mejor, la comida va a ser un problema con el que tendré que cargar toda mi vida.

Lo peor de todo es que la gente sabe esto. Todos sabemos lo mal que nos hacen ciertas cosas pero las seguimos consumiendo. La información no es el *issue*, incluso estamos sobreinformados, sobrepoblados de información, talleres, conferencias, libros, cursos, miles, millones. El trabajo real es descubrir cómo hacer para que una persona no quiera autodestruirse. ¡Qué *güeva* de humanidad (me incluyo)!

8 de octubre

En cuanto a la comida mi día estuvo muy bien, comí filete de salmón asado y ensalada; el resto del día mi brillante sirope.

Me levanté y medité un rato. Escribí mucho. No sé por qué me llegaron mil cosas a la cabeza. Estoy escribiendo mis ideas.

Hice ejercicio con la única intención de fortalecer la disciplina. No tenía ganas de hacer ejercicio. Cuando empecé, quería parar luego, luego; el casete de mi cabeza decía, "ya, *equis*, mañana haces", pero así funciona la mediocridad, con permisitos leves. El plan no era tirarme a la *güeva* para siempre, si no, sólo un día, pero pensar en "sólo un día" trae muchas consecuencias. Por eso me dije, "No, mi'jita, le sigues hasta que acabes", y reafirmé mi voluntad y mi disciplina en todo, porque "sin disciplina no se llega a ningún lado".

Desde que en mi juicio interno declaré inocente a mi madre, mi relación se ha transformado. Sé que por medio de ella mis ángeles me hablan y me guían. Antes por orgullo y prepotencia nunca quise escucharlos, porque tenía toda la carga de mi pasado en su contra y no la escuchaba de manera objetiva. Para mí, era la mujer que me había abandonado y lastimado y, bla, bla, bla. Cargaba mi pasado sin darme cuenta, era mi pasado quien la escuchaba. Según yo, ya la había perdonado un millón de veces, pero imagínate, con tanta carga, cómo iba a aceptar algo de mi madre. Comprendí que sabe muchas cosas que yo no, que es fuerte donde yo soy débil, por eso me chocaba que me quisiera "controlar". Ahora entiendo que me quiere guiar.

Ayer hablamos del bautizo de mi sobrino. "Ya sé qué tipo de vestido quiero que te pongas. Uno elegantísimo, con el que te veas guapísima. Y con tu pelo así y estas joyas y, bla, bla, bla." No sentí esa necesidad de colgarle o rebatirle o vomitarla, porque tiene un gusto elegante y sofisticado en comparación del mío, *sexy* y atrevido. "OK, ma, perfecto. Vamos las dos a escoger mi vestido y elegimos algo que nos guste." "Sí, para que no vayas con tus excentricidades", qué risa me da que me diga eso, soy la más excéntrica de la familia y los demás son cien por ciento conservadores.

Elijo utilizar los grandes dones de mi mamá junto a los míos, escucharla y dejarme guiar más, porque sabe de qué habla, sabe un chingo. Mis ángeles utilizan sus manos y su voz para comunicarse conmigo. Elijo ser más humilde y escuchar, volverme más dócil, hacer a un lado la prepotencia y la arrogancia.

9 de octubre

No sé qué pasa, mi iPod, mi iPhone, mis computadoras con internet están chafeando, no funcionan bien. Les pico teclas y no responden. Se están descomponiendo mis aparatos electrónicos. Alguna vez escuché que cuando subes tu vibración puede pasar esto, ¿será?

Ayer empecé con ansiedad a las 6 p.m. Compré un bote de vitamina C, que sabe a dulce. Me comí varias pastillas, me dolió la panza y vomité. Antes de mi pendejada, respiré, invoqué a mis ángeles, trabajé con mi mente, vi tele para distraerme, pero no conseguí nada. El casete de mi mente es fuerte. A mi cuerpo lo dejo afuera porque mi cerebro está enchufado a mi estómago y no tiene hambre, todo está en mi mente. Mi cuerpo funciona de maravilla, pero mi mente es una verdadera traicionera, hija de la chingada. No sé qué hacer, no paso el examen. Mejor cuando logre cinco días de semi ayuno te aviso, porque me da vergüenza ser una discípula débil. Escribirte y contarte mi frenesí me apena muchísimo. No, no, no, oso...

Ahora quiero que mi mamá venga, es un tipo de presión porque me vigila. Pienso que estaría bien esposarme en las tardes. Suena ridículo no tener poder sobre mí. Gracias a Dios es el Abierto de Gimnasia Olímpica aquí en Acapulco, hoy empiezan los entrenamientos a los cuales tengo derecho a ir, gracias al boleto que compré. Aunque todo parezca ir mal, la verdad, con todo y mis recaídas, en otros aspectos voy mejorando y trascendiendo. Pero no es suficiente. No quitaré el dedo del renglón, tengo que poder.

A la hora de la comida comí ensalada, sopa de lentejas y un plátano. El plátano me cae muy bien, el triptófano me relaja y me ayuda a la digestión. Ya estoy dominando más la cosa a la hora de la comida, empiezo a conocer mi capacidad para no quedar tan llena ni nada. Estos días lo he logrado.

10 de octubre

Me fui a dormir después de ver una peli. Tenías razón, no es tanto que los chicles te den hambre, pero mastiqué tantos que acabé con diarrea. Aprendí: chicles, *bye*. Soy de las que se tiene que romper la madre para aprender.

Empezó el Abierto de Gimnasia. Fui al entrenamiento de la tarde. Los chavos están buenísimos. Me gusta verlos y admirarlos, esos cuerpos son símbolo de disciplina y perseverancia. Hay entrenamientos en la mañana y en la tarde. Es muy padre verlos entrenar. Por supuesto, los interrogué después, les preguntaba cosas como: "¿llevas una dieta estricta?, ¿te causa ansiedad no poder comer las cosas prohibidas?, ¿alguna vez has querido tirar la toalla?, ¿cuánto tiempo tardas en sacar un ejercicio nuevo?, ¿y el más difícil de todos?, ¿alguna vez has dudado de tu capacidad como gimnasta?" Sus respuestas, nada que ver con lo que creí. Se tardan entre seis meses y un año en sacar un ejercicio nuevo. Su entrenamiento es progresivo. Han querido tirar la toalla mil veces. Y, con respecto a la comida, ninguno me dijo que llevara una dieta estrictísima, sólo se alejan de la comida chatarra, no toman suplementos alimenticios y no comen mucho. Una de ellas come 1 200 calorías al día y entrena seis horas. No me cabe en la cabeza que, con tanto desgaste físico, coma tan poco.

Me motiva saber que ellos son personas como yo, que se han caído un trillón de veces, que se han tardado mucho en sacar nuevos ejercicios. Lo relaciono conmigo y la bulimia, que llevo un mes y siento debería estar bien. He llegado a pensar que a lo mejor nunca estaré totalmente curada y que la comida será algo con lo que tendré que lidiar el resto de mi vida. La comida me da consciencia de mi cuerpo, del aquí y el ahora, porque cada *fucking* segundo tengo que ver cómo está mi estómago.

La gimnasia es una de las tantas disciplinas de este mundo. Cualquier cosa que hagas o quieras hacer, requieres de los mismos elementos que los gimnastas. Uno no pensaría que los atletas que llegan tan lejos también han querido mandar todo a volar mil veces; que han dudado de ellos mismos, de su capacidad, de todo; pero dudan, tienen miedo y siguen y siguen. He ahí el ingrediente del éxito.

El éxito no está en tener suerte, en no dudar jamás de uno mismo, en los paros que podamos tener, está en la capacidad que tenga cada uno para disciplinarse y perseverar, en saber levantarse cuando te caes y saber que no pasa nada si caes.

Conozco la historia de una autora *best-seller* a la que le regresaron su libro 102 veces. Nadie quería publicarlo, nadie confiaba en ella, todos le decían que no tenía madera de autora, que hiciera otra cosa. Pero no desistió hasta que lo logró.

No tengo idea de lo que es la paciencia. Mi iPod, con el que corro y hago ejercicio, no reaccionaba, no se ponía *play* ni pausa, no podía entrar al *playlist* que quería. Lo intenté y lo intenté, hasta que me harté y lo aventé al suelo, le rompí toda la pantalla. Sentí horrible verlo destruido por mí. ¡Cuántas veces hago eso conmigo! Me harto y me aviento al piso, me destruyo porque algo no salió como quiero. Cuando siento que hice todo lo que puedo (me pasa mucho con la vomitadera), me aguanto todo el día y en la noche, cuando faltan dos horas para dormir, ¡*pum!*, la cago porque me desespero que no se va esta ansiedad o esas ganas de comer. Trabajaré en mi paciencia.

Mi mamá me habló ayer. Ya quitó mi depa en México. Supo que tenía recibos de luz y agua sin pagar desde hace tres meses. No me acordaba, creí que sí lo había pagado. Me sentí súper mal, cómo es posible. Le comenté a mi ex que estaba trastornada, que se me había olvidado hacer los pagos, que no era posible que no hubiera estado atenta y que ahora mi mamá tenía que limpiar mis desmadres. ¿Sabes qué me contestó?: "Ay, *equis*, se te fue la onda, no pasa nada". No, casi lo mato, es un niño, no toma nada en serio. Me dijo que me azotaba mucho. No me tomo a la ligera mis errores, no pagar las cuentas de la casa donde vivo me parece una gran irresponsabilidad y gran incapacidad de mi parte.

Coral:

Te leo y esta vez quiero decirte una cosa importante: no se vale vomitar. Los hechos hablan. Te sales de la tarea de nuevo y me olvido de tu proceso. No hay vuelta de hoja. Estaré viajando energéticamente para verte. Tú decides.

11 de octubre

Me dormí temprano, luego de la competencia de gimnasia. Entrevisté a una de las participantes. Me reveló que no se siente segura aunque lleva años practicando. No sabes el alivio que es escucharla, no para quedarme en la mediocridad, si no para tener paciencia y fe en que algún día estaré libre de la comida.

Durante la competencia me dio hambre porque no llevé suficiente sirope. Como a las 9 fui a un restaurante que servía bufet, imagínate, nada más me paseaba viendo la comida. Y justo cuando iba a agarrar un plato, un gimnasta brasileño se acercó a pedirme mi teléfono. Entendí de inmediato que era Dios en él ayudándome a no caer, y no lo hice, no comí nada.

12 de octubre

Fue el mejor día de todo mi proceso, no tuve ataques de ansiedad, antojos, ni la cagué. Cumplí mi tarea con 11 de 10, *finally*. Despertarme al sonido de los pájaros y la naturaleza me fascina, me hace muy feliz.

La competencia de gimnasia ha sido un regalo divino, me cayó como anillo al dedo. Me quité todas las creencias de que:

"como haces ejercicio tienes que comer un chingo". Esa creencia manejaba mi vida porque me considero una atleta, corro hora y media y hago pesas. No necesito comer más que tú, ni que mi mamá, ni que nadie, sino comer normal. Me impactó que no hubiera dietas específicas ni cantidades adecuadas.

13 de octubre

Fue el último día de la competencia de gimnasia, estuvo increíble, una mexicana quedó en segundo lugar. A los mexicanos no les fue nada bien. Para el éxito hace falta tener mucha determinación, la actitud es todo. Veía la cara y analizaba la actitud de los ganadores de oro. Estaban muy serios, como si la gimnasia lo fuera todo, se veían muy concentrados, no había nada más que el aparato y ellos.

Estuve en mi casa, vi *La guerra de las galaxias*. Quiero ser como Anakin Skywalker, ¿la has visto? Tiene mensajes profundos. Puede ser una película espiritual cien por ciento.

Toda la mañana estuve con menos doscientos de energía. No sé por qué me sentía súper cansada. No hice ejercicio ni nada. Dormí una siesta como a las 12, no me gusta sentirme así. Tomé sirope pero no me levantó. Hasta que comí me empecé a sentir mejor pero comí de más. Estoy tomando como un litro de sirope más o menos, debo subirle a litro y medio. El sirope tiene algo que me tranquiliza. Voy a tener que agarrarme de él unos seis meses más.

Estuve acostada toda la mañana. Vi lo de mi viaje a Estados Unidos para noviembre. Después de las conferencias voy a pasar *Thanks Giving* con mis hermanos y mis papás en San Diego.

14 de octubre

Houston, *situations!* Tengo sirope para un tercio del día de hoy, el resto está en la Ciudad de México. Le dije a mi mamá que no puedo estar sin sirope, que por ahora me estoy apoyando mucho en él.

Me encanta el sol de la tarde, es una luz increíble. Sigo enganchada con mi cuerpo, todo el tiempo veo si enflaqué o no. Me tomé unas fotos súper *sexys* que le mandé a mi ex, ¡y ya me arrepentí! Ese tipo de cosas me ponen muchísima presión y me enganchan a este cuerpo físico. Pienso que mi cuerpo físico define cómo estoy y quién soy. No estar súper flaquita en mi familia significaría que no estoy haciendo bien mi trabajo. Por ese lado me estoy metiendo muchísima presión. Tengo miedo de no poder salir de estas obsesiones estúpidas.

Ayer comí pavo asado con arroz salvaje al vapor. Tengo que concentrarme en no comer de más, y no sólo en no vomitar. Mis ojos siguen estando mal educados, ash. ¿Cómo puedo corregirlos? Mi mente ahí va, eso sí. En las tardes no siento la horrible desesperación por comer como hace unos días, pero me siento baja en energía en las mañanas. Y después de comer me siento mejor aunque comer hasta quedar llena me prende el chip. No puedo darme ese lujo, pero es difícil casi como a un cocainómano pedirle que sólo se meta media raya.

Si se me realizara un deseo, pediría no tener una plusvalía con mi cuerpo físico, que mi salud fuera mi único enfoque y que mi cuerpo estuviera como tuviera que estar. Pero lo quiero marcado, ¿y sabes lo que se necesita para tener un cuerpo así? Una gran disciplina, dieta y ejercicio. Yo la tengo en el ejercicio, sólo me falta tenerla con la comida. Como dice Don Juan, en un cerrar y abrir de ojos quiero despertar de este sueño, así como él dejó el chupe de un día para otro, así quiero dejar estas obsesiones.

Hablé con mi hermana. ¿Te acuerdas de que estaba pasando momentos difíciles? Fue con una terapeuta, tiene depresión posparto. Jamás lo hubiera pensado. ¿Yo estaré medio deprimida? Ja, ya sé, mis locuras. Mucha gente tiene depresión y ni cuenta se da. Todo el mundo cree que hay que encerrarse en su casa por años y llorar para tener depresión, pero no. He visto los síntomas, incluso en mí. La depresión es progresiva y, generalmente, la cachamos cuando estamos al borde del suicidio.

Leí los otros dos capítulos de *Viaje a Ixtlán*, son muy buenos. Don Juan es muy chistoso, me encanta. Tengo mil comentarios al respecto. De alguna manera siempre me siento parte de los personajes, me identifico con cada una de sus dudas y sus experiencias.

En la mañana no tenía nada que hacer, y me dije "Bueno, a la chingada de buscar cosas que hacer, sólo voy a estar con el universo". Me senté afuera y la pasé muy bien. El viento soplaba delicioso, mis perritas siempre fieles estaban ahí conmigo, tranquilas y en paz. ¿Es posible que los animales sean ángeles? Las mías lo son. Mi mamá me traerá *El sendero del mago* cuando venga.

Coral:

Cuida lo que comes, sé consiente. Haz la tarea. El sirope es importante. Recuerda, sólo por hoy.

15 de octubre

Me desperté antes de que sonara mi despertador. Ayer me costó trabajo dormirme, pensé que necesitaba ocho horas de sueño diarias, pero con siete me bastan. Si no me voy cansada a la cama, me quedo dando vueltas horas aunque me levante a las 6 a.m., me tengo que ir a la cama como a las 11:30.

La próxima semana me voy. Estoy muy contenta, tengo planes de llegar a Cuerna el martes e irme a México para ayudar a mi hermana con el bautizo y ver a mis sobrinos. El miércoles quedé de ver a mi ex, quiere que platiquemos y vayamos a casa de unos amigos. Está bien verlo pero sin ir a casa de nadie. No estoy lo suficientemente fuerte para poder salirme por completo de mi burbuja y seguir fuerte. Si me salgo de mi burbuja antes de construir mi base sólida, acabo rompiéndola. Esta vez no quiero hacer lo mismo.

Es preciso que esté un tiempo sin nadie, sin ligar, sin dar mi número de teléfono. Eso me cuesta mucho más trabajo que no acostarme con nadie. El sexo no es mi problema, pero coquetear, ligar, prender, conquistar, ni te cuento, eso sí me cuesta un mundo de trabajo. En San Diego estaré como dice Don Juan: "sin historia personal".

A mi madre le cuento mucho, más de lo que convendría, debería empezar a crear con mis padres una capa de niebla. El problema es que no puedo tanto porque ellos pagan y quieren saber qué estoy haciendo. No me quedará más remedio que decirles que confíen en mí (sí, ajá, con el pasado que me cargo la veo difícil).

Planeo escribir mi libro. Quiero abrir un centro de retiro para bulímicas y cualquier tipo de adicciones. Imagínate un lugar solitario, bonito, donde pudiera ayudar a personas y enseñarles que con trabajo se puede salir adelante y tener una vida nueva. Orientarlas en su proceso, guiar ayunos, meditaciones. Cuando esté lista pondré mi propio centro, no sé dónde ni cómo, pero así será. Este tipo de tratamientos son lo único efectivo que conozco y deben llegar a más gente.

La oxigenación del cerebro es un factor indispensable en el tratamiento de la ansiedad. Llegué contigo con una ansiedad de cien mil por ciento y ahora está a veinte por ciento. Casi no tengo episodios de ansiedad. Por ejemplo, ayer tuve un poquito pero la pude manejar. Respiré profundo y visualicé mi cerebro oxigenándose, porque muchas veces durante el día detenía mi respiración, me quedaba como treinta segundos sin respirar de la nada. Eso es malísimo para el cerebro. Voy a aconsejar a mi hermana que respire conscientemente, eso la ayudará a su depresión.

He cambiado mi casete cerebral, ya no idealizo la comida (no estoy del todo curada pero hay avances). Trabajar con mi cerebro es lo que me ha sacado, no siento que sea mi corazón, pienso que reprogramar mi cerebro ha sido lo más efectivo. Mi cuerpo físico sufría achaques severos y era preciso limpiarlo, pues también era adicto. Gracias a los achaques me di cuenta. Louis Hay, a quien llevo años estudiando, lo menciona y hasta ahora puedo vivirlo profundamente.

Desayuné sirope, hice ejercicio, luego sirope, a las dos horas una barrita de proteína, a las tres horas un caldo de pescado, a las tres horas una ensalada con jamón de pechuga de pavo y té rojo, en la noche berries con queso cottage y linaza. Ése fue mi plato más grande, me cayó bien, aunque comí cinco veces, fue poco en proporción y me funcionó bien.

No me atasqué porque sabía que podía comer otra vez cuando tuviera hambre.

Estuve como cuatro horas completamente sola y me propuse disfrutarlo. Soy feliz, hice mis cosas, estuve con mis perritas —mi mejor compañía— y me senté a disfrutar la tarde. Vi tele sin mis frenesíes de comida ni ganas de vomitar. Gané una guerra difícil. Estuve tranquila, respiré y sentí mi estómago. Debo abstenerme de cosas que me detonan compulsión. Por ahora no debo salir de esta burbuja, no ver amigos, salir a comidas y eso.

En San Diego va a ser un poco más fácil, pues no conozco a nadie más que a mi familia. Digo "fácil" porque soy una estupenda mujer social y hago amigos en un segundo. Seguro conoceré gente nueva y el Cielo me pondrá a prueba. Finalmente, en México la mayoría de la gente que conozco no hace actividades que llamen mi atención en lo absoluto, por lo que no es difícil dejarlo.

Tomo té rojo porque es el único que no tiene caseína ni cafeína, ingredientes que alteran el sistema nervioso. La mayoría de la gente es muy insensible, no saben lo tranquilos que estarían si dejaran la cafeína.

16 de octubre

Fui al centro comercial a comprar unos aminoácidos. Leí *Viaje a Ixtlán*, es chistoso. ¿Sabes cuáles son mis animales favoritos?: los felinos; obvio, menos el gato, y las aves; el ave fénix, el águila y el halcón, me rayan. Ayer mi mamá entregó mi departamento en México. El portero le dijo que le debía 600 pesos, *fuck*, más deudas. Hace como ocho meses salí al pedo y me ahogué, al grado que no coordinaba para meter la llave en la puerta, no es broma, veía doble. En la peda, se me hizo fácil patear y abrir de trancazo la puerta (te digo "se me hizo fácil", pero no me acuerdo). Iba con mi ex y, al precioso (que también venía hasta la madre), se le hizo lo más cagado arrancar el buzón. Entre los dos no hacemos uno. Y como nadie me dijo nada, no pagué. Ayer mi mamá me habló y con toda la razón del mundo me dijo que no iba a pagar las tonterías de mi ex. Le hablé a él y se enojó, me dijo que los del edificio eran unos pendejos, que no iba a regalar su dinero, que no sé qué, ¡sus inmadureces de *güeva*! Luego accedió.

Coral:

Ya te conoces. Cuando comes de más, cuando no, ya tienes claro cuándo vas directo para vomitar, ¿OK? Así que no te hagas, usa el sirope para no pasar hambre y estar nutrida, empieza a comer y siente tu estómago. Pon tus horarios, haz tu rutina y prohíbete vomitar.

Bendiciones y luz.

17 de octubre

Me levanté con mucha culpa. Soñé que mis amigos de la escuela iban a Londres y yo quería ir. Mi mamá me daba permiso. Llegaba con ellos toda coqueta, flaca, con buen cuerpo y sólo por eso les daba gusto verme. Me torteaban y así, o sea, mi única valía y reconocimiento era mi cuerpo. En el sueño, mi objetivo era la vanidad.

Ayer fui a GNC a comprarme la proteína Isopure. Nada más me la compré con el propósito de marcarme porque pienso que no nutre nada, pues tiene muchísimos químicos. Se me olvida que mi propósito es no vomitar, no: "comer poquito para estar flaca" o "comer y sentirme culpable" o "llevar un dieta perfecta".

Se me está cayendo el pelo, tengo muy poquito y se me rompen las uñas. Seguro estoy anémica. Mi sistema digestivo no se ha recuperado y no puede absorber los nutrientes de la comida.

Mi mamá me escribió un correo en el que me decía que no me valoro al mantener a los hombres con los que estoy, que es una lástima que siempre delegue mi responsabilidad en los otros. Me choca aceptarlo pero tiene razón. No encuentro más valor en mí que mi apariencia física. ¿Cómo rompo con eso? ¿Cómo le hago para perder la importancia personal?

Hoy en la mañana después de que te escribí me sentía tan de la *shit* que ni ganas de hacer ejercicio ni nada y, de repente que me vale madre ni lo pienso, me fui a correr. *Praise the lord* que lo hice. Al correr me llega la inspiración.

18 de octubre

A media tarde me comí un sándwich de pan ezequiel con verduras y hummus, aunque me llenó, mi cerebro insiste en que quiere seguir comiendo. Eso es lo que me cuesta trabajo dominar, no es la ansiedad ni el que no me sienta llena o no sienta mi cuerpo, ahora es la costumbre de diez años.

Leí un libro muy bueno de Don Colbert, *Buena salud, a través de la desintoxicación y el ayuno*. Él es médico y nutriólogo. Habla sobre lo bueno del ayuno. Dedica una parte a los beneficios espirituales. Entre lo que menciona están:

- El ayuno, cuando se realiza mediante la dirección y la capacitación del Espíritu Santo, tiene el poder de romper el control atenazador de nuestra naturaleza más baja.

- Nuestro apetito carnal puede ser un animal hambriento, derrotando al hombre espiritual en nuestro interior.

- La Biblia utiliza el término "carne" cuando habla acerca de esos anhelos, deseos de nuestra naturaleza más baja. La carne no es otra cosa si no nuestras necesidades, deseos y anhelos en su estado indisciplinado.

- Pablo dice: "Anden en el Espíritu y no satisfagan los deseos de la carne. Porque el deseo de la carne es contra el Espíritu y el del Espíritu es contra la carne; y éstos se oponen entre sí, para que no hagan lo que quisieran" (Gálatas 5: 16-7).

Te gustaría porque da información muy valiosa en cuanto a la nutrición del cuerpo físico. Sin embargo, no me gusta cómo plantea algunas cosas. Escribe mucho la palabra "crucifixión", dice que hay que sacrificar la carne todos los días. No es que no me guste el hecho de sacrificar cosas, pero lo pone como si fueras a vivir miserable.

Mi licuado de proteína me cayó muy bien, me dejó satisfecha. Aunque me inflo (en las tardes tengo una timba), que neta no sé qué pedo porque estoy flaca; es porque tengo el síndrome del colon irritable. Me provoca un malestar que me incita a vomitar para sentirme mejor. Hoy mi mamá me mandó este correo, *she is pissed*.

Mi mail

De: Mother
Para: Coral

Coral, espero que la manera tan alegre de gastar y dilapidar el dinero de otros en descuidos y mantener a otras personas —novios, amigos, etcétera— sea cosa del pasado. Pude haberme evitado el gasto de la alfombra, si hubieses sido más cuidadosa con tus perritos; las llaves, igual. De la luz y el agua se cobraron recargos que aumentaron mucho la cuenta. Hasta los daños de tu ex tuve que pagar. Si hubieses hecho un uso más cuidadoso del celular y el nextel, el pago no se hubiese ido a las nubes. Además este mes pagué tu gimnasio y el cable.

Cómo no me voy a indignar y molestar, cuando veo que no eres cuidadosa con mi esfuerzo, cuando veo cómo permites que otras personas disfruten de lo que tanto esfuerzo me da ganar. Ojo, no estoy responsabilizando a nadie, todo está en ti.

Pido tu cooperación para que ahora que estés en casa procures ordenar tus cosas, prescindiendo de las muchachas, hay poco personal y lo necesito para otras cosas. Como no trabajas ni tienes ninguna obligación que te impida ocuparte de lo tuyo, lo puedes hacer sin rollos ni resentimientos hacia mí.

19 de octubre

Hoy regreso a mi casa. Las tardes han sido difíciles. Necesito a mi mamá, quiero mi cuarto, mi casa, a mi familia. Voy a empezar a tomar yoga y pilates, a partir de las 3 p.m. voy a estar en ayuno.

Estoy borrando mi historia personal, ya no busco a mis antiguos amigos y los pocos que me buscan no saben qué hago, "ni yo sé qué hago", como dice Don Juan. Por ahora, me estoy enfocando en mi alimentación y mi recuperación, como si fuera poco. He logrado cosas, pero aún me falta bastante para estar fuerte y dominarlo por completo. Mi dicho de hoy es "Coral, aspira progreso no perfección".

Coral:

He estado leyéndote. Para lograr las cosas hay dos maneras:

1) dejarse guiar por alguien que sabe o a quien le das la autoridad,
2) intentar una y otra, y otra forma hasta conseguirlo.

A ti te gusta intentarlo a tu manera, y lo lograrás al cien por ciento. Eso es perfecto. Cada persona elige, es su libre albedrío. Ya te conoces, ya sabes cuándo te provocas vomitar y cómo no hacerlo. Así que no hay fantasmas ni extraterrestres ni traumas, es tu libertad y lo demás son pretextos. No sé dónde andes, está bien. Te leo todos los días y trabajo en ti.

Bendiciones y luz.

20 de octubre

Me sentí un poco mal con tu correo, dices que no te hago caso ni tienes autoridad en mí y eso no es cierto. Estoy en mi casa, ayer llegué. Tuve un día estupendo, cero ansiedades ni vómitos, comí perfecto. Estoy en paz. Cuando no vomito, me siento digna de todo lo bueno y la luz hace su trabajo. Mágicamente todo empieza a fluir.

Comí con mi mamá salmón asado, verduras y sopa de quinoa. El próximo fin es el bautizo de mi sobrino y el siguiente es el bautizo de otra sobrina en Veracruz. No estoy segura de ir a ese último, me da miedo romper con mi rutina, me da miedo no discernir entre lo que sí y lo que no me conviene hacer, y que me valga madre. "No hay que rascarle los huevos al tigre", dice el dicho. Si me doy permisitos chiquitos, poco a poco podría caer y no quiero, estoy en un buen lugar.

Coral:

Nunca quise decir que estaba mal que tomaras tus decisiones, sino que lo hagas dentro del libre albedrío. Lo importante es que logres lo que quieres. Mi trabajo no es contestar tus preguntas, pues dentro de tus preguntas están tus respuestas.

Me da mucho gusto que le estás agarrando la onda a no vomitar. Con respecto a tu ex novio o novio, te diré lo que veo. Él no quiere perder la comodidad que tenía. Si te ama, que lo demuestre. No le des nada ni lo ayudes económicamente. Estoy contigo.

Bendiciones y luz.

21 de octubre

Fui con mi mamá a comprar mi vestido para el bautizo. Me la pasé increíble. Encontré uno súper padre, naranja, marca bebe, muy sofisticado y conservador, con un toque *sexy*. A mi hermana le fascinó. Se lo presté y se puso feliz. Me gusta apoyar a mi gente. No me aferro a nada y libero todo, menos mi tratamiento.

A partir de la comida voy a ayunar, no sé cuánto tiempo, mínimo diez días, ya lo iré sintiendo. Cualquier cosa que me impida llevar mi rutina y mis cosas tendrá que irse. No puedo soltar la cuerda ni aflojarla. No iré al bautizo a Veracruz, necesito tener una base más solida y, por el momento, está en construcción. El universo me da material y yo lo diseño y construyo a mi manera. Tengo que seguir tan fuerte como empecé, no es momento de aflojar.

Coral:

Nuevamente tomas tus decisiones sola, dices: "después de la fiesta volveré a ayunar unos diez días". Al buen entendedor, pocas palabras. Ayunar demasiado genera anorexia, ¿OK? Tu tratamiento se trata de que comas con moderación, no vomites y venzas el hábito. Pero tú decides, es tu libre albedrío. Te he visto vomitar. Hay personas que no resuelven, que quieren otra y otra, y otra reencarnación, ¿serás de ésas?

Mi responsabilidad es enviarte luz y energía todos los días, y leer tus recapitulaciones. Tu responsabilidad sería consultarme y hacer lo que te digo. Tomas el mando, OK. Yo seguiré haciendo mi responsabilidad.

Bendiciones y luz.

No, no, no. No es ayuno completo, desayuno y como. A partir de las 5 p.m. empiezo con el sirope, porque en las tardes sí he vomitado, nunca logré cinco días seguidos sin vomitar en las tardes y por eso quiero lograrlo. Te dije mis ideas porque me sentí motivada, porque me dijiste que tomo mis decisiones. He avanzado sesenta por ciento en mi bulimia, no un cien, y quiero tomar sirope en la cena.

Dime, ¿te parece bien? Quiero lograr los cinco días que nunca pude. Empecé ayer y me fue de maravilla. ¿Qué opinas de esto?

Coral:

Me parece muy bien tu idea. Lógralo. Recuerda que aunque no me lo digas (porque no me lo dices), yo lo veo. Estoy contigo.

No quiero tomar mis decisiones sola, las quiero tomar contigo, pero no siempre me dices cosas, hay días que no sé nada de ti y tengo que decidir.

Coral:

No te he dejado sola, tú sabes la tarea y punto. No hay inventos ni nada que hacer. Debes seguirla, ¿para qué te contesto? Sigue con tu vanidad estúpida y no llegarás a la espiritualidad. Primero se logra lo espiritual en uno y luego se junta con la Tierra o lo mundano.

Mi vanidad jamás ha tenido poder en mí. Es normal que me guste verme en forma y atlética. Estoy lejos de la anorexia. Sólo quiero programar mi cerebro para quitarme el hábito en las tardes-noches.

22 de octubre

Me levanté a las 3:45 a.m. Cuando empiezo con ayunos, a comer bien y no vomitar, no duermo mucho. He logrado el setenta por ciento del día. El otro treinta, la neta, me falla. No soy anoréxica ni ayuno para estar flaca. Nunca pude ser flaca. Tú me viste, traumada y vomitando diario a todas horas; estaba "llenita", como dicen, tenía cinco kilos más que ahora. Jamás pude no comer por terror a engordar, mi compulsión era más fuerte que todo. Ahora me siento más fuerte que ella pero, siendo honesta, necesito apoyo en las tardes y el sirope es lo único que me ha sacado de mi compulsión, con comida no puedo.

Sé que lo voy a lograr y no seré adicta a la comida, así como logré darle la vuelta para siempre a mi alcoholismo, mi ADD y a todos mis múltiples diagnósticos mortales. Al principio, tenía que abstenerme de lugares y de la sustancia; poco a poco lo fui trascendiendo hasta que ahora no tengo que prohibirme nada, no lo hago por decisión propia, no por algo que haga o evite afuera. Eso es poder. Quiero lograr mis cinco días. Te voy a decir cómo:

- 6:00 a.m. 400 ml de agua tibia con la mitad de un limón exprimido.

- 7:00 a.m. bebida a base de plantas antes de entrenar (*Pre work out energizer* de VEGA) con vitamina C en polvo, unos antioxidantes y MACA.

- 11:00 a.m. licuado de proteína con fresas y la mitad de una taza de avena cruda sin gluten.

- 2:00 p.m salmón asado con espárragos y ensalada.

- 6:00 p.m. manzana con almendras.

- 8:00 p.m., en adelante, el sirope.

Son comidas pequeñas que me mantienen con energía y en forma. ¿Qué te parece?

Ayer fui con mi mamá a comprarme ropa nueva porque tenía puras cosas muy *sexys*, de antro y *rock n'roll*. Lo tiré todo, saqué la mitad de mi clóset. Sudaderas de picos, calacas, cosas darketas. Esa etapa ya fue. Necesito ser más seria y mi mamá es una estupenda *fashionista*, quise aprovechar sus talentos con los míos y juntas escogimos ropa nueva. Compramos pantalones muy bonitos, juveniles, pero sofisticados. Ya no quiero vestirme como adolescente ni enseñando todo ni nada. Quiero ser un poco más conservadora y más elegante, sin perder mi esencia. Las cosas a la cintura se me ven muy bien. Muchas veces no es que estemos gordas, es que no conocemos la ropa que va con nosotras, yo descubrí la mía.

Toda la mañana me la pasé sacando ropa vieja, del pasado, que nunca usaba. La voy a regalar. Era un desperdicio de todo, qué necesidad de acumular cosas y tener por tener. Ahora tengo un clóset, con menos cosas pero más bonitas.

23 de octubre

No le he dicho a mi hermana mis planes de irme del país, creo que va a estar súper triste porque somos muy unidas y la ayudo mucho. Nunca tengo el valor de decir lo que quiero por miedo a lastimar a la gente, por miedo a que me rechacen y me abandonen. ¿Cómo puedo abordar este tema con ella?

Hoy llegué como a las 5 p.m. a casa de mi hermana. Cuando voy a prepararme mi sirope, no mames, su cocina estaba llena de *brownies*, pan de dulce, chocolate caliente y ella comiendo pingüinos, puta madre, estuve a dos de caer, pero por fortuna llevaba una barrita de semillas y frutas de mi casa, me preparé mi sirope y le di un buen trago.

Llegar a México es como meterme en la boca del lobo. En mi casa de Cuerna no tengo que lidiar con nada de esto porque no hay ese tipo de comida y aquí, sí. Pero hoy fui más fuerte. Sé que **el verdadero poder no viene porque evitemos y lo alejemos, viene cuando lo trascendemos**, como lo hice con el alcohol. La razón por la que vine a México era recoger mi vestido y lo que encargué para el bautizo, traerle a mi hermana unas cosas que le mandó mi mamá y dar de baja los servicios de mi ex departamento.

Me urge regresar a Cuerna, pero debo esperar porque el vestido me lo entregan hasta las 8 p.m. Cuando voy a casa de mi hermana no tengo gimnasio ni nada, en Cuerna entreno a las 7 a.m., tengo mi estructura y mi horario. Me inscribí en pilates y yoga. Pilates es un ejercicio mega sutil, pero súper poderoso. Me fascina. Estaré haciendo pilates, yoga y spinning. Quiero convencer a mi mamá de que venga conmigo a tomar yoga dos veces a la semana en las tardes, que es cuando más ansiositas andamos las dos.

25 de octubre

Me levante a las 6 a.m., dormí más de lo normal, me acosté a las 9:40 p.m. Empecé a leer un libro de Alice Bailey. Estoy haciendo un experimento, ahora no mezclo proteína con carbohidrato porque, según leí, es pésima combinación. Si comes pasta (de preferencia sin gluten que ése sí es pésimo), que sea con verduras y proteína vegetal, nunca animal, pues entorpece la digestión. Las leguminosas se ponen a remojar un día antes en agua y al cocerlas hay que ponerles hinojo, comino o *kombu* (alga marina) para digerirlas mejor y evitar gases. Son muy buena fuente de proteína y nutrición. Cené pechuga de pavo asada con un camote al vapor, *yum*.

Soy de las que tiene que comer cada tres horas y cuidar que su azúcar en sangre no baje mucho, soy resistente a la insulina porque el azúcar no me va bien, me pone eléctrica. De hecho, el azúcar es considerada la droga del siglo. Nadie te juzga por tenerla, ni eres mal vista, a menos que seas una ballena. Ahora que estoy "sobria", salen mis defectos, mi verdadera personalidad; no soy nada fácil, soy sensible, me estreso fácilmente y soy irritable.

Fui a correr y hacer mis entrenamientos. Tengo más condición de lo que había tenido. Encontré mi dieta perfecta, estoy marcada, con mucha energía para entrenar, sin comer de más, ni atracones. Me veo nutrida. Estoy *lean and fit*, como siempre quise. Mi cuerpo físico representa mi fuerza interior, mi disciplina, mi perseverancia. Ver mis piernas fuertes, mi abdomen marcado, es símbolo de una gran fuerza de voluntad, de mucho trabajo tanto en mi alimentación como en mi entrenamiento. Cuando vomitaba todo el día estaba flaca pero cero marcada, me comía mis músculos, era una flaca con grasa, cero *sexy*. Hoy tengo nalgas ¡¡¡gracias al Cielo!!! Una anoréxica jamás va a tener músculos y yo, sí.

27 de octubre

En la mañana el sol estaba a todo su esplendor y eso me encantó, este cambio de horario me gusta mucho más.

Estuve en el bautizo, fui madrina estuvo muy padre. Iba vestida muy diferente a como todo el mundo me conoce. Obviamente, hubo buena aceptación porque, por primera vez en la vida, fui vestida muy ad hoc a la sociedad fresa. Estuvo bien. Pero en la comida no me fue nada bien, en el alcohol, *equis*, no tomé una gota. Estoy encabronada porque no estoy fuerte para pararme enfrente de mucha comida sin que me cause ansiedad, miedo y compulsión. Recordé el programa de AA. Hacen lo que se llama el noventa por noventa, o sea, tres meses de ir a grupo, de estar lejos de las personas y los lugares de riesgo. Pensé que debería seguirlo, cero comidas, cafecitos y mucho menos pasear enfrente de los *bufetts*. Si mi caso es severo, mis herramientas y precauciones tienen que ser severas. De hecho, ahora que recuerdo, de las cosas que más me gustaban, cuando era AA, era tener un grupo, un lugar donde había gente con el mismo problema que yo y que no me juzgaban. Ser bulímica me ha hecho vivir en la culpa y la vergüenza total, no me atrevo a decírselo ni al Papa. Cómo sería tener gente con la que pudiera hablar de mi problema abiertamente. Traer mi oscuridad a la luz es la única manera real que he encontrado para trascender. Voy a investigar sobre grupos de comedores compulsivos. No quito el dedo del renglón.

¿Qué hay del "piensa positivo", a diferencia de "sé responsable" de lo que pasa? Hay dos maneras de ver las cosas, el "pasa por algo" vs. el "eres responsable, cometiste un error". Gracias al "piensa positivo, todo pasa por algo", justificamos todos nuestros errores una y otra y otra y otra vez, por eso no avanzamos, porque el "todo pasa por algo" significa delegar tu responsabilidad y tu error al universo. En vez de corregir tu error y tomar la responsabilidad de tu vida, sigues delegando afuera y por eso nunca nada cambia. Si la solución a todo fuera "piensa positivo", ya estaría en el nirvana o algo. Hacerte responsable implica que la cagaste y debes corregirlo. Claro que todo pasa por algo, pero no como lo tomamos generalmente.

28 de octubre

Mientras corro escucho mil cosas, me llegan demasiadas ideas a la mente, es como si mi canal se abriera a la luz y la sabiduría. Si pudiera ponerlo en papel, tendría diez libros escritos. Hoy, mi reflexión fue sobre el bautizo de mi sobrino y mi reacción a las fotos. Cuando no hago poses o caras *sexys*, no me veo bien, no soy fotogénica. Si nada más veo a la cámara y sonrió como la gente normal, salgo mal o no me gusto. Es algo muy raro porque cuando me veo al espejo, en verdad me veo guapísima, delgada y marcada; y cuando me toman fotos, nada de eso sale, parezco otra persona.

Esto de las fotos familiares es un *pain*, mi familia me dice que deje de poner cara de mala y *femme fatale* en las fotos. Estoy segura de que la gran mayoría de mujeres hacemos esto, creemos que nos vemos mejor. Y ahora que he decidido sacar la parte más natural de mí y sólo sonreír sin posar ni nada, no me gusto.

En fin, he olvidado todo, olvidé quién era yo realmente. Eso nos pasa a todos, no sabemos por qué estamos aquí, cuál es el motivo de nuestra existencia y caemos en las "trampas" de este mundo material, olvidamos nuestra misión y nuestra identidad. Cuando voy por el mundo, siento que nadie me puede ver, muy pocas personas pueden saber quién soy. No es que sea especial, porque todos lo somos, somos hijos de Dios, de la luz, pero no lo notamos, unos con otros hemos perdido la capacidad de reconocernos, fabricamos el disfraz para vendernos a un grupo de personas. El mundo entero es marketing, todo el mundo se está vendiendo todo el tiempo.

28 de octubre

Me levanté e hice oración. Doy gracias y pido convertirme cada día en la mujer que Dios quiere que sea. A veces siento culpa de no meditar y orar más tiempo. ¿Por qué carajo me siento culpable por todo? Culpable por no orar horas, culpable porque me quiero apurar a hacer mis trabajos espirituales para entrenar, culpable por comer de más o salirme de mi dieta perfecta, por tomar, por salir, no mames: culpa, culpa, culpa. Con razón me la pasaba castigada en la taza del baño. A la mierda toda mi culpa, ¡estoy harta!

Desde que ya no me anestesio con comida, me la paso estresada, y yo que me consideraba la persona más fresca, ¿notas mi grado de desconexión? Lo último que hubiera pensado que me llevaba a vomitar era tanto estrés, tanta culpa, ahora estoy consciente de que me estresa todo, ¿qué haré para no sufrir tanto estrés?

29 de octubre

Fue un día ultraestresante, más que todos los demás. Fui a renovar mi pasaporte hace una semana y me dieron la cita para ayer en la mañana. Llevé todos mis documentos en orden y, de repente, sale un tipito al que no le caigo nada bien por cosas del pasado y me dice "Tú tienes un pasaporte vigente que sacaste hace un año porque dijiste que se te había perdido este pasaporte (señalando el que había llevado vencido, o sea, el que iba a renovar) y levantaste un acta en el Ministerio Público, tendrás que venir a firmarme una carta porque mentiste ante la ley", y bla, bla, bla.

La historia va así. Hace un año, el ex que me dio el anillo trabajaba ahí y me hizo el paro con el pasaporte dos veces. Al tipo de ayer lo conocí porque tenía un viaje al día siguiente y mi pasaporte estaba perdido. Yo no tenía papeles, estaba peleada con mi mamá, iba cruda, un desastre. Sin embargo, pasó algo mágico, llegué a la Secretaría y me dijeron, "Imposible, no traes papeles, y no se dan hoy mismo". "OK, ¿con quién puedo hablar?", "Con el señor Paulo, pero olvídelo, señorita, no hay manera, no trae ni papeles". Yo no quité el dedo del renglón (como siempre) y hablé con él. Así lo conocí. Me hizo el paro cañón. Sin conocerme ni nada a las dos horas me dio mi pasaporte y pude ir a mi viaje. Yo estaba muy mal en esa época, estaba en una de mis múltiples recaídas alcohólicas. Si no me iba a ese viaje, quién sabe qué me hubiera pasado. Fui a San Luis Obispo, California, a certificarme con Denisse Linn como *Soul Coach*.

Total, a los dos años empecé a andar con este chavo, y durante nuestro noviazgo nos íbamos a ir a unos días a San Antonio, luego yo a Canadá un mes, después a Miami en febrero y a Canadá en marzo. Había mandado mi pasaporte a la Embajada de Canadá y nomás no llegaba de regreso. Te lo envían con tu visa pegada y en ese mismo pasaporte tenía pegada la visa de Estados Unidos. Lo grave era que debía irme al día siguiente, el caso es que Paulo me dijo "Bueno, saca otro pasaporte y con ése viajas ahorita mientras llega tu visa para irte a Canadá", y yo, "No, ¿cómo? Tendré dos pasaportes". Y me dijo "Sí, no hay problema. Ve a levantar un acta y sácalo". Y no tuve de otra, pero en las oficinas había otro chavo que odiaba a Paulo. Por eso me la hizo de pedo, pero, bueno, tramité el pasaporte de reemplazo. Ese mismo día en la tarde llegó mi otro pasaporte de la Embajada de Canadá y nunca fui a recoger el reemplazo, me seguí con el que dije que había perdido, hasta ahora que ya venció y quise renovarlo. Y salió el mismo tipo de hace un año. Entré en pánico porque tengo mi viaje en noviembre, y empecé a comer de más. Mi mamá se puso medio histérica con la noticia porque son problemas con la ley y puede ser muy serio. Aunque Paulo ya no trabaja ahí, le llamé para ver qué podía hacer, pero está de viaje. Total que mi otro ex es abogado penal y conoce a mucha gente, así que lo contacté para que me ayudara porque hay una declaración de por medio. Fue muy padre que habláramos después de años de tronar.

Él me está ayudando, todo mundo me está ayudando. Me recomendaron que fuera a otra delegación a sacar otro pasaporte, pero no va por ahí. Este problema puede alcanzarme en el futuro, por eso tengo que solucionarlo aquí y ahora. Debido a esto no estuve muy bien con la comida, me caga ser tan sensible y no poder manejar mis emociones tranquilamente. Y para acabarla de amolar, mientras estaba en todo eso, tenía a mi ex reclamándome cosas.

Me llamó mi papá biológico y me dijo que fuera a verlo. Empezó a decirme que está obsesionado con el tiempo. Él es un brillante ingeniero químico. Dijo cosas que no entendí. Su debilidad al alcohol lo ha tenido prisionero muchos años, pero es un gran ser, muy especial. Me dio un cheque de quince mil pesos para mi "titulación". Es la primera vez que me da dinero, lo cual significa que sus negocios van mejor y que están dando frutos, bendito Dios. Mi mamá se puso feliz, se lo voy a dar a ella para que haga pagos de mi tarjeta y no esté estresada ni me reclame nada, mínimo por un mes.

Ahorita estoy estresada por mi pasaporte, a ver qué pasa.

Lo que sea, que sea, no debo aflojar la rienda, debo tener valor y aprender a decir NO y hasta AQUÍ.

Plantar semillas de confianza, amor, esperanza y motivación

30 de octubre

Semi ayuno, día 1

Me levanté con dos mensajes, uno de mi ex, ex y otro de mi ex. El primero me dijo que me recomienda llevar todo preparado por si me llevan a la cárcel y el segundo, puro reclamo. Con la comida estuve tranquila y serena. Comí en mi casa, ensalada, atún sellado y sopa de verduras.

Le di a mi mamá el cheque, lo usó para pagar mis deudas. Cuando tenía 12 años le prometí a Dios que compartiría todo lo que llegara a mí, por eso toda la abundancia será usada para la luz y Dios dirigirá mis empresas, mi dinero, mi cuerpo. Dios me ha enviado a ti para que seas mi soporte cuando me caiga y para que produzcas alquimia en mi ser, con tu presencia o en tu pensamiento cotidiano. Hoy soy un vaso vacío, sólo por hoy.

31 de octubre

Semi ayuno, día 2

Hablé con mi ex, como que no nos entendemos, no comprende por qué lo troné. Le expliqué que una relación debe de ser nutrida para que dure y sea fuerte; que en estos momentos sólo puedo nutrirme a mí misma. Suena egoísta, pero si quiero estar bien para quien sea, primero debo estar bien sola. No sabía estar sola, hasta hace poco. Dice que no quiere perderme que me ama, pero no puedo hacer nada por él.

Comí delicioso, sopa de zanahoria, filete blanco de pescado y brócoli al vapor con aceite de oliva en frío. Mis sopas no llevan lácteos ni grasa, se cuecen en su propio jugo y se licuan. Tampoco cocino con aceites comerciales, puro aceite orgánico de coco.

Después de meditar y bajar a toda la corte celestial fui con miedo a recoger mi pasaporte. ¿Y, qué crees? Todo salió asombrosamente bien. En quince minutos estaba fuera de ahí con mi pasaporte. El tipo del lugar se portó súper lindo. Todo se resolvió en paz y armonía. En la mañana hice un gran trabajo espiritual, hice una oración muy poderosa y hablé con el alma de este chavo, fui honesta, le dije todo, le pedí su ayuda y funcionó. Ya puedo viajar.

1º de noviembre

Semi ayuno, día 3

Hoy quiero agradecerte cada segundo que has pasado trabajando en mí, sé que no soy nada fácil. Qué bendecida he sido por tener una maestra, pues muchos que caminan solos. Mi mejor manera de agradecerte es haciendo buen uso de la energía, aprovecharla y trascender. Te bendigo. Empecé a leer *El sendero del mago*. Me está gustando muchísimo, en cada capítulo me identifico con Arturo y te asocio con Merlín.

Ayer fui a la oficina de mi mamá, me dijo que va a empezar un ayuno de diez días. Ya abrió la primera puerta. "Quiero que me ayudes ayunando conmigo", me dijo. "Claro que te apoyo en todo lo que necesites, pero no puedo hacer ayuno completo, lo que te ofrezco es que los días que me quedan aquí ayunaré contigo en la cena, sólo una comida." Así quedamos. Ya son dos meses con el proceso (sirope, recaer, pararme, recaer, pararme), pero créeme, nunca había estado tan bien. Estos días no me ha costado trabajo ayunar, tal vez porque me puse seria con el universo, porque estoy tomando muy en serio mi trabajo personal. Y, cada día, con cosas pequeñas voy venciendo a mi carne, mi alma y voluntad son más fuertes.

Ayer planté semillas de fuerza y esperanza en la mente de mi mamá. Cada que podía hacía un comentario de lo rico que es el sirope, de cómo me mantiene fuera de compulsión y ansiedad, de cómo bajé de peso. Mis palabras son muy fuertes, tengo el poder de plantar semillas en el cerebro de otras personas. Eso me pasa últimamente, las programo. Así resolví lo de mi pasaporte. Planto semillas de confianza, amor, esperanza y motivación. Pero lo más poderoso es que soy el ejemplo vivo de todo ello. Mis palabras tienen fuerza porque son verdad, porque están respaldadas por el Espíritu Santo.

Desayuné cuatro claras de huevo con espinacas, un nopal asado y *goji berries*. ¡Uf! Te las recomiendo, muy energético y nutritivo.

Estoy en unos momentos de columpios emocionales severos. Un rato estoy feliz y plena, y al otro, lloro. Quise comentarle a mi mamá mis logros de aprender a estar serena sin ningún estímulo externo, le confesé que me sentía un poco bajoneada y triste. No, bueno, para qué se me ocurrió decirle. Me dijo que cuando la gente no hace nada, entra en depresión, que no ve que esté haciendo nada de nada. Y aunque me emputé cabrón, por primera vez no me defendí. La dejé hablar y decirme sus chingaderas.

Me llueve sobre mojado, tengo el intestino inflamado y no voy bien al baño. Mi cuerpo me quiere decir algo que no entiendo, me cuesta entender su lenguaje. Claramente es emocional y mental, dado que mi alimentación es estupenda, tomo bastante agua y en las noches sirope. Los intestinos representan la capacidad de dejar lo viejo, el pasado y de digerir nuevas ideas. No sé de qué forma me esté aferrando; si según yo, ya liberé todo: troné con mi novio, no estoy vomitando, no salgo.

Está brotando la verdadera depresión que yacía en mí desde que tengo memoria, esa que escondía con comida, alcohol y relaciones. No hay más disfraces para ella, ahora queda que la sienta y la libere.

2 de noviembre

Semi ayuno, día 4

Me dormí temprano. "El trabajo real no es evitar las tentaciones, sino estar frente a ellas y que no tengan ningún poder en ti."

Abrir Facebook me da flojera, ya pasaron casi dos meses y estoy feliz así. Es una herramienta que puede sacarte de tu paz mental si no estás fuerte.

Voy a procurar estar cerca de mi mamá estos días porque sé lo difícil que es ayunar y quiero apoyarla. Por lo pronto estoy haciendo mi tarea y mi trabajo. Me da confianza sentirme merecedora de cosas buenas, digna de bendiciones. Nunca me creí lo suficientemente buena para nada, eso viene de mi mamá, que se encargaba de aclararme que yo no era hija de mi padrastro, cuando me quejaba de algunas injusticias entre mi hermano menor (que sí es hijo de él) y yo. Pero eso ya pasó, elijo no ver la vida a través de esa niña herida, hoy elijo convertirme en adulto, tomar responsabilidad de mis emociones y de mis reacciones ante la vida.

Amanecí mucho mejor del estómago, sin estreñimiento ni dolor. Cada día controlo mejor la comida. Ya no la busco porque me sienta mal. Debo tener fe que Dios va a acomodar las cosas en perfecto orden. Si hay algo que deba hacer, me lo hará saber; tú también dame instrucciones.

Hoy es mi último día de ayuno y paso al nivel tres. ¡Cumplo cinco días de semi ayuno! Merezco nuevas tareas, nuevas rutas a conquistar. Estoy haciendo un gran trabajo, estoy desarrollando la disciplina y la perseverancia. Mantenerme es mi tarea.

3 de noviembre

Semi ayuno, día 5

Ayer en la noche me entró desesperación por querer saber del mundo. Empecé a mandarle mensajitos a amigos para saludar y ver qué iban a hacer. Hay momentos de demasiada paz y tranquilidad que me trastornan, necesito un poco de ruido y lo busco desde mi casa de cristal. Igual me sucedió en el pasado, me guardaba mucho tiempo, me hartaba y luego salía con todo. El problema no es que salga, si no que salgo antes de tiempo.

Ayer cumplí con el ayuno sin tomar sirope. Mi última comida fue a las 3 p.m., pero comí de más y me sentí llena hasta en la noche. Entre el desayuno y la comida me dio poca hambre, se me hizo fácil abrir un paquete de nueces y chingármelo todo. En el momento no sentí saciedad, hasta comí ensalada, pescado y granola sin azúcar, pero luego no me la acababa. "Para que aprendas, mi'jita, así te vas a sentir cuando comas mucho sin pensar", porque vomitar no entra ya en mis posibilidades. Si como y no vomito, me voy a sentir súper mal.

Hice ejercicio, leí y subrayé *El sendero del mago*, lo amo. No olvido tus palabras: "haz un estudio profundo de este libro, Coral." Eso hago, maestra.

4 de noviembre

Hablé con mi papá C (mi padrastro), me ayudó a enfocarme. Es un gran estratega, me ubica un chingo, yo suelo vivir en Júpiter y él se encarga de agarrar mis patitas y bajarme a la Tierra. Hablamos de la posibilidad de solicitar una visa para poder trabajar en Estados Unidos, me falta concluir el trámite de mi pasaporte español que empecé hace tres años y dejé a medias. Él es muy bueno para planear, eso lo hace exitoso.

Ayer me tocó descansar. Cuando no entreno, me cuesta más trabajo controlar mis comidas, me siento un poco más ansiosa y como más. El ejercicio también me pone en *high* positivo. Necesito más actividades así. Sentir, vivir, reír, experimentar, meditación, yoga, literatura inspiracional, todo eso pone *high*, ¡chingón! La vida es increíble.

5 de noviembre

Me sorprendió que me dieras instrucciones de cenar, la comida donde soy más débil. La verdad sentí un poco de inseguridad, porque las noches siguen siendo mi terror. De todos modos, mi cuerpo está jalando la rienda con todo, soy como el caballo que quiere correr y hay un jinete que le jala la cuerda y lo mete en orden, sí o sí. Ahora que no vomito, me siento pésimo y llenísima por horas; mi cerebro registra "Comer mucho es igual a sentirte de la mierda", lo cual está muy bien, pero como soy terca a ver hasta cuándo esa idea me da vueltas.

En la tardecita hice cita una con la abogada de migración para ver mis posibilidades de tramitar la visa para vivir, teniendo práctica privada, o sea, para trabajar self-employed. Me gustaría ser *life coach*. No me gustan la idea de "dar terapia", pues pienso que el de enfrente está mal o defectuoso; en cambio, "coachear" es más poderoso, incluso psicológicamente, pues significa dar guía y dirección, confiando en la sabiduría innata de cada uno. No sé si para enero estaré lista para trabajar, debo trascender mi bulimia. Yo haré mi trabajo, lo pongo en manos de Dios. Cuando llegue el momento sabré qué hacer.

Ya no he hablado con nadie de mis exes. ¡Qué chistoso! Liberé mi pasaporte y se acabó toda relación con ellos. Es raro no tener un hombre, ni si quiera uno que me guste.

Leo y reflexiono todo en mi mente, *I over analize things*, tanto que pienso a mil por hora y, después, me confundo de tanto que pienso. Leo y leo, y todo el tiempo lo entiendo diferente.

6 de noviembre

A pesar de tus claras instrucciones, elegí ir a cenar con mi padre biológico, tenía muchas ganas de verlo a él y a mi hermano. Muy rara vez tengo la ocasión de poder sentarme con los dos. Por supuesto, llegué puntualmente y mi papá llegó veinte minutos tarde. Pidió un vodka. Por primera vez en la vida lo observé, en ningún momento lo juzgué. Me limité a disfrutar su compañía, a ver el álbum de las fotos de un viaje que hicieron, a pedir cosas saludables de comer. Mi papá no estaba de imprudente, cosa rara. Cuando lo dejo ser, sin decirle un carajo, se relaja. Mi plan era cenar, disfrutar e irme, y así fue. Tuve la capacidad de superar el alcoholismo de mi papá. Bendigo que su trabajo esté floreciendo.

Comí bien y moderado, *sashimi* de salmón y un rollo sin queso filadelfia (químico nefasto), sólo aguacate, arroz, ajonjolí y atún. Mi cerebro ya registra que comer más es igual a sentirme pésimo, yo aprendo por repetición. A mi mamá le encantó mi frase "La vanidad nunca es un motor o motivación suficientemente fuerte para lograr bajar de peso".

Hice yoga, me encanta porque entrena mi mente para estar en el aquí y en el ahora cada segundo. En yoga no puedes perder concentración o te caes, es como la vida. Los movimientos más sutiles son los que cuestan más trabajo y requieren de mayor fuerza, aunque parezca lo contrario. No hago yoga ni pilates para ponerme buena, lo hago como entrenamiento mental.

7 de noviembre

Son las 8 a.m. del 8 de noviembre, estoy en el aeropuerto esperando mi vuelo para irme a Los Ángeles. Me pasó un milagro, de esos que siempre ocurren cuando el número 7 está de por medio. Ayer, 7 de noviembre, me llamó mi papá biológico, me pidió que lo fuera a ver y me regaló 400 dólares de cumpleaños. Me tocó el corazón y el alma. Bendije el dinero mil veces y a mi papá otras cien mil más.

8 de noviembre

Me dormí tardísimo por el cambio de horario, aquí son dos horas menos que en México. Llegué a casa de la hija de una amiga de mi mamá en Los Ángeles, me invitaron a cenar. Me llevó a Santa Mónica, me encantó, es más ciudad que San Diego, tiene más movimiento. No estaría mal vivir aquí, el clima es perfecto y todo está cerca.

Me gustan San Diego, Santa Mónica y Santa Bárbara, ¿qué opinas? En ninguno hay mucha vida nocturna, el clima es cálido, está Whole Foods, hay yoga, muchos gimnasios, parques y naturaleza para correr.

Compré suplementos alimenticios como: L-Carnitina natural, una buena proteína libre de químicos y endulzantes artificiales, entre otros. La industria de la salud y bienestar aquí está muy fuerte. Ayer que estuve de compras, veía mamás con unos cuerpos súper trabajados. Me agrada el orden y la seguridad de aquí. Y amo hablar inglés.

9 de noviembre

Llegué en tren a Santa Bárbara a las 8 p.m. Conocí a la gente que va estar en la mesa redonda (el proyecto internacional del cual formo parte, para crear y desarrollar herramientas para difundir la importancia de toda la educación prenatal). Trabajo con Suzanne Arms, entre otras personas reconocidas en ese ámbito. Cuando llegué estaba montada en mi neurosis, me entró la compulsión en el tren de ida, comí y comí, pero cuando llegué al lugar, fue mágico, como si mi compulsión *was set a side*. Es un lugar de retiros, sumamente espiritual. En la energía de este espacio no hay lugar para mi demencia.

En la cena no había sabores ni comida que excitara el paladar, sino verduras y quinoa. Me senté junto a una señora muy interesada en lo que yo hacía, le dije que era escritora, que hablaba sobre las adicciones y los desórdenes alimenticios. "Yo soy adicta a la comida, tengo que abstenerme del trigo y del azúcar porque me generan compulsión, perdí treinta kilos. Lo hago con el programa de los doce pasos", me dijo de repente. Casi me caigo de la silla cuando la escuché. Somos treinta personas en el grupo, había pocas posibilidades de que alguien con mi adicción se sentara a mi lado. Trae su propia comida, porque no siempre puede comer lo que hay, lleva un plan específico. Se me hace buena idea, aunque a mi ego la idea de "dieta" o control en cuanto a la comida lo vuelve loco. Pendeja yo, pues los desórdenes alimenticios tienen detrás este pinche control que no puedo liberar.

Pensar en no vomitar y comer me produce pavor, necesito estar a cargo de la situación. Por eso me vienen tormentas divinas, en donde toco fondo y luego reacciono. Ojalá pudiera ser como esas personas que oyen una voz que les dice, "deja de hacer esto" y jamás vuelven a recaer. Yo he recaído tantas veces que, en ocasiones, pierdo la esperanza de poder recuperarme.

10 de noviembre

En la sesión de hoy expuso una mujer con una historia muy conmovedora. Su proyecto se llama Eco Birth (nacimiento ecológico). Se dedica a la preservación y el cuidado de la Madre Tierra. Habló de los pesticidas y herbicidas en las frutas y verduras que consumimos, de los químicos en los perfumes, etcétera.

Estoy en un santuario, mi rincón favorito es un jardín donde hay una estatua de san Francisco de Asís.

Ayer retomé el sirope y ayuné. A la hora de la comida sirvieron un potaje de verduras con pedazos de panecito fritos en mantequilla, todo orgánico y libre de cosas. Sin embargo, en cuanto lo vi supe que no debía comerla. Tomé un plátano con almendras y un té, pero después me dije, "No seas débil, Coral, un plato y ya", y agarré un plato que me desató compulsión. Siempre volteo a ver a la "adicta a la comida", ella come un plato de las cosas que puede comer, nunca toma postres. Mientras me llegan tus instrucciones, seguiré con mi tarea de desayunar sirope, entre comidas, sirope.

11 de noviembre

Mi mamá concluyó su ayuno. Siempre he sabido que puede, no me asombra, porque veo su gran luz y fuerza. Ayer en la noche fui a Whole Foods a comprar mi comida, no puedo sentarme a comer con todos, y menos cuando es *bufett*. Aunque hay comida sana, mi vista me traiciona. Por ahora el sirope es mi medicina. La adicción a la comida es un tema súper serio. Por eso mis comidas deben ser sobrias, sencillas.

¿Sabías que hace un año me embaracé? Te digo que traigo el paquete completo. Al principio, quería abortar de inmediato, pero conforme fui llamando a gente para ver qué opinaban, muchos me dijeron que confiara en Dios, que por algo me lo había mandado y que aunque todo se viera negro, tuviera el valor de tenerlo. Por un momento lo decidí. Le hablé a mi papá biológico, fue el único que se puso feliz, pues mi madre, mi hermana, mi hermano, incluso mi novio, nadie quería que lo tuviera. Al ver mi realidad —una chava bulímica, sin carrera, sin trabajo, sin dinero, sin apoyo de nadie, con un novio pacheco, desempleado—, me di cuenta de que no lo podía tener, así que hablé con el alma de mi bebé y le expliqué todo. Le dije las circunstancias en las que estaba, que estaba enferma y no podía llevar un embarazo sano. Pedí que mil ángeles bajaran por su alma antes del aborto porque me pesaba que fuera a sufrir. Y, pasó, lo hice. Fui a la ginecóloga y me hicieron un ultrasonido, jamás olvidaré la imagen y el sonido de su corazón. Me emocioné mucho, pero me duró poco. Es muy importante hacer un trabajo de sanación cuando uno tiene un aborto, hay que explicarle a esa alma el motivo de porqué actuamos así. Al respecto, hay un libro titulado *A cry from the womb*. No me arrepiento de nada, a pesar de que, al principio, culpé a la humanidad de mi desgracia. Al final me hice responsable. Me acordé mucho del bebé en las conferencias. Hablo con él y le digo cosas, pido que esté en la luz. Cuando llegue mi momento, planeo dar a luz en mi casa y sin drogas, con la presencia de los seres de luz, una partera, una doula y mi esposo (quien quiera que sea).

12 de noviembre

Comparto cuarto con mil personas, hombres y mujeres. Pensé que sería incómodo, pero no. Todos son ultra respetuosos. Si con quienes estoy fueran la comunidad mundial, el planeta sería increíble.

Hay mucha gente importante aquí, no lo sabía, gente que ha escrito *best-sellers*. También hay muchos activistas, ellos están enojados con la manera en la que está el mundo. Muchos trabajan con la educación prenatal y el nacimiento, están en contra de las drogas (la epidural), en contra de cortar el cuerpo de los seres humanos (el vientre de la madre, la circuncisión) y de los deshonestos doctores que dicen que sugieren las cesáreas cuando no es necesario.

En la reunión discutíamos algo muy importante "confort vs. conexión". El problema no es la información, sino que la gente no escucha, no cree, no siente. Todos están tan adormecidos que eligen de otra manera. ¿Cómo despertar a la gran familia humana? Estoy reunida con puros guerreros. Me encanta que "Sakoieta" (uno de los nativos que vinieron a apoyar este proyecto) cuenta que en su cultura cuando la mujer se embaraza dicen que "mamá y papá están embarazados". La mujer y su pareja son uno. El trabajo del hombre es salir y encargarse de todo lo necesario para que la mujer esté contenta y a gusto; alimentarlos y sostenerlos. "En mi cultura, los hombres trabajamos para las mujeres, no al revés." Para ellos, el momento de nacimiento abre portales de magia.

13 de noviembre

Salí a conocer Santa Bárbara en la nochecita. Está muy padre, tiene un estilo rústico y español. Pero el lugar para mí es San Diego, ahí está mi familia.

Hoy es el último día de la mesa redonda. Han sido días mágicos. Entré en contacto con sabios, mucha gente de la tercera edad a la que le di esperanza. Me comprometeré en recaudar fondos para que salga nuestro trabajo en PBS, la cadena de televisión más vista en Estados Unidos. En él, hablo sobre la conexión espiritual entre la madre y el bebé, de cómo el bebé, incluso fuera del cuerpo de su madre a través de un cordón umbilical energético, sigue alimentándose de ella. Manifiesto mi postura en contra de alejar a los bebés de su madre al nacer, de cómo una botella de plástico no tiene ninguna fuerza vital, etcétera. Más tarde me voy a San Francisco a la APPPAH (Association for Prenatal & Perinatal Psychology & Health), la gran conferencia de educación prenatal.

Todos los días me he levantado a las 5 a.m, he corrido y hecho mis respectivos entrenamientos, tengo muy buena disciplina y mis músculos están más firmes que nunca. He tenido unos días mejores que otros.

Volví a interrogar a la adicta a la comida y me contó del plan que sigue. Es súper estricto. Cuando tu vida gira en torno a la comida, eres adicto a ella. Me confirmó que hay detonadores y la cantidad sí importa. Los detonadores son diferentes para cada persona, por ejemplo, las harinas, el azúcar, las nueces de la India, algunos lácteos, a mí me detonan.

14 de noviembre

Llegué a San Francisco, es muy bonito. En la mañana empieza la conferencia, tomaré un taller que se llama Prenatal Bonding, sobre la conexión madre-bebé.

15 de noviembre

Las conferencias están increíbles. Ayer superé, una vez más, la ansiedad por la comida. Estoy aprendiendo mucho de mí. Estoy aprendiendo mucho sobre el embarazo y el nacimiento, los cuales forman una parte importantísima en el buen desarrollo emocional y mental de los seres humanos. Tomé mi primer taller de conexión prenatal con un psiquiatra alemán. Él sostiene que el bebé tiene conciencia y voluntad propia. Durante el embarazo, el bebé puede ayudar a su mamá si tiene estrés o depresión. Mi mamá vivió el peor embarazo del mundo conmigo por mi papá alcohólico, que no dejaba de cagarla.

Hoy me voy a Stanford para lo de Bruce Cryer, de Heart Math, el cuate que dice que el corazón tiene un cerebro más poderoso que el cerebro, y mucho más inteligente.

Mi pensamiento del día es: "lo único que te puede separar de la materia es el espíritu, pero para llegar al espíritu hay que pasar por la materia". Y, en ésas ando, te quiero, adiós.

16 de noviembre

Me levanté a las 5 a.m., quería salir a correr como siempre pero estaba lloviendo, así que fui al gimnasio. Me choca hacer cardio ahí porque la corredora estática me chinga las rodillas. Me las ingenié para sacar una rutina nueva: caminé media hora, al mismo tiempo hice pesas y sprints de treinta segundos, que es lo mejor que hay para quemar grasa. En total entrené cuarenta y cinco minutos. Mientras tanto visualizaba toda la energía de mi cuerpo reuniéndose y acumulándose en el estómago. Era de color amarillo. Antes de cada sprint, tenía que preparar mi abdomen, porque me ayuda mucho a estar estable cuando corro tan rápido, de su fuerza depende mi equilibrio. Hice un gran trabajo mental. Monitoreé mi corazón todo el tiempo, cuando iba caminando tenía 138 latidos por minuto, y cuando hice el sprint, en menos de cinco segundos lo subía a 190 latidos por segundo y después bajaba otra vez. Siempre he tenido un corazón más acelerado de lo normal.

Tenía tanta concentración, tanta energía, tanto de todo, que lo más cabrón fue verme al espejo bajándome de la caminadora y notar que mis pupilas estaban dilatadas, como si me hubiera metido crystal meth, éxtasis, hongos o cualquier otra droga. Mis pupilas estaban igual que cuando había comido una familia de ocho hongos. Me impacté. Mi cuerpo experimentó un rush tan cabrón con todo mi trabajo físico, mental y espiritual, que parecía que me había drogado. Logré estar "drogada" (la sensación de éxtasis) sin ninguna droga, químico o estimulación externa de ningún tipo. Te lo juro por Dios, estuvo increíble. El ejercicio puede llevarte a estados alterados de conciencia.

Fui a la Universidad de Stanford. Es hermosa. Al entrar me sentí poderosa. Parece más un palacio que una universidad. ¿Sabes lo que cuesta estar ahí? Todos los alumnos son genios. Me sentí afortunada de tomar una clase en esa universidad.

Asistí a mi clase de Heart Math con Bruce Cryer. Lo más interesante fue que dijo lo que yo descubrí en la mañana: que el corazón emite ondas todo el tiempo y depende de tus pensamientos y sentimientos, entrar en lo que él llama "coherencia" o "incoherencia" con tu corazón.

17 de noviembre

Me dormí temprano. Fue la cena-baile que organizó el Congreso, y como abuelita me escapé como a las 11 p.m. No es que esté amargada, más bien me pesa desvelarme.

Ayer me tocaba descansar y no hice ejercicio. Mis grados de ansiedad se elevaron setenta por ciento. No me fue bien con la comida, con todo y mi sirope, la situación me rebasó. Tengo que hallar nuevas actividades que me ayuden a equilibrar mi química cerebral cuando no entreno, ¿tienes alguna recomendación? Hoy es el último día de APPAH, luego me iré a San Diego.

18 de noviembre

Llegué a San Diego. Desde que aterricé me puse feliz, me encanta. He estado más tranquila. Entrené y me sentí mejor. No pude controlarme cuando comía nueces y me acabé el paquete. Tengo que abstenerme por un tiempo de las cosas que me aprietan el gatillo, tengo que recordar que soy muy poderosa y algún día podré comer todo lo quiera con autocontrol.

Autocontrol es una palabra clave que escuché todo el congreso. Hablaron de cómo, desde la concepción, el embarazo y el nacimiento, se forma y desarrolla el sistema nervioso de tal manera que los niños nacen sabiendo autorregularse. Si esto no es así, los bebés nacen dañados y es posible que sean adictos.

La última parte de la conferencia la dictó el doctor Raymond F. Castellino. Fue muy interesante. Habló sobre cómo los bebés siempre cuentan su historia. Haya vivido o no un parto natural, ellos solitos pueden moverse y enseñarte qué les paso. Esto lo vimos en video. Trató la importancia del apoyo y respaldo del papá hacia la mamá. Hicimos una dinámica donde nos juntaron en grupos de tres, dos eran papás y uno el bebé. A mí me tocó ser el papá. De ninguna manera quise ser el bebé. El bebé tenía que meterse en estrés. Luego el facilitador pedía a la mamá que le pusiera una mano en la espalda al bebé y sintiera la dinámica. Después pidió al papá que pusiera una mano en la espalda de la madre, como apoyo a ella. Esto le dio un cambio energético a la triada. La mamá se relajó mucho más y el bebé se soltó por completo.

19 de noviembre

Ayer estuve fuera de control con la comida. Hice ejercicio y tomé sirope, pero no fue suficiente, tenía hambre o ansiedad, todavía no las diferencio bien. Me trastorna no poder ir a cualquier lugar y hacer cualquier cosa porque me pongo en riesgo de que se activen mis botones. Esté o no esté enfrente de comida, haya o no haya comida, mi méndigo cerebro la ansía como droga, y pareciera no poder quitármela.

Estoy aprendiendo mucho, pero honestamente hay más días malos que buenos en relación con la comida. Mi afirmación de hoy *I need nothing to feel good*. Amén.

Mientras corría, trastornada por mi impotencia y mi debilidad para superar mi adicción a la comida, pensé que mi problema no se remontaba a una década. Hace diez años aumenté la vomitada. Mi obsesión con la comida viene desde mucho antes, tal vez desde que nací. De chiquita mi obsesión era por los dulces, por todos los chilitos. Luego fue cambiando mi comida de elección, galletas, pasteles, papas con salsa, *frappés*.

Quiero limpiar mis memorias celulares, sanar mi nacimiento, reprogramar mi cerebro, sanar mi relación con la comida y así te puedo seguir enumerando tres hojas de todo lo que "tengo que hacer o dejar de hacer" para quitarme esta obsesión.

Cuando corro estoy estimulada. El ejercicio y la música me estimulan, con ellos no necesito nada, estoy en un *high*, pero cuando se me pasa entro en crisis. Siempre he escuchado muchas personas que dicen que cuando están enamoradas se les cierra el estómago, cuando compran, cuando trabajan y hacen dinero, cuando ligan, cuando están en la fiesta, cuando hacen lo que les gusta. Obvio, porque nos estimulan, sea una actividad positiva o negativa. Somos la civilización del estímulo. ¿Qué pasa cuando ese *high* ya no es fuerte? Nos tiramos a la mierda. Imagínate quitarle a una persona su trabajo, su

dinero, sus relaciones interpersonales, la comida, todo, dejarla sin nada… Entra en crisis severa, porque no tiene la capacidad de estar bien sin estímulos, buenos o malos, da igual.

Estoy hasta la madre de que mi bienestar dependa de
todo menos de mí. Estoy hasta la madre de mi pasado, de mis
químicos cerebrales dados a la chingada. Todo está afuera de
mí y eso no puede ser. En realidad no necesitamos nada para
sentirnos bien. ¡Qué fácil decirlo! Pero, a ver, mi'jita, vas, ten
nada y siéntete de la fregada. Quiero lograrlo. No tengo idea
cómo, sólo me repito esa frase: "Necesito nada para sentirme
bien", a ver qué pasa. Lo importante es trascender todo el
estímulo externo, bueno o malo.

Me acordé de la película *El Hombre Araña 2*, donde un
brillante científico desarrolla unos brazos de metal fuertes, los
cuales entran directo en su columna y se conectan con su cerebro. Con sólo pensar les ordena que hagan lo que sea, como si
fueran sus propias manos. Antes de ejecutar el experimento, le
dice al Hombre Araña que esa inteligencia debe utilizarse para
el servicio y para hacer el bien. Y Peter le pregunta: "Habiendo
creado estas manos con mente propia y conectándolas a tu espalda, ¿cómo vas a hacerle para que no acaben por controlarte
a ti, ya que tienen acceso a todo tu cuerpo?" Y él responde:
"Desarrollé este botoncito que me protege de eso". Algo sale
mal y el botoncito se revienta, dándoles todo el poder a los
brazos artificiales. Así, se vuelve el malo de la película. Al final,
cuando casi es derrotado, el Hombre Araña se quita la máscara
y le dice: "Usted una vez me habló acerca del servicio y de cómo
hay que brindarlo a la humanidad para hacer el bien. Estos
brazos artificiales lo han convertido en algo que usted no es, lo
han hecho olvidar sus verdaderos valores, no los escuche más",
el científico se queda pensando y dice: "Sí, es verdad. Ahora
ustedes me escucharán a mí, de ahora en adelante yo mando,
no ustedes". Y destruye la máquina que iba a eliminar la ciudad
y trasciende la mente artificial de esos brazos sin lograr quitár-
selos de la espalda, hasta que muere.

Así somos nosotros. Ese botoncito podría ser nuestra
conciencia rota, fuera de control, olvidada, desconectada. Y,
como robots, somos víctimas de nuestra mente inferior, de

nuestras heridas, cumpliendo nuestros caprichos más animales —sexo, drogas, dinero, poder—, cualquier cosa que dé placer instantáneo. Somos víctimas de nosotros mismos. Es hora de despertar. No tenemos que estar doblegados para recordar nuestra esencia y nuestros valores.

20 de noviembre

Me gustó mucho la presentación que me mandaste porque me recuerda por qué estoy luchando y en lo que me tengo que enfocar. Los detalles son los pequeños permisos que me doy, que me llevan a recaer en las distintas áreas de mi vida, ya sea alcohol, drogas, sexo, comida.

Tengo que ir a España y concluir el trámite de mi pasaporte ibérico. Mi abuela paterna fue asilada política cuando la Guerra Civil Española, mi tatarabuelo fue un guerrero y murió en esa guerra. Mi abuelo paterno es de Líbano, la mitad de su vida estuvo en Líbano y la otra mitad en Chile. Los dos se encontraron en México y tuvieron a mi papá y a mis tías. Soy de descendencia libanesa y española, aunque soy mitad mexicana.

La tendencia natural de los humanos es querer castigar a aquél que se ha portado mal. ¿Con qué finalidad quieren castigarlo? ¿Por qué desean que mejore, o bien, sólo quieren aplicar la justicia y arreglar cuentas? Castigar a un malhechor sin darle los medios para que se corrija, esto no se llama justicia, sino, más bien, venganza. ¡Cuántos se imaginan que encarcelando a los criminales se les da una lección! En absoluto, a menudo se vuelven peores que antes. Y otros piensan que condenándoles a muerte, se procede a una eliminación purificadora. Pero cuando se exterminan los mosquitos sin ocuparse de los pantanos, los mosquitos vuelven con más fuerza, ¿no lo habéis constatado? Y en nuestras sociedades se pasean mosquitos de una especie particular. Si no queremos ser picados, no hay que darles las condiciones en las que puedan proliferar.

Omraam Mikhaël Aïvanhov

21 de noviembre

Ayer llegó mi hermano, me pone contenta. Hoy es Acción de Gracias y se celebra casi como si fuera Navidad. En la tarde ayudé a mi cuñada con los preparativos del festejo, fuimos a comprar mil cosas. Ella trabaja porque hay que pagar las cuentas. Mi hermano y ella viven en una casa hermosa y tienen dos hijos. Hay una gran diferencia en la dinámica de una madre que trabaja, como mi hermana y mi cuñada; y de una madre que no, que se dedica a sus hijos, como mi otra cuñada. Hay muchos factores. Número uno, la alimentación. Los hijos de mi primera cuñada comen pura azúcar y harinas refinadas, desayunan *hot cakes* con chocolate, comen pizza y cenan bombones derretidos con galletas. Y los hijos de la cuñada que no trabaja comen frutas, verduras, granos y proteínas. Son de la misma edad, 6 y 3 años. ¡Desde chiquitos comen mal! Los veo y me acuerdo de mi infancia, yo me alimentaba de *hot cakes*, leche con azúcar y dulces, por eso me quedé chaparrita, con un déficit de atención tremendo, desnutrida y bulímica. Qué importante es que nuestros padres cuiden de nuestra alimentación desde los primeros años. Pero se requiere tiempo, esfuerzo y dedicación, pues los niños no siempre quieren comer bien, hay que tener paciencia. No culpo a las mamás, educar a un hijo es una gran responsabilidad, hay que estar listo y tener mucha maestría, si no, ¡pobres hijos!, se convierten en botes de basura donde los papás descargan sus frustraciones. Lo peor es que ni cuenta se dan, como me pasó a mí.

Sería mi *hit* tener la capacidad de hacer una maestría en Stanford. Aunque está muy cabrón porque nunca he sido buena en la escuela. Qué risa cuando los maestros te dicen "no es que seas burro, es que eres flojo", pero no, yo soy burra pa'la escuela, la neta. Aun así ando buscando maestrías en comunicación organizacional y liderazgo, me podría ayudar para mis futuras empresas, ¿no? Soy líder.

23 de noviembre

Hoy es mi cumpleaños. No tengo ganas de hacer nada. Iba a ir de *shopping*, pero ya no significa nada para mí. Quiero estar sola. Ayer fue Acción de Gracias, hicimos todo menos dar gracias, sólo comimos. Le escribí una carta a Dios que quiero compartir contigo.

Dios:

Hoy es mi cumpleaños. Hace 28 años elegí o me mandaste (todavía no estoy segura) venir a esta tierra, a este universo. No tengo más que gratitud hacia ti, porque me mandaste bien equipada. Tengo una hermosa familia, una estabilidad económica gracias a mis padres, tengo dos papás, tengo amigos, pocos, pero cada uno es oro y vale por mil. Te agradezco por darme este cuerpo físico que, a pesar de las madrizas que le meto (alcohol, atracones, sexo, vomitadas, tatuajes, aretes), cada día despierta y me sirve como aliado fiel e incondicional. A pesar de todo, me brinda salud y belleza.

Dios mío, no puedo con mi mente, pareciera tener su propia voluntad. Me pone la soga al cuello todos los días y no quiere sanar. Se la pasa en guerra con la parte que sí quiere cambiar. Es una batalla de nunca acabar, la mitad del día gana una y luego la otra. Siento que se me acaban los recursos para cambiar esa otra parte de mí que no quiere y se rehúsa a alinearse. Las pocas cosas que he querido las he podido cambiar, sé que puedo.

Necesito que me ilumines. Enséñame tan claro que sea a prueba de idiotas. Como le dijo Don Juan a Carlos Castaneda en su libro, en un abrir y cerrar de ojos podemos cambiar lo que sea porque somos poderosos. Aunque el mayor problema sea esta guerra interna de la que te hablo. No sé cómo dirigirme al enemigo, no sé qué quiere. Dios, sólo tú tienes el poder de llegar muy profundo en mí. Necesito tu ayuda, sé que existe una voluntad. Yo te autorizo, hoy en mi cumpleaños, para que, a pesar de que esa parte de mí no quiera cambiar, la obligues a hacerlo (ya sé que existe el libre albedrío pero no me importa), o que me muestres cómo hacerla cambiar de parecer. Quiero entrar en congruencia total conmigo, querer lo mismo en cuerpo físico, en mente, en alma. Esa congruencia me ayudará a llegar al objetivo.

La mente humana es como una computadora complicada que esconde cosas en el inconsciente que la sabotean. Por eso necesito que me ayudes en mi inconsciente, donde no he resuelto mis problemas. No sé si debo revelarme ante mi pensamiento de restricción, cuando pienso que debo abstenerme de ciertos alimentos, o me quiero autodestruir; o me siento culpable y me castigo; o algo en relación a mi madre, a mi sistema nervioso; o a desequilibrios en mi química cerebral, traumas de nacimiento, de desarrollo en el vientre de mi madre, la pésima alimentación de chiquita; no sé si quiero llenar huecos; si sea mi vanidad y mi obsesión por estar delgada; la pésima autoestima, y un largooo etcétera.

Necesito más luz, más voluntad, más disciplina, más congruencia, más fuerza. Eso te pido.

¡Yo no tengo honores!

24 de noviembre

Ya tengo 28 años. Amanecí mucho más contenta que ayer. El día está súper bonito. Mis hermanos me llevaron a cenar a un restaurante japonés buenísimo. Me la pasé muy bien, cené muy rico, pedimos muchos platos al centro y de ahí comimos todos, raro en mí, pues si algo me puede ultra cagar es compartir mi comida. Esa parte no apareció, me dio gusto compartir con la gente que amo.

Todos mi exes se acordaron de mi cumpleaños. Uno de ellos no me había felicitado en tres años. El que me dio anillo también fresquísimo, hasta medio me tiró la onda otra vez, entre broma y broma me sacó el "*lets become fuck buddies*"; no, bueno, y el *brother* tiene novia, "qué bueno que no me casé contigo". Ay Dios, esta gente, la lujuria a todo.

¿Te acuerdas de que tomé una clase con Brad, el de Heart Math? Decidí que voy a estudiar una maestría en Stanford, cueste lo que me cueste. Le escribí porque quiero empezar a prepararme para el GRE. A ver si hay un programa afiliado a la Universidad o si puedo trabajar con él, y conseguir una carta de recomendación, ya que es muy respetado en la Universidad. Entraría en dos años porque acaba de cumplirse el límite de aplicación y el 15 de enero próximo es la fecha límite para entrar en septiembre. El GRE es un examen perrísimo, para pasarlo tendría que prepararme mucho. Vale la pena luchar por algo tan increíble. Estoy aspirando muy alto.

Brad me respondió a los diez minutos, estaba feliz de que le hubiera escrito, me invitó a comer. Está dispuesto a ayudarme, dice que soy "una persona muy brillante, curiosa e interesante". Quiero hablar de su afiliación con Stanford y ver cómo me puede ayudar. Todo se sincroniza: mi primer libro, mi maestría. Esos son mis proyectos del próximo año. No sabes lo increíble que está Palo Alto, ahí vivía Steve Jobs, el fundador de Apple.

Estudiar en Stanford me abriría ocho mil puertas. Ahora todo mi interés está en volver a estudiar. Voy a aplicarme muchísimo, yo no tengo honores de ni madres, si por la gracia de Dios acabé la carrera en la Ibero, me tardé siete años.

25 de noviembre

Ayer cuidé a mis sobrinos, me da mucho gusto poder ser útil. He hablado mucho con Brad, siento que le gusto. A diferencia de mis otros galanes éste es todo un hombre, con grandes logros y un trabajo interesante. Tiene un proyecto que se llama: "¿Qué hace a tu corazón cantar?", el cual se dedica a motivar a las personas a conectarse con la energía de su corazón y seguir las actividades que los alineen con eso. Es un señor guapo, pero mayor, tal vez 50 años. Me siento atraída por él, siempre me salen galanes. Tengo que trabajar mi voluntad. Con él quiero entablar una buena relación, seguro tiene mucho que enseñarme.

25 de noviembre

Ayer me registré para el GRE. ¿Para qué le sirvo a la luz si soy ignorante? ¿De qué servimos a la luz sentados en silencio nueve horas al día o rezando quinientas horas? Lo que muchos místicos creen que es espiritual, no lo es. Son escusas para no brillar. Como dice Marianne Williamson: "Nuestro mayor miedo no es que somos inadecuados, nuestro mayor miedo es que somos poderosos sin medida". No es miedo a ser nadie, hemos sido "nadie" toda nuestra vida. Es miedo a ser grandes y brillar con toda nuestra luz. Recuerdo mis días de universidad, cuando me sentía lo más espiritual y decía muy prepotente, "¿de qué chingados me va a servir esto? No me interesa, sólo porque la sociedad lo impone, no voy a formar parte de esta estructura de la chingada, qué horror que tengas que ser 'niña bien' para ser respetada y considerada 'digna del respeto de los demás'. ¿No les gustan los tatuajes? Órale, me pongo uno. ¿No les gustan los aretes? Me perforo en lugares donde nadie se ha perforado antes". Me la pasaba retando a la sociedad y a sus estructuras impuestas. Y a pesar de que creo que hay muchas cosas que no funcionan en estos tiempos, me aventaba a la guerra sin armas, como rebelde sin causa, y siempre acababa en el piso. Al final era borracha, ignorante y prepotente.

Por eso decidí entrar a una universidad muy respetable, estudiar, desarrollar mi intelecto, disciplinarme, estructurarme, hacer todo lo que nunca hice. Así podré ser de más utilidad. La sabiduría trae poder, la sabiduría del espíritu y la sabiduría terrenal. Con todo y mis miedos daré este paso, lo peor que puede pasar es que no me acepten.

Coral:

No te presiones por las fechas, las cosas que son del universo no son forzadas, son fluidas, así que hazlo de la manera y la fecha que menos te tense. Me voy a vivir a Bacalar, que está a veinte minutos de Chetumal, muy cerca de Cancún. Tengo casa ahí, estoy en mi proceso de guerrera samurái. Así es el universo, nos envía a distintos lugares para evolucionar.

Tienes razón, da miedo aceptar el poder que tenemos. Es más cómodo y fácil vivir mediocremente como el noventa y nueve por ciento de la gente. Los que aspiramos a salir de la manada sufrimos de indecisión, de miedo y, sobre todo, debemos tener los calzones para saltar al vacío.

Me encantaría ser tu maestra. No creo que necesites más títulos, yo podría enseñarte lo que hago, ¿te gustaría? Te haría guerrera. Vivirías a mi lado. Puedes ser mi sucesora, para eso no necesitas ir a Estados Unidos. Yo te formaría bajo un entrenamiento de acción.

Bendiciones y luz.

27 de noviembre

Tu propuesta me dejó estupefacta, estoy en *shock*. No dejo de pensar en mis posibilidades. Hace tres meses me veía en el hoyo y ahora hay tantas oportunidades para mí, que van más allá de mi imaginación.

Tengo una autoestima dual, por un lado me siento lo mejor del mundo, y por el otro, no soy nada y no puedo. Ha habido días que digo: "No mames, estoy cabrona. Soy muy inteligente, amorosa, espiritual, comprensiva, aventurera, deportista, guapísima, simpática, divertida, chistosa, tengo un cuerpazo, hablo tres idiomas, soy lo mejor". Y al segundo paso a "Nunca he trabajado, no sé ganar un peso, nunca he sido sobresaliente en la escuela, no se me pega nada, no esto, no lo otro" y, entonces, mis aires de grandeza se caen.

Dejaré al destino mi entrada a la universidad. El proceso de admisión empezó, todo va muy rápido, sinceramente, cuando vi el formato de ingreso a Stanford, pensé "¿qué estoy haciendo? Tengo cero oportunidad de esto". Piden promedios, premios, honores académicos y cartas de recomendación de alguien de mi universidad que hable de mi desempeño académico. Nadie de mi universidad me daría una, me la pasé convenciendo a mis maestros de que no era una persona académica. Si hubiera sido menos prepotente en el pasado, habría hecho una buena carrera que me habría ayudado ahora.

En cuanto al entrenamiento contigo, sí lo quiero, eso no está sujeto a duda. Sólo es el timing, no sé cuándo será el tiempo indicado.

A mi mamá ya se le metió Stanford a la cabeza, entonces lo que sea que sea diferente no lo voltea ni a ver. Me pidió que me enfoque en el proceso de selección.

28 de noviembre

Compré material para prepararme para el GRE. Para entrar a Stanford necesito tu apoyo, emocional, espiritual. Siento que desde que te conocí, te volviste mi maestra. Siento tu guía y tu apoyo diario, aunque no estamos cerca físicamente. Nada de lo que estoy viviendo lo hubiera logrado sin ti.

29 de noviembre

Hablé con Brad por teléfono. Me contó de su vida. Tuvo cáncer y luego una infección muy fuerte a causa de una operación. Su enfermedad lo hizo valorar las cosas y hacer cambios drásticos en su vida. Me cae muy bien, lástima que esté grande, tiene una hija casi de mi edad.

Todo el vuelo a San Diego estudié el libro que compré para el GRE. La parte académica no es diferente del espíritu, para contestar bien los ejercicios hay que aplicar sabiduría de la vida cotidiana, pero en otro sentido. Todo está ligado, lo académico no es diferente de lo espiritual, hasta ahora lo entiendo. Antes creía que el espíritu no necesitaba de la escuela, ahora pienso que es una parte muy importante.

30 de noviembre

Ayer me desperté a las 6 a.m. para salir al D.F. Me fui directo a presentar el examen con las Vélez, unas mujeres que se especializan en preparar alumnos mexicanos para los diferentes exámenes para universidades de Estados Unidos: SAT, GMAT, GRE, etcétera. Mi resultados fueron: verbal 4 y mate 1.5, ¡*fuuuckk*!

Le dije a la señorita que me atendió que tenía mucha prisa por empezar las clases. Me dio los datos de un profe de matemáticas que da clases particulares pero cobra mil pesos la hora. Me contó que los exámenes están diseñados para ponerte la soga al cuello, hay que entrenar mucho. Me dio ejemplos de cómo da sus clases, sus tips y trucos. Con toda esta novedad y con mis excelentes resultados, voy a cambiar la fecha de examen, no tiene caso que lo haga mal y esté presionada. Hoy tengo una cita con unos chavos que están graduados de Ivy Leagues, y ahora se dedican a llevar de la mano y a preparar gente con toda la aplicación. Ellos me van a orientar y guiar. Parece que Stanford tendrá que esperar un año. Quiero tomar clases con tiempo, tranquila y bien, cumplir con todos los requisitos con tiempo.

Ayer tuve una gran victoria, no hice ejercicio ni nada, y no sentí ansiedad. Comí muy bien y súper sano, como gente normal. Te envió mis apuntes de Heart Math.

Heart Math, Programa de la Universidad de Stanford

"Transformando estrés en resistencia"

- Año tras año, tres cuartos de los americanos dicen que pasan por un grado de estrés que excede de lo que ellos llamarían sano, poniéndose a sí mismos en riesgo de desarrollar enfermedades crónicas, como padecimientos del corazón, diabetes y depresión (Norman B. Anderson, *Stress in America Survey*, CEO American Psychological Association 2010).
- Cada corazón humano tiene un cerebro y su propio complejo sistema nervioso.
- Cortisol alto crónico y bajo DHEA trae consigo obesidad, diabetes, hipertensión, enfermedades del corazón, cáncer y alzhéimer, por decir algunas.
- Cuando estás estresado o generas emociones que te estresan, liberas 1400 cambios bioquímicos en tu sistema.

Esto es tan poderoso que con sólo pensar el nombre de una persona que te molesta, puedes estar generando estos cambios. De esta manera tu sistema nervioso se sobrecarga y, después de un tiempo, entras en crisis y colapsas, o llega la enfermedad.

- El estrés de la oficina es igual de malo para tu corazón que el tabaco y alto grado de colesterol.
- El estrés interfiere con procesos mentales como la memoria, la concentración, el juicio y la toma de decisiones (L. Jones, Society for Neuroscience, 2008).
- El estrés siempre es una reacción emocional a cualquier situación. La gente responde sin la capacidad de pensar y analizar, es víctimas del estrés y no logra ver nada en su justa dimensión. Se vive reaccionando a la vida.
- Emociones positivas generan DHEA.
- Está científicamente comprobado que el corazón manda al cerebro mucho más información de la que el cerebro le manda a éste.
- Estar en coherencia mejora significativamente:

A) La habilidad para autorregularse.

B) 40% la memoria a largo plazo.

C) 24% la memoria a corto plazo.

D) Aumenta la atención.

E) Aumenta la habilidad para procesar información.

F) La capacidad de reaccionar.

G) Aumenta los resultados en exámenes.

H) Aumenta la habilidad para aprender.

- Heart Math se fundó en 1991 como un centro de investigación sin fines de lucro para estudiar la relación del estrés, las emociones, el cerebro, el corazón y el impacto de dicha relación en las dinámicas organizacionales.

- La frecuencia cardiaca es de suma importancia. Cuando estamos bajo estrés, entra en desequilibrio y se trastorna el ritmo, en consecuencia, vienen diferentes enfermedades.
- La gran mayoría de nuestro estrés es predecible, porque sabemos lo que nos altera.
- Las señales del corazón afectan los centros del cerebro encargados de tomar decisiones, creatividad y experiencia emocional.
- Memorias emocionales, la manera en que nuestro cerebro funciona y registra cosas. Cuando estamos estresados aparece una hormona llamada cortisol. Esta hormona fuera de control puede hacerte entrar en estados de mucho enojo que se transforma en rabia. El contrario de esta hormona se llama DHEA, mejor conocida como "la hormona anti envejecimiento".
- Podemos aprender a equilibrar nuestra frecuencia cardiaca. Un gran tip es aprender a ponerse en neutral después de cada cosa. Neutralizar las emociones estresantes y liberar esos 1 400 bioquímicos, para *resetear* el sistema para el siguiente movimiento. Como un coche de velocidades, en el que siempre la palanca tiene que pasar por neutral antes de cambiar de velocidad.
- Yace en la belleza, concéntrate mucho más en la belleza que te rodea, de las cosas, de la naturaleza.

Para entrar en estado de coherencia, Heart Math descubrió las siguientes técnicas. Enfoque en el área del corazón, respirar a través del corazón, sentir en el corazón.

Capítulo 3
Las posibilidades

1º de diciembre

No he dormido bien, no sé si es el cambio de horario, o que llevo dos días que no como nada de azúcar, me siento como cuando estaba en ayuno.

Hablé con mis papás de todo, en especial con mi papá C que no sabía nada de mis planes de Stanford. Me escuchó con atención, me dijo que si se trata de algo que de verdad quiero y me esfuerzo, por supuesto que me apoyará en todo. Hará todo lo posible para ayudar en mi crecimiento, mi desarrollo y mi bien. Jamás me ha fallado, es un gran, gran hombre, de palabra. Lo amo.

2 de diciembre

Fue un muy buen domingo, empezando por el ejercicio. Cuando corro me baja toda la información y me vuelvo un canal por donde recibo información divina. Tuve una revelación con respecto a la mariguana. Me dijeron que los seres humanos utilizamos la mariguana para adormecer los impulsos del alma.

Cada uno de nosotros viene con una misión específica a este planeta, pero en el viaje y en el proceso de adaptación al nuevo cuerpo y las nuevas leyes, olvidamos todo. Cuando un alma no hace lo suyo, se siente sola, perdida, triste, abandonada, frustrada, enojada. Múltiples emociones negativas invaden su vida y las circunstancias exteriores son su reflejo. Cuando no estaba en alineación con mi misión, con mis compromisos divinos, todo el mundo parecía arder en llamas, nada me salía bien, la relación con mis papás era pésima, no encontraba nada que me gustara, mis relaciones interpersonales eran inestables, en la escuela todo me daba flojera. Sólo era buena encontrando sustancias y cosas que me adormecieran y me distrajeran.

Me fue revelado que la droga más popular para hacer esto es la mariguana. Es una distracción para excusarse y no hacer lo que hay que hacer, además fabrica paranoia. Al dejar una droga, regresan todas las emociones negativas, de las que huyes cuando la haces, lo que conduce a hacer grandes cambios en tu vida. En mi caso, fue el alcohol, las relaciones interpersonales, los placeres; yo acabé en el piso, *my face in the mudd*.

Los seres humanos no aprendemos en cabeza ajena, y cuando llega alguien a advertirnos de no caminar por tal camino, somos tan tercos que no hacemos caso, hasta que nos damos en la madre. Entonces todo tiene sentido, y acudimos al típico "si hubiera escuchado antes". Habrá quienes se excusen diciendo que fuman mariguana con fines recreativos. No tiene nada de recreativo algo que te pone pendejo. Conozco personas que llevan una vida feliz y plena que nunca necesitan de cosas externas para sentirse vivos, relajados, felices, venturosos. Para mí no son necesarias esas cosas para sentirme bien, soy el ejemplo de que sí se puede. Y si yo puedo, todos podemos. No soy especial, ni tengo más o menos cosas, la diferencia es que elegí cambiar, elegí la paz, elegí tomar responsabilidad de mi vida y trabajar, elegí dejar todo lo que me adormecía y distraía, elegí ponerme a trabajar y emprender de manera consciente un gran trabajo personal. Todos podemos llegar a ese punto. La religión que practiques es irrelevante, el trabajo personal es global y neutral, nada más requieres voluntad.

La comida, el azúcar, los panes que tanto disfrutas, los tacos, las papas, lo que sea, son una gran ilusión de felicidad o confort. Pero recuerda que nada externo tiene poder real de hacerte sentir bien, nada externo es lo suficientemente bueno y poderoso para ti.

Ayer comí con mi mamá. Observé conductas que antes me molestaban y ahora entiendo diferente. Creemos que entre más juzguemos al de enfrente, más va a cambiar. *Wrong*! Tenemos que cambiar nuestra mente con respecto a las personas que necesitan ayuda. "No busques cambiar al mundo, busca cambiar tu mente con respecto al mundo."

Coral:

Te felicito por tu papá C, que ha sido un ángel para ustedes. Las cosas que decides sobre ti, sobre si estudias o no, serán el camino que libremente elijes. Tu mamá sigue siendo tu influencia, pero eso también es tu decisión. Ella es una madre que inconscientemente quiere que tengas bulimia y que estés bajo su control, como siempre. Te veo agarrada de ella, pero eres tú, tus decisiones y tus aires de grandeza, serás muy graduada de Stanford y de lo *high*, pero con el conocimiento humano no se conocen otras cosas que (pensé que) te interesaban. Es tu libre albedrío. No dudo que ayudarás a muchas personas a nivel terrenal. A pesar de que en la espiritualidad se logra la evolución, lo demás es incompleto, es *bluf*, pero es más atractivo, ¡claro!

Te hice un ofrecimiento muy grande porque leía que querías llegar a otro tipo de conocimiento. Por ahora, olvídate de mi oferta, no estoy en disposición. Sin embargo, cumpliré con mi compromiso contigo el tiempo que quedamos.

Bendiciones y luz.

Leí tu correo con atención y tengo algunas observaciones. Número uno: Stanford fue mi idea, todo empezó porque uno de mis deseos es mudarme a Estados Unidos. Jamás estudié la escuela ni me interesó y ahora por primera vez me importa algo académico. Mi decisión tiene fundamentos, siempre he sido muy espiritual y muy soñadora, he vivido en el aire con mis logros. Me falta tierra para concretar mis cosas; sé que debo trabajar más cosas que el espíritu, estoy en la tierra, no en el cielo, y no me quiero ir a los extremos de ninguno. Para los planes que tengo, siempre en alineación con la luz y no perdiendo de vista al espíritu, una estructura y fundación académica como la que me puede dar Stanford es lo que necesito.

Antes no logré nada con el conocimiento que poseía, no supe aterrizarlo, ni estructurarlo para transmitirlo. Me importa el entrenamiento mental, que nunca tuve, y no el título de Stanford, los aires de grandeza y el *bluf*, esos me valen madre. No soy de la idea de todo espíritu y cero materia, de nada le sirve al Cielo tenerme con mucha sabiduría si no puedo transmitirla, si no la trabajo en la Tierra. El espiritualista olvida la materia y el materialista olvida el espíritu. Si estamos aquí, ambos tienen que aprender a coexistir en armonía y balance. Yo soy fuego, traigo la conexión al espíritu conmigo, pero nunca supe manejarlo en esta tierra, no me hallaba porque no tenía tierra, e irónicamente mi ascendente es tierra, la necesito para funcionar. Viví la escuela de la vida 28 años, me toca un poco de escuela de la Tierra para equilibrarme.

Respeto tu percepción, lamento que difiramos. Tendré que aceptar que hayas retirado tu oferta. Por supuesto que me gustaría entrenar contigo después de mi maestría, pero si ya no fue, ya no fue. Hoy soy un canal limpio, estoy libre de químicos, no he vomitado, estoy calmada, en paz, puedo confiar en lo que escucho. Soy humana, soy de carne y hueso, por muy espiritual que sea, si me cortas, sangro. Esto es decisión mía, no de mi madre, que quede claro. Cumpliremos las dos con nuestro compromiso de estar juntas el tiempo acordado, si después no quieres saber nada de mí y elijes no estar presente en mi vida, lo acepto. En un correo anterior te escribí, "Puedo estar sin ti, pero no quiero"; si el universo así lo dispone, ni hablar, adelante las dos. Sin importar lo que pase, estaré eternamente agradecida y te honraré por lo que has hecho por mí y porque eres un gran ser.

3 de diciembre

Todo el día reflexioné tu correo. Después de leerlo fui a hacer ejercicio, ahí encontraría respuestas. Obviamente, como siempre, dudé de todo y cuestioné cada partícula de mi vida y de mis decisiones. En una cosa sí estoy cien por ciento de acuerdo contigo, mi mamá quiere que tenga bulimia, no lo discuto, pero de alguna manera estoy logrando elevarme de sus flechas.

Mi maestro Omraam dice, "Las palabras jalan, pero el ejemplo arrastra". Yo pretendo ser ese ejemplo, trabajaré duro para lograr mis metas y desafiarme en donde más limitada estoy, lo intelectual. No me extraña que el Cielo me esté mandando a estudiar otra vez, aunque en apariencia eso no tenga nada de espiritual. Ir a Stanford es de las decisiones más espirituales que he tomado en mi vida. Incluso no sé si va a pasar, primero debo acreditar varios exámenes, hacer un gran papel y veremos.

Coral:

Tengo un compromiso contigo, con el amor, el profesionalismo y mi responsabilidad ante el Supremo. Nada es distinto. Tienes mi energía y apoyo en lo que decidas y a tu evolución por donde lo decidas.

Bendiciones y luz.

4 de diciembre

Me levanté con la respuesta a una de mis preguntas más grandes, ¿de qué me sirvió tanto curso, tanta certificación, tantos libros, tanto aprendizaje en distintas filosofías, antes de llegar a ti? Toda esa valiosa información la interpreto hoy de una manera. Las filosofías y creencias no estaban mal, sino mi visión y mi percepción de ellas. Hoy tengo más herramientas gracias a esos cursos. El universo siempre me pone en una situación donde recuerdo una frase o una enseñanza de tal o tal cosa que cobra sentido ahora. De no haber sido por todo lo que he aprendido, hubiera estado mil veces más en el hoyo de lo que estaba.

Estuve leyendo un estupendo libro de nutrición, *The hormone diet* de la doctora Natasha Turner. Dios trae a mis manos lo que necesito saber. Plantea que no hay manera de bajar de peso permanentemente sin sufrir, si tus hormonas andan mal. Las hormonas son el elemento número uno, que debemos verificar que estén bien para ser exitosas en nuestros objetivos dietéticos y de peso. Checar resistencia a la insulina, la tiroides, progesterona, todo. Así que me haré unos exámenes. Me choca que mi digestión siga mal, con tanta vomitadera me chingué todos los jugos gástricos del estómago. Leí que la gente a pesar de comer bien y poco a veces continúa como inflamada del vientre (o sea *bloated*, mi caso) y tiene las uñas quebradizas, etcétera. Según este libro, es a causa de que tenemos la acidez de esos jugos muy baja, por lo que hay que tomar enzimas digestivas, probióticos y más. De qué me quejo, tengo un cuerpo maravilloso que aguantó todas las chingas que le di. Hoy lo amo, lo nutro, lo honro, se ha convertido en mi templo más sagrado y no abusaré otra vez de él.

Hoy me voy a México. Empezaron los festejos de Navidad y esas cosas. Me quedaré en casa de mi hermana hasta el domingo.

Amo mi vida, me despierto todos los días en una paz y una felicidad que nunca antes había sentido, con una certidumbre y seguridad que jamás pensé que podría sentir. No es que las cosas hayan cambiado, sino que cambiaron en mí. El cambio fue de raíz.

¡Es un milagro!

5 de diciembre

¿Te acuerdas de Brad, el de Stanford? Me atrae porque es una persona seria con muchas cualidades que admiro y que me gustarían que mi pareja tuviera como: disciplina, orden, trabajo personal, fuerza interior, optimismo, independencia, trabajo, estabilidad económica y emocional. Hemos hablado por Skype o por teléfono. No para de decirme que soy increíble, sabia, fuerte, feliz, bella. Me ha insinuado que le gustaría intentar tener una relación conmigo pero ni pa'qué intentar, no es el indicado para mí. Si yo soy juventud, por qué no pedir de mi pareja juventud también. Quiero representar todo lo que quiero en mi pareja. He visto a muchas parejas con amplia diferencia de edad en las que hay un factor clave: dinero. Las mujeres buscan seguridad económica en señores mayores, y los hombres buscan algo que ellos no tienen: juventud. Es un intercambio: dinero por juventud. No me parece sano. He escuchado que ciertas mujeres creen que es mejor buscarse alguien que les lleve mucha edad porque así "no te pondrán el cuerno con otra más joven que tú cuando estén grandes los dos". No digo que el sexo no sea importante, pero no debe ser un factor que rija tu vida o tenga poder sobre ti a costa de lo que sea. Brad es un hombre increíble que admiro mucho, pero puedo encontrar alguien con las mismas características con una edad como la mía. Merezco recibir lo mismo que doy. *No necesito casarme con un hombre por dinero, porque soy capaz de hacer el mío propio. No necesito casarme con un hombre que me dé seguridad, porque soy capaz de darme seguridad a mí misma. No buscaré un hombre que me dé cosas, porque no carezco de nada ni venderé mi juventud jamás.*

Le platiqué a una amiga que quiero estudiar una maestría y se lo tomó como broma, "jajaja, ay, sí, Coral, apenas pudiste con la Ibero, hija", y la neta me reí con ella cañón porque tiene razón. Sin embargo, la persona que fui en la Ibero y la que soy ahora son totalmente diferentes, con objetivos, intereses, visiones diferentes. No estoy sujeta a mi pasado y a lo que fui. "Nunca fui académica y precisamente por eso ahora tengo que aprender, me falta desarrollar esa parte. Puedo y lo voy a hacer." Se lo dije con tanta seguridad que no tuvo fuerza para rebatirme, "Te creo, eres la persona más impredecible que conozco".

6 de diciembre

Fui a cenar con uno de mis exes. Fue muy bueno sentarme con él, verlo, platicar y ser amigos. Cerré un ciclo de cinco años. Me parece increíble cómo alguien que tuvo tanto poder en mí, de repente, ya no significa nada. Era algo que necesitaba para concluir todas mis relaciones pasadas en paz y armonía. Tengo el camino libre. Toda esa energía está liberada y ha sido transmutada.

Los aminoácidos me bajaron la ansiedad. No estoy vomitando, no como en exceso, cada vez me resulta más fácil no comer mucho o no comer pendejadas. Es como si me hubieran cambiado el cerebro, ya no pienso en la comida con obsesión, ni ocupa remotamente el tiempo que ocupaba antes en mi mente. Estoy sanando, estoy sana, ¡es un milagro!

Los suplementos me estabilizaron el cerebro y los aminoácidos tuvieron un rol esencial en esto: glutamina, gaba, zinc, magnesio, cromo, acetil-L-carnitina (los traigo de Estados Unidos), no confió en las marcas comerciales de aquí, aunque, Soria natural, Usana y en GNC venden Nordic Naturals, mi Omega 3. No he bajado la guardia en el trabajo emocional y espiritual que llevo contigo, por supuesto.

Mi mamá una vez me dijo que siempre nos ha ayudado a mi hermana y a mí, que no sabía por qué la culpaba de mi bulimia. "Me hubiera gustado tener una madre como yo, que les doy todo, las ayudo en todo. Soy una madre que le quita carga a su hijos, no les pone", y es verdad. "Mamá, sé que nos quieres ayudar, pero tus tácticas son la peores del mundo." Mi madre cree que mientras más me diga de cosas, me va a ayudar a mantenerme delgada; cree que entre más le diga a mi hermana cosas de su vida, la va a ayudar. Piensa que para ayudar debe clavar la espada directa. "Qué bueno que tus intenciones sean ayudarnos, pero es lo que menos haces, provocas que no te queramos escuchar, nos causas más trauma del que ya tenemos, nos haces sentir pésimo con respecto a nosotras mismas y no, madre, andas mal, tienes que cambiar tus estrategias y no dirigir ataque final." "Ay, ya sabes que así soy, no puedo evitarlo."

Aplicar el "así soy, te chingas, mi'jo", está muy mal. Cuántas veces lo he escuchado de miles de personas diferentes en miles de contextos diferentes. Nadie quiere responsabilizarse de nada, ni tiene el más mínimo interés de hacer un trabajo personal. Nadie le entra. Conformismo y mediocridad es lo que abunda en este mundo.

Tengo el cuerpo que siempre había soñado, súper marcado. Antes era flaca (no sabía alimentar mis curvas, todo lo vomitaba) ahora que como muy bien y me dejo guiar por mis seres de luz (siempre les pido que me digan lo que debo comer, que me traigan los libros de nutrición adecuados a mí) y lo han hecho, experimento con diferentes teorías hasta que doy con la que funciona mejor para mí, no me caso con la primera línea. Cuando veo esto me digo, "Sí puedo confiar en mí, sí sé lo que es mejor para mí". Ahora lo veo igual en mi vida, primero fui espíritu y ahora estoy empezando a ser materia. Estuve en las nubes toda y apenas estoy aterrizando. En vez de estar en tierra y despegar, tengo que ir bajando más. Empecé al revés. No creo que haya una forma de hacer las cosas, hay que informarse, cometer un chingo de errores y después, cuando encuentras lo que te funciona, **perseverar**.

7 de diciembre

Hice algunas reflexiones con respecto a la culpa. La culpabilidad es un arma fuerte, poderosa y sutil. Cuando se te mete en el sistema, te vuelves una máquina de autodestrucción. Lo relacioné con la comida. Si ya no como postres, harinas o cosas de esas, no es porque el azúcar sea mala y las harinas engorden, sino por lo que me hacen sentir después de comerlas.

Hoy no puedo comerme un pedazo de pastel sin sentirme culpable. Y por eso, doy rienda a suelta a castigarme atracándome y luego me castigo vomitado porque me atraqué, es como una cadenita. Esta mecánica sucede en los seres humanos, nuestras propias culpas nos destruyen. Cuando les preguntas a las personas con algún tipo de adicción por qué hacen lo que hacen, te contestan, "No sé, no puedo evitarlo". Nadie sabe nada, sólo vivimos como computadoras programadas por un miserable pasado; nos aseguramos de que no se vaya y lo carguemos el resto de nuestras vidas. Ahora entiendo por qué siempre que recaía me decías "No te sientas culpable". Con esa misma arma manipulamos nuestras relaciones. Todo el mundo dice cosas para hacer sentir culpable a los otros. ¿Recuerdas que hace tiempo declaré inocente a mi mamá? Dejé de castigarla a nivel consciente y mi relación con ella ha sido transformada.

Como el animal, el ser humano debe alimentarse para subsistir. Pero a diferencia del animal, mediante su conciencia, puede encontrar en el acto de comer el medio de crecer psíquicamente, espiritualmente. E incluso iré más lejos: en la medida que no sea capaz de dar a este acto una dimensión más vasta, más profunda, es inútil que pretenda cultivarse, civilizarse. Esto es para mí un test. Cuando los humanos aprendan a comer con una conciencia lúcida, entusiasmándose con la comida, pensando con agradecimiento que todo el universo ha trabajado para producir esos frutos, esas legumbres, esos cereales gracias a los cuales reciben la vida, en ese momento sí podrá hablarse de cultura y de civilización.

Omraam Mikhaël Aïvanhov

8 de diciembre

Ayer salió mi hermana y cuidé a mis sobrinos. Antes fui a la cena navideña de mis amigas, estuvo muy bonita. Todas son súper fresas. En mis años de rebeldía y perdición las juzgaba mucho, pensaba que eran como *Stepford Wives*, hechas a la medida para la sociedad, como borregos siguiendo las reglas necesarias para conseguir un buen marido, cuyo único interés era pasársela "amigablemente compitiendo" por quién tenía el mejor cuerpo, más dinero, el novio más guapo y quién se casaba con el mejor partido. Pasaron los años, y cuando yo estaba jodida las volteaba a ver y pensaba, "Claro, me chocaban porque representan todo lo que no soy". La realidad es que todas trabajan menos yo. Qué chingón que no tengan adicciones de ningún tipo y que sean niñas con buenos modales, lindas, bien portadas. Desde que empecé mi trabajo personal, mi percepción de ellas ha cambiado. Ahora las disfruto mucho, son muy buenas personas, cada una hace lo mejor que puede con sus propios recursos. En el grupo somos como veinte y la única tirada a la mierda era yo. En la cena, salió el comentario de

"Jajaja, cuando a Coral le pegó fuerte la juventud...", y me reí con ellas. Imagínate, fresas *very nice* y yo, vestida de cuero, con mil tatuajes, extensiones de pelos güeros y de todos los colores, uñas negras, ojos delineados de negro, tomaba que parecía que no iba a haber mañana, grosera, vale madrista. Imagínate las pobres lo que pensaban de mí. No las juzgo. Y ahora menos, porque tengo la capacidad de ver lo maravillosas que son.

9 de diciembre

Ayer llegué de México, otra vez ansiosa y como de malas. No entendía bien qué me pasaba, noté que me dieron ganas de comer más de lo normal cosas dulces y carbohidratos. Dejé descansar mi cuerpo (no hice ejercicio). Tomé el libro de la doctora Natasha Turner y abrí la página en donde habla de los desequilibrios de la química cerebral. Hay muchas hormonas que controlan tu apetito y aceleran o alentan tu proceso para quemar grasa. Ella lo explica así:

Serotonina

Aunque es un químico cerebral, es un neurotransmisor producido en nuestro sistema digestivo. Tiene un gran poder e influencia en nuestro estado del humor, emociones, memoria, antojos (especialmente carbohidratos), autoestima, tolerancia al dolor, patrones para dormir, apetito, digestión y regulación de la temperatura corporal. ¡Imagínate!

Cuando estamos deprimidos o tristes, se nos antojan los azúcares y almidones para estimular la producción de serotonina. El grado de serotonina puede bajar como resultado de una mala dieta, desórdenes en el sistema digestivo y estrés.

¿Qué pasa cuando nuestros grados de serotonina están bajos?

Es raro que ocurra un bajón de serotonina (no estoy de acuerdo, nuestra juventud está baja de serotonina por tanta desvelada y tanto químico, o sea, fiesta y drogas). Un alto nivel de serotonina es efecto secundario de la ingesta de antidepresivos, en especial, los diseñados para elevar esta hormona, pero a la larga crea un gran desbalance. No se recomiendan. Cero antidepresivos, hay muchas otras maneras de elevar esta hormona.

Para empezar a perder peso y controlar el apetito de una manera exitosa, se tiene que tratar la química cerebral y el nivel de azúcar.

Dopamina

La dopamina es igual al *rush* del placer. Es el neurotransmisor que está directamente relacionado con la parte del cerebro donde sentimos placer. Es un químico cerebral que regula el bienestar, aprendizaje, creatividad, atención y concentración. Muchos niños diagnosticados con déficit de atención probablemente están experimentando bajos niveles de dopamina en su cerebro. Eso puede provocar antojo de comida, sexo o estimulación. Demasiada dopamina causa comportamientos adictivos. La dopamina no sólo es liberada cuando experimentamos placer, sino también durante altos momentos de dolor y estrés. Así que placer y dolor están relacionados.

Muchos investigadores han descubierto que la dopamina es una de las grandes razones por las que la comida es tan adictiva. Sabemos que el estrés estimula la producción de dopamina y nos provee energía y motivación, igual que los estimulantes adictivos como chocolate, cafeína, azúcar y cigarros. Esto significa que podemos convertirnos igual de adictos al estrés que a esos estimulantes porque buscamos un *rush* de dopamina para vencer el cansancio.

Te recomiendo ese libro. Las adicciones no son sólo problemas emocionales, por eso creo que han fallado los programas de recuperación hoy en día, más bien están incompletos. Y peor tantito, las clínicas recetan puras chingaderas de medicinas que dejan peor al paciente de lo que entró, porque las medicinas jamás te curan. ¡Qué horror! Y las farmacéuticas, ¡felices! Entre más loco adicto, más millonarios ellos.

A un compañero de la clínica donde me internaron por alcoholismo a los 18 años le hicieron un electroencefalograma y luego, luego le metieron Tafil, Paxil, Rivotril, un coctel de químicos chingón. Acabó con paranoia. A mí me querían medicar, pero mis papás, a Dios gracias, los mandaron a la chingada. No estoy de acuerdo en cómo se maneja la medicina en la actualidad. No digo que sea mala, creo que puede ayudar, pero *as a last resource*.

Cuando leí esa información del libro entendí por qué me sentía tan de malas y con ansiedad, llevaba tres días desvelándome, despertándome como alarma de temblor cada que mi sobrino lloraba. Mis químicos cerebrales andaban mal y yo también.

Siento que le dije a Dios "OK, voy a ser mi propia conejilla de Indias para experimentar y vivir todos los trastornos posibles, luego aprenderé a transformarlos para descubrir información nueva con respecto a ellos". Vivir en carne propia todos esos desastres me ayudará a enseñar mejor, ¿no crees?

10 de diciembre

Hablé con Brad por horas. Me expresó sus intenciones de tener una relación conmigo. Para no sonar tan *harsh*, le dije que estaba en un proceso de crecimiento personal (que es verdad), que acababa de salir de una relación con una persona (que es verdad), que no voy a relacionarme ni emocionalmente ni físicamente con nadie por ahora, que era un compromiso que había hecho conmigo (que es verdad); no le dije lo primero que me vino a la mente, "Eres un egoísta, *güevos* de oro, porque quieres agarrarme chiquita y tú ya estás dado". Como nos vamos a ver en Akumal, quería asegurarme de que sepa que no va a pasar nada entre nosotros.

No sabes el cuerpo que traigo, te voy a mandar una foto para que veas la excelencia y perfección de una disciplina alimenticia y deportiva. Estoy en mi mejor momento.

Sigo con el libro de la doctora Natasha. En una sección habla acerca de los mitos y los errores cometidos por los aficionados al ejercicio. Todos los he cometido, por ejemplo, "Es más efectivo hacer poco correctamente que mucho estúpidamente". Hay que saber hacer los ejercicios correctos, a la frecuencia correcta, en la intensidad y duración correctas.

Por años corrí hora y media diaria esperando quemar mucha grasa. Ella dice que estoy zafada de la cabeza, pues lo único que lograba con mis arduos entrenamientos era someter a mi cuerpo físico a un gran estrés y llevar mis grados de cortisol a otro nivel, *fuck*! Bendito sea el cambio.

Diez errores que sabotean la quema de grasa en entrenamientos físicos:

1) Completar tu cardio antes de hacer pesas

Un estudio hecho en Tokio descubrió que la gente que hacía pesas antes de su cardio quemaba un diez por ciento más de grasa que los que lo hacían al revés. Hacer mucho cardio después de las pesas puede causar la liberación de mucho cortisol porque todo el entrenamiento acaba siendo largo y estresante para el cuerpo. La doctora recomienda hacer dos sesiones separadas, un entrenamiento en la mañana y otro en la tarde, para mayor efectividad y quema de grasa, yo digo "si de quemar grasa se trata, más intensidad y menos tiempo. Sprints".

2) Entrenar por horas y horas, creyendo que entre más mejor. ¡No!

Aunque el ejercicio ayuda a liberar el estrés de manera natural, el ejercicio pone estrés en el cuerpo físico, y cuando esto pasa y se empieza a liberar mucho cortisol, esta hormona destruye los músculos.

3) Volverse socialmente activo en el *gym*

Ella recomienda mucho menos entrenamiento pero con más intensidad y por lo mismo menos descanso entre ejercicios. Así que no hay tiempo para echar el chisme.

4) Cardio es la mejor manera de quemar grasa

Ni corriendo horas ni entrenar de forma continua en la zona de "quema grasa" es tu ticket de entrada a la efectiva quema de grasa. Entrenamientos más cortos con intervalos son mucho más efectivos. ¡Exacto!

5) Las bebidas deportivas

Bye, olvídalas, tienen mucha azúcar.

6) Levantar pesas con el estómago vacío

Aquí difiero, entrenar en ayunas obliga al cuerpo a utilizar la grasa como fuente principal de energía, a mí me ha funcionado muy bien.

7) Entre más tiempo entrene, mejor para quemar grasa

El sobre entrenamiento es un error común entre la gente obsesionada con marcarse y quemar grasa (yo estoy en primera fila). Error, comes tu músculo.

8) Levantar pesas causa que las mujeres se pongan como militares del ejército naval

No, esto no sucede naturalmente. Las mujeres no tenemos la suficiente testosterona, que es la causante de que los músculos crezcan. Con pesas tonificas tus músculos y quemas grasa. Entre más músculo, menos grasa.

9) Pesas pesadas son para los hombres

Cargar más peso con pocas repeticiones es más efectivo que mil repeticiones con poco peso. Está comprobado que liberas mucho más hormonas del crecimiento y es más efectivo. Poco es más.

10) Yoga es para mujeres

No, para nada.

11 de diciembre

¡No sabes el día que fue ayer! Llegué a mi casa a las 11:30 p.m., tuve mi primera clase de mate con las Vélez. Originalmente era de 7 a 9:30 p.m., pero al profe se le hizo facilísimo acabar a las 10:30 p.m., y yo no entendí nada. Todos mis compañeros son personas normales, estudiaron mate en la prepa y medio se acuerdan o tienen noción de algo, yo estoy en ceros. No vi mate en la prepa, pues estudié en Europa. Está muy difícil, no sé cómo le voy a hacer. Tendré que dedicarle mucho tiempo por mi cuenta porque si no, no hay manera, estoy muy atrasada. Me arrepiento de no haber puesto atención en la escuela.

Compartir es aprender y trascender

12 de diciembre

Ayer en la noche cené con mi hermano O, el hijo de mi papá biológico. Se parece mucho a mí físicamente. Hablamos de mi papá. "Es un hombre increíble, te juro no conozco a nadie como él, es muy divertido, muy inteligente y es muy buena persona", me dijo. Con estas palabras me demuestra que traspasa ese velo oscuro y alcanza a ver la verdadera luz de mi padre. No lo tacha de alcohólico y fracasado, aun cuando las experiencias digan lo contrario. Eso me impactó porque yo, que no vivo con él, que no viví la falta de dinero ni sus shows de pedo, lo veía así. Mi hermano lo ve con ojos de amor. Le hablé del alcohol y las drogas, le conté mis experiencias, le dije que lucho por darle un ejemplo de disciplina, de orden, de sobriedad, de apoyo y de amor. Siempre le digo que lo amo, lo abrazo y lo consiento mucho. Le pedí que siguiera los ejemplos buenos, aunque viera que la gente que ama hace cosas destructivas. Tiene 15 años, no toma alcohol y tiene novia. Me enseñó su foto, la verdad no me gustó nada para él. Mi papá lo tiene en una escuela pública. Mi hermano tiene una mente brillante, ama la química y es buenísimo en matemáticas. Ojalá algún día pueda apoyarlo.

Ayer me dio más hambre de lo normal. Cuando me da más hambre, me espanto porque no sé si es mi compulsión o si es hambre real, me da pánico regresar a mis "andadas bulímicas".

Voy mucho mejor en ese departamento, pero qué trabajo me ha costado, es un trabajo de todos los días, hasta que mi cerebro y mi estómago estén conectados de manera perpetua, sin necesidad de mi conciencia. Por ahora, todavía la necesito. Ése es el reto, aprender a estar en tu centro incluso cuando las cosas se muevan. Aprender que a veces el cuerpo tiene más hambre que otros y que eso no es malo.

Coral:

Si tienes oídos, oye. Si tienes ojos, ve. Escucha tu arrogancia, ve tu desprecio hacia quien no es nice. ¿Eso es evolucionar? ¿Juzgar de esa manera? Saca tus conclusiones.

Bendiciones y luz.

¿Estoy perdiendo el piso? Tienes razón, juzgué a la novia de mi hermano sin conocerla, y no nada más eso, me dio coraje que mi hermano, tan guapo, esté con alguien que físicamente no. Le pregunté, "¿Qué te dijo mi papá cuando la conoció?", le dijo que estaba bonita y sólo pensé cuánto había bajado sus estándares. Mi papá es alguien muy guapo, con mucha inteligencia, pero vive al día, con un alcoholismo que le ha ocasionado gota. No puede dejar el alcohol, no es un ser libre. No debí juzgar a la novia de mi hermano, pero siento que él puede aspirar a más, ¿está mal? Ser espiritual y evolucionar no significa ser conformista.

Coral:

Ser espiritual y evolucionar es saber qué es la verdadera belleza y lo verdadero.

13 de diciembre

Las reflexiones del día son en torno a no quitar el dedo del renglón de algo que quieres, aunque aparentemente no estés logrando las cosas. Si confías, saldrán bien; si perseveras, las consigues. El gran reto de todos es la perseverancia, hacemos un rato algo y cuando no obtenemos resultados de inmediato; abortamos la misión porque creemos que no está funcionando.

Así me pasa con la salida del sol. Arriba de mi casa se puede ver las montañas y la salida del sol. Hay veces que veo nubes y digo "Ah, hoy hay muchas nubes, seguro hoy no sale", así que no subo y cuando veo, ¡pum!, que sí sale. Y, otro día, lo mismo, y otra vez pienso "Ahora sí seguro no sale, está nubladísimo" y, ¡mocos!, que vuelve a salir. Eso me enseña que aunque las cosas parecen una cosa, en realidad son otra, el sol siempre sale.

Seguiré adelante con mis planes, estudiando y desarrollando mi intelecto. Por primera vez en mi vida estoy disfrutando aprender, voy con gusto a mis clases. Jamás creí que sería capaz de decir algo así, siempre odié la escuela y estuve en contra de ella. ¡Malas tácticas de rebelión las mías!

Me senté a cuestionarme todo y elegí continuar, aun cuando tu opinión tiene peso en mí. Sé que piensas que no estoy haciendo lo correcto, que crees que estoy siendo arrogante y que no necesito hacer nada de lo que estoy haciendo. Eres mi maestra, una persona sabia a la que respeto y admiro profundamente y, aun así, elegir distinto de lo que piensas es difícil.

Trabajaré en esta arrogancia que se cuela sutilmente. Aspiro a cosas muy altas. Antes me conformaba con los novios que tenía porque podía ver que eran buenas personas, pero ya no es suficiente. Aspiro a encontrar a un hombre con cualidades de belleza interior, trabajo, independencia económica, libre de adicciones. ¿Es arrogante alguien que aspira a mejores cosas? ¿O será la manera en que me expreso? Para eso trabajo en mí, para no ser una jodida emocional, adicta, bulímica y acabar con alguien igual. No pido nada que yo no sea. A mí me ha costado un chingo llegar a donde estoy, en lo emocional, lo físico y lo espiritual. Trabajo todos los días, merezco lo mismo.

Sé que caí de tu gracia. Ya no me mandas palabras de apoyo o de aliento, sólo regaños.

Coral:

Te llamé arrogante porque escribiste con desprecio sobre la novia de tu hermano. Claro, Coral la guapa, la escultural, la de ojo verde, la inteligente, la que estudia, bla, bla, bla. Eso no es ser mejor que nadie. Lo que has logrado era tu examen para evolucionar. Cada persona tiene el suyo. Y ahorita me sales con "mejores". Lo mejor para ti es lo que tú elegiste "como lo mejor" y está bien, es cierto. "Mereces lo mejor", es tu caminar. "Lo mejor" es relativo a cada quien, ¿quién puede saber qué es lo mejor para el otro?

Has llegado hasta donde has llegado por dos razones: la ayuda de Padre/Madre (Dios), sin ella ni con toda tu voluntad lo hubieras logrado; y con tu gran esfuerzo.

Si estuvieras en la espiritualidad y no en el *bluf* de lo nice no verías a los seres humanos como inferiores o superiores por su aspecto físico o por el dinero que tienen. Eso es de seres superficiales. Los verías con respecto a su conciencia y evolución. Ahí se ve qué clase de ser eres, no en lo físico. Estás jodida si sigues pensando así.

Para el mundo, yo siempre fui antiestética, chueca, pero aprendí desde chica que ésas eran mamadas. Sin embargo, parte de mi evolución es cuidarme físicamente, ver por mi salud. Lo verdadero son los valores, la trascendencia, lo que me dijiste que querías lograr, pero todo a su tiempo.

No estás repasando *Viaje a Ixtlán*, ¿verdad? Tener memoria y conocimientos, te lo repito, no significa evolucionar sino saber más. Te escribo como la maestra que elegiste, pero sigues siendo libre de elegir tus pensamientos y acciones.

Bendiciones y luz.

No discuto sobre mi idea de la novia de mi hermano, perdí el sentido por completo, no soy nadie para juzgarla. Retiro lo dicho. En cuanto al resto, me dijiste que yo era un águila, que no tenía que ser un pollo de corral. Y cuando abro mis alas, me disciplino, me corrijo, me aplico y quiero volar alto, no te parece y me llamas *blofera*, superficial, poco espiritual. Tú crees que he perdido el piso por completo cuando siento que nunca he estado más con los pies en la tierra. Y, me vas a perdonar, pero le chingo, me disciplino y me esfuerzo, por lo tanto sí soy mejor que otras personas. Es como si te dijera que eres igual a cualquier otra persona con polio (no, mi reina, tú te paraste y tienes los *güevos* de hacer lo que haces, te ha costado llegar a donde estás, por eso no eres igual). Estaría muy mal si te pusiera al mismo nivel. Significaría que no tengo valor por tus esfuerzos ni tu coraje. Es lo que tú estás haciendo conmigo. Si no importa lo que hagas y todos somos iguales, ¿para qué trabajamos? Mejor nos tiramos a la *güeva* y a la inconciencia, finalmente, todos somos iguales, ¿no? En esencia, todos somos lo mismo, hijos de Dios y amor, pero me rehúso a pensar que alguien que no quiere despertar y sigue la ley del mínimo esfuerzo, sin trabajo personal, sea igual que yo. No. Esto no lo acepto por ningún motivo. ¿Por qué una gorda va a ser igual a mí, si yo me disciplino el pico, me chingo haciendo ejercicio y ella no? ¿Por qué tengo que verme igual que ella? Ni madres. Para eso trabajo, para trascender, incluso a mí misma. Y, sí, como no me fui contigo significa que estoy de la chingada y soy una pendeja superficial a tus ojos, me pone muy triste, pero eres libre de pensar como quieras.

No estoy repasando *Viaje a Ixtlán* porque no me dices nada, sólo me escribes para decirme lo mal que estoy. Te dije que todo había cambiado. De un segundo a otro pasé de ser alguien que pudieras entrenar en potencia, a una gran materialista y superficial.

Coral:

Por favor, vuelve a leer lo que te escribí. Lee, no interpretes. No te juzgo, te subrayo lo que estás haciendo, la diferencia entre ego y evolucionar.

14 de diciembre

No fue el mejor día, entre tu correo y un correo que me envió mi mamá, me trastornaron.

De: Mother
Para: Coral

Cory, ayer tu papá y Diego encontraron en el clóset un turrón mordisqueado a la mitad encima de la caja. Me llamaron para preguntarme sí sabía quién había sido. No sé por qué, pero viniste de inmediato a mi cabeza. Las posibilidades de que hubiese sido alguna de las muchachas las considero mínimas, pues se hubiesen llevado toda la caja o hubieran tenido el cuidado de no dejar pedazos. También pensé que como Mayita está aquí, quizás le abriste la caja, no le gustó el turrón y lo dejaste ahí. Si fuiste tú, te pido que tengas cuidado la próxima vez que abras un paquete de comida o dulces, vuélvelo a cerrar, si no, acabaremos con cucarachas y roedores en casa.

Este tema dio vueltas en mi cabeza y me trajo otros pensamientos con respecto a ti. Hija, aprovecha todo lo que te doy. Me causa ansiedad presentir o ver que no estás aprovechándolo. Sé que te chocan estos correos, pero no veo otra manera de decírtelo. A veces olvidas que no soy tu maestra, ni tu guía espiritual, ni mucho menos, soy tu madre.

Te he dicho que nunca esperé que mis padres me comprendieran, al contrario, fui yo la que los entendió y comprendió. Lo único que hice fue ponerme en sus zapatos. Un día me dije, "Qué puedo esperar de una madre adolescente, que me tuvo a los 20 años y ya tenía otros dos hijos, y a los 25 tenía cinco hijos, que sólo estudió la primaria, que se casó a los quince. Y de un papá que desde los 5 años se quedó sin padre, con una madre controladora, obsesiva y neurótica en los años 30", porque no es lo mismo ahora crecer sin padre, que en aquellos tiempos.

Te he contado que cuando salimos del pueblo, tus tíos y yo, el único consejo que recibimos de tu papá grande fue, "No se metan en líos porque no los vamos a ir a sacar". Y de mi mamá, "No vayan a meter la pata, porque se van a tener que casar". En esos tiempos si embarazabas a una chica o una chica se embarazaba, a fuerza se casaba.

Hija querida, ¿hasta dónde crees que podría haber llegado con esos consejos? ¿Cuáles son los alcances emocionales y psicológicos de estas ideas? Mi entorno familiar y cultural fue precario, vivía en un pueblo y siempre escaseaba el dinero. Mi vida fue autodidacta, yo misma me aconsejaba, tuve que descubrir lo que me convenía y lo que no, jamás alguien me dijo que hiciera esto o aquello. Por eso, a los 14 años me prometí a mí misma que mis hijos siempre iban a poder estudiar todo lo que quisieran.

Aquí estoy dando la respuesta de por qué me enerva ver que desaprovechen las oportunidades que les damos. ¿Te imaginas que tu otro hermano hubiese sido hijo mío, con sus talentos, cuánto no lo hubiese apoyado y en dónde estaría?

Tuve una infancia feliz, una adolescencia muy triste y una juventud que no disfruté porque estaba llena de responsabilidades que asumí y afronté. Te digo esto porque no todos son como yo, la mayoría hace caso omiso a sus responsabilidades y vive la vida como va.

Creo que las energías rectificadoras están en todo su apogeo. Hace tres días empecé a comer lácteos y cosas que no me van, y se me desató la alergia y la hinchazón. Los efectos de cualquier cosa que hiciéramos o comiésemos mal tardaban días o quizás meses en manifestarse, y ahorita ocurre de inmediato, no hay tregua.

Tienes otra vida y circunstancias muy diferentes a las mías. Me causa ansiedad sentir que no lo aprovechas. Te lo digo para despertar el sentido de responsabilidad de lo que se te otorga. Reflexiona esta frase de Jesús: "El que mucho recibe, mucho le será exigido".

Al sentimiento de fastidio y de enojo que de seguro te dará después de leer lo anterior, le respondo que si no quieres que te exijan, pues no pidas, así de fácil. El problema es que quieres todo sin pagar nada, créeme, hija querida, eso no existe. En la vida todo tiene un precio. Ahora recuerdo otra frase de Jesús: "No tires perlas a los cerdos", esto significa que no hay que desperdiciar nuestra energía, tiempo y dinero en personas que no valen la pena. Hay que asumir la vida y sus circunstancias conforme lo que deseamos. Si quieres mucho, tendrás que esforzarte mucho, pero no exijas a los demás el esfuerzo que te niegas ti mismo. ¡Lo que hubiese dado en mis años de juventud! Si hubiese tenido a alguien apoyándome y guiándome. Aprovecha con gratitud esta prerrogativa que la vida te concedió. Y nunca olvides que durará un tiempo, no para siempre.

Hija, desde lo profundo de mi corazón deseo que aproveches totalmente, y no parcialmente, lo que la vida te da. Mantente atenta. Descúbrete a ti misma, vales más de lo que piensas.

Y yo le contesté:

¿Crees que no aprovecho lo que me das? Me la paso en la computadora, yendo a México, preparándome, tú lo has visto porque me vigilas todos los días, y ni en tu rol de espía puedes ver que estoy trabajando. No puedo esperar nada diferente de ti, nada te satisface. Eres como un hueco que nada ni nadie puede llenar, ni tú misma. No quiero ser tu pretexto por el que acabas descarrilándote y te pones a comer. Si quieres, hoy mismo hablo con los chavos que me ayudarán a entrar a Stanford y les pido el dinero. Ya basta. Si te la pasas o no comiendo es tu problema y tu responsabilidad, y nos liberas a todos de tus responsabilidades, principalmente a mí.

No me contestes este correo con un batazo regresándome la bola, esa manera que teníamos de tratarnos ya expiró. A pesar de todo, dejé de responsabilizarte de mi bulimia, incluso cuando no puedes evitar sacar tus nefastos comentarios, lejos de ayudar, perjudicas. Estás lejos de ser el ejemplo de alguien que tiene una relación saludable con la comida y a pesar de eso no te culpo. Lo hago por mí y por mi bienestar. Por tu bien te lo digo, finalmente, yo no me pongo de pechito con tus agresiones diplomáticas, ni te las compro como antes. Nunca vas a cambiar y por eso tienes razón, no busco que me comprendas, yo te comprendo a ti. Si te parece que no estoy aprovechando nada, pues ya no le seguimos, te devuelvo tu dinero y ya, si mañana vuelves a comer "tus pecados", es cien por ciento rollo tuyo. Te recomiendo que en tu juicio interno nos declares inocentes a todos. Si no, seguirás corriendo en círculos; aunque no estés endeudada, sin mi papá, sin mí, sin nadie, te apuesto que seguirás comiendo lácteos.

Sé que te ultrachoca que te diga tus verdades y probablemente después de este correo pasarán dos cosas: 1) me llamarás y me quitarás todo, o chance me corres y me dices que me largue con mi papá, o 2) me contestas un correo de seis cuartillas justificando y atacándome, tirando a matar. *I know you*. Ojalá reflexionaras.

En cuanto a mí, dime si le pido el dinero a Adriana de regreso y cancelo mis clases con las Vélez, para que no tengas ansiedades y no comas por "mi culpa". Total, como no estoy haciendo nada, ni esfuerzos ni nada, pues para qué tirar el dinero, ¿no?

Y ella respondió:

De: Mother
Para: Coral

Cory, no me la paso vigilándote, es mi casa y puedo andar por donde quiera. No sé a qué te refieras con que no he cambiado. No lo entiendo, que yo sepa sigo siendo la misma y jamás he alardeado de cambios ni nada. Por lo demás, tienes toda la razón, debo dejarme de excusar en mis hijos, mi esposo y demás pretextos. Veré qué hago al respecto, algo se me ocurrirá.

Te amo y de verdad tienes todo mi apoyo incondicional. Reconozco el gran esfuerzo que estás haciendo, te lo digo con el corazón, y disculpa si hay veces te hago sentir mal, no es mi intención. Procuraré ser más amorosa.

P.D.: Dime que me quieres y que no estás enojada conmigo, si no, me voy a ir a comer un pastel entero, jajaja. Te amo, hija querida.

Momy

Y yo le contesté:

Mamá no te quiero, ¡te amo con toda mi alma! Si te vas a comer un pastel, está muy bien. Si no te vas a sentir mal, física o emocionalmente después, jajaja. No estoy enojada contigo, te entiendo y no te juzgo. Te amo, madre hermosa.

15 de diciembre

Me he alejado de Dios, desde antes de que me mandaras el correo por el que estoy como gallito de pelea contigo. Me enganché otra vez con mi vanidad, con mi arrogancia, con mi ambición, con mi prepotencia, empecé a sentirme lejos de Dios y de ti. Maestra, fui tan arrogante que llegué a pensar que no te necesitaba, que a lo mejor ya había hecho lo que tenía que hacer contigo y que ahora debía tener planes nuevos. Tienes toda la razón, no es tanto lo que estoy haciendo, ni mis planes, sino desde qué posición estoy, qué está motivando mis acciones, qué hay detrás de eso. Que no puse a Dios primero.

Me comprometí a que él estaría primero, que estaría bajo su servicio y sus órdenes, y lo olvidé por un momento. Sin Dios nada de lo que he logrado hubiera sido posible. Sin él, no voy a lograr nada en un futuro, ¿qué carajos me hace olvidarlo? En Alcohólicos Anónimos dicen que el borracho recae porque cuando se empieza a sentir bien deja de ir a sus juntas y no toma su medicina. Así me pasa a mí. Todo empieza a salir bien y dejo de tomarme mi medicina y, por supuesto, poco a poco vuelvo a enfermar. Como viste en los correos de mi mamá, por primera vez en la vida, aceptó las cosas. Esperaba que me corriera de la casa porque le dije sus verdades. Primero está mi relación con Dios, mi padre; contigo, mi compromiso con mis libros, y luego todo lo demás.

Elijo regresar al camino. ¿Recuerdas que te dije que mi trabajo no era llegar al punto donde todo estuviera bien, sino mantenerme? Así que no sé por qué chingados estaba cantando victoria, en un año hablamos.

16 de diciembre

En la noche hablé con Brad antes de dormir, es un gran ser humano. Tengo buen radar para los hombres buenos, con cualidades valiosas. Los hombres que han sido importantes en mi vida son grandes almas, con grandes cualidades.

Antes de eso, en la tele pasaron *El rey león*. Esa película ha sido muy especial para mí, sus mensajes me llegan profundo. En especial la escena cuando el padre se le aparece entre las nubes y le dice a Simba que ha olvidado quién es y con eso lo ha olvidado a él: "Recuerda quién eres". Desde que tenía 7 años siempre sentí que mi Padre me hablaba a mí, que algo me decía que recordara quién era, que lo había olvidado todo. Esta escena tiene mucho significado, pues sé que Dios vive en nosotros y que olvidamos quiénes somos. Vivimos perdidos como Simba, tristes, vacíos; se nos olvida el gran poder que llevamos dentro y las grandes responsabilidades que implica ser hijos de Dios. ¿Qué casualidad, no? Sé que mi padre me envió esa escena, porque yo lo olvido. Es como sufrir una amnesia crónica.

Coral:

Mi trabajo personal aquí ha sido muy mágico y enriquecedor. Mi grupo de guerreros es de otro nivel. Estoy feliz. La energía es especial, hay muchísima paz, aprendizaje, por eso le dicen "pueblo mágico". Estoy sana. La casa que renté está en la laguna, así que nado diario.

Ojalá puedas empezar el año aquí. Haremos muchas cosas de energía y nos divertiremos mucho. Aquí tienes casa y lo que necesites.

Bendiciones y luz.

Pensar sobre cómo funciona la atracción de dos seres, qué es lo que hace que te guste alguien. Es común creer que el físico es lo primero, incluso dicen que "el amor entra por los ojos". En lo personal, siento que *thats BS not true*. Siempre me pregunté por qué jamás me gustaron ni me sentí atraída por los típicos populares más guapos de la escuela. Con el tiempo, he descubierto que la atracción ocurre a nivel energético y no físico, el físico no es poderoso por sí solo. Lo físico dura una noche, lo que dura más y se mantiene es energía.

Aunque las cosas no sean obvias, nada en el mundo físico lo es. Un alcohólico está con una alcohólica o con una codependiente. Jodidos con jodidos, sanos con sanos. Lo que no es así, no dura. Un jodido y un sano pueden juntarse pero poco tiempo. El sano saldrá corriendo a los pocos meses. Por eso hay que trabajar mucho con nosotros mismos, no podemos pedir a nuestra pareja algo que no somos.

Todo esto salió porque me siento atraída por un señor casi cuarenta años mayor que yo. Lo que me atrae es su trabajo, lo que hace, cómo ve la vida, cómo actúa, sus valores, con orden y éxito. *I find that very hot.*

18 de diciembre

Me desperté con un mensaje de Brad, en el que me decía que la mamá de su ex esposa tiene los días contados, se va a morir y está muy triste. La muerte es todo un tema. Cuando me muera quiero que la gente celebre. Me gustaría que me hicieran una ceremonia de transición, no de final, que la gente estuviera contenta. Cualquier lugar es mejor que la tierra. Imagínate que cuando te mueres todas tus debilidades, tus defectos de carácter, tus obsesiones, tus enfermedades, tu limitación, todo se va, eres un ser libre, y lo único que sientes y que eres capaz de experimentar es amor y todo lo que de él nace, paz, felicidad, bienestar. Morir es algo muy bueno. Deberíamos estar contentos cuando nos llega la hora.

Los seres humanos tenemos un gran problema con la idea de "dejar ir" las cosas. Hay que profundizar en el tema pues, por naturaleza, nos apegamos a las cosas, las creencias, personas. Somos seres cien por ciento dependientes. Y a diferencia de otras cosas de la vida, la muerte no está sujeta a discusión, nadie te pregunta si estás listo o no. Por eso la gente le tiene tanto miedo, porque está fuera de su control y el ser humano no puede vivir sin control, se vuelve loco. La muerte es una bendición, es un barco a un lugar mucho mejor.

El hombre, creado a imagen de Dios, es tan poderoso como Él. Así, pues, ¿por qué se muestra tan débil? Porque ignora dónde está su fuerza. Y su fuerza no está en su capacidad de exigir, de imponerse, está en su poder de decir no. Esto significa que nadie en el mundo puede obligarle a hacer lo que él no quiere. Incluso, si todo el infierno se uniera contra él para forzarlo a actuar contra su voluntad, el infierno no podría presionarlo. ¡E incluso Dios no puede obligar al hombre! Es por ello que, si el hombre supiera dónde está su verdadero poder, resistiría a todas las seducciones, a todas las tentaciones, no cometería ningún acto dañino. Si comete crímenes, es porque los consiente. Los espíritus tenebrosos del mundo invisible tienen el poder de tentar al hombre, de ponerlo a prueba, es Dios mismo quien les ha dado este poder. Leed, al comienzo del Libro de Job, la conversación de Dios con Satanás. Pero el hombre siempre tiene el poder de decir no. Es la ignorancia de su origen divino que lo hace tan débil ante el mal.

Omraam Mikhaël Aïvanhov

Esto resume todo lo que he hablado contigo, lo de mi bulimia, mi alcoholismo, mi ansiedad. En mis procesos de sanación consideré los siguientes diagnósticos:

- Cuando tomaba alcohol pensaba que abría mi aura, por la cual se me pegaban energías negativas y entidades que pudieran actuar a través de mí.

- Podría estar poseída, tener entidades de la oscuridad pegadas a mi tubo de luz.

- Que era genético. Mi papá es alcohólico y dicen que el alcoholismo se hereda, entonces, a *güevo* tenía que ser alcohólica por culpa de mi papá.

- Todos mis traumas emocionales almacenados en mi cuerpo físico originaron enfermedad.

- Mis creencias mentales de las cosas.

- Que era karmático, consecuencia de algún hecho negativo en mis vidas pasadas.

- Que tenía alguna fidelidad con mis papás. Ya sabes, la teoría de constelaciones familiares.

- Que tenía los químicos cerebrales hechos pedazos.

Te puedo seguir enumerando responsables de que estuviera yo en el hoyo. Finalmente, hice lo correspondiente para sanar. Fui a constelaciones familiares mil veces, limpias, psicólogos, grupos de AA, estuve internada en clínicas de adicciones, con nutriólogos, todo, y claro que me sirvieron. Ninguno jamás me sacó de mis problemas al cien por ciento (ojo, con esto no digo que estas cosas no funcionen). Hablo de mi experiencia personal, de mis resultados y mis creencias. Todos esos programas y técnicas ayudan hasta cierto punto, jamás te van a resolver el problema, porque el verdadero problema es uno mismo, nuestras creencias, nuestra percepción limitada de las cosas, las ilusiones en las que vivimos. No hay que luchar con eso porque el inconsciente es mucho más poderoso que el consciente. Hay que conocerlo, observarlo. Las terapias ayudan a empezar la excavación hacia la raíz, pero no son el fin, son herramientas.

Debemos ser responsables de todo. Cuando me tiraste mis teatritos me cambió todo. Hoy me siento poderosa y responsable. Ojalá todos pudieran, aunque sea por un segundo, experimentar esta sensación de poder. Ése es el verdadero poder.

19 de diciembre

En Año Nuevo iremos a cenar a un restaurante. No tengo ganas de empezar mi año ni en ruido ni en fiesta ni en nada. Varios años he empezado el año en la sobriedad y el silencio. Hay quienes dicen que como empiezas tu año, se desenvuelve el resto. No sé si esto sea cierto o no, pero me gusta el silencio y la soledad, soy ermitaña como mis papás.

Veo que hay una gran necesidad por la meditación. Se piensa que ahora es tiempo de trabajar con uno mismo. Es lo

M·M
T ✓
Pos   PESADILLA -JA·JA·

mismo que opino sobre la mediocridad, uno estira la liga hasta que está a punto de romperse, "entonces si hago algo..."

Para mí el 21 de diciembre es como cualquier otro día. Mi trabajo personal y mi meditación no van a ser más o menos dependiendo la fecha. Hay que chingarle todos los días, hay que estar atentos en qué fallamos, en qué hay que trabajar más, hay que dejar ir, no hay que sucumbir, hay que fortalecer nuestra conexión con lo divino y ponernos a su servicio, ésas son las reglas de oro.

20 de diciembre

Lo primero que hago en la mañana es meditar y orar. El 21 de diciembre será un buen día para fijar nuevas metas o para corregir cosas que no me han funcionado. Hoy tengo la oportunidad de corregirme, de soltar, de dejar ir creencias y patrones que no sirven más en la nueva era. A pesar de que me cuesta mucho trabajo dejar ir, siempre lo acabo haciendo. Abriré mis brazos y recibiré las energías emanadas por la alineación de los planetas.

Ayer vi a mi ex. Platicamos mucho, nos dijimos nuestras netas. "Cuando tronamos no sabes el trabajo que me costó dejarte ir, aceptar que no era tu novio, que no te tenía, pero después de mucha reflexión lo acepté. Debo aprender a estar sin ti y lo estoy haciendo. Acepto todo, pero no quiero que dejemos de vernos ni de hablar, no te pido que nos veamos diario ni nada, sólo ocasionalmente. Tú sacas lo mejor de mí. Cuando te conocí, estaba en la pendeja muy cabrón y lo sabía pero no podía salir de ahí. Tú me enseñaste el camino y ahora lo sigo. Me costó mucho ver cómo te desapegabas de las cosas y de la gente con facilidad. Ahora respeto tus procesos, elijo esperarte, voy a trabajar para que estemos juntos." ¿Cómo le voy a pedir que me espere si no lo quiero? No entiende que mi amor por él cambió. Mi trabajo es hablar con la verdad, mi prioridad soy yo. "No te aferres a mí ni a la idea de mi vida porque a lo que más te aferres el universo te lo quitará, para que aprendas a ser un ser libre", concluí. Con el tiempo él me superará, nadie se ha muerto de "amor" y lo hará en paz.

21 de diciembre

¡Seguimos vivos! Jajaja. Fue la posada de la familia de mi papá C, a la que toda la familia está invitada menos mi hermana y yo, porque no somos sus hijas biológicas. Para ellos nosotras no formamos parte de su clan. Es que la matriarca es muy religiosa y, como mi papá se divorció de su primera mujer, tal vez piensa que vive en pecado o algo, aunque está casado con mi madre. A nosotras siempre nos han excluido de ese tipo de eventos. La familia de mi padrastro jamás nos aceptó desde hace veinticinco años, pero por alguna extraña razón ayer sí lo sentí.

Hicieron una especie de dibujo de toda su familia. En una esquina sale la familia de mi papá, incluso mi mamá y mi hermano, mi hermana y yo, *nowhere to be found*. Eso me recordó todo lo que viví de niña, las diferencias, me sentía como separada, sin núcleo, que no pertenecía. Esa herida todavía se activa. No es casualidad todo lo que pasó y todo lo que recordé. Ayer para variar me peleé con mi mamá, me gritó y la confronté. Acto seguido, adiós dinero. Me escribió esto: "Pídele a las Velez mi dinero de regreso y ve a qué te vas a dedicar. Sin hacer nada en mi casa no te quiero, estoy harta de que tu punto de referencia sea lo que hace tu hermano, siempre sintiéndote desplazada por todos, ya me hartaste, haz lo que quieras. De regalo de Navidad me encantaría que te fueras a vivir con tu padre biológico, son tal para cual".

La primera vez que mi mamá me corrió de la casa yo tenía 6 años. La esposa de mi papá biológico fue a recogerme porque mi otro papá estaba en África. Le respondí a mi mamá que con mucho gusto me largaría de su casa cuando mi papá me corriera. Mi mamá me ha corrido de la casa como treinta veces, sin exagerar. En este momento de mi vida no tengo a dónde ir, más bien nunca, mi papá biológico no tiene espacio para mí, en fin, el *show* continuó, fue el pleito del siglo.

Primera escena: mi madre entrando a mi cuarto a las 7 a.m. "Tu papá está muy enojado porque no vas a ir a tu clase de GRE". "¿Ya le dijiste por qué?" Se puso súper rudo el asunto.

Segunda escena: "Mira, Coral, eres una manipuladora hi-pócrita. No es posible, lárgate de mi casa, ya no te soporto". "Mira, si te enoja que te diga tus verdades, pues ni modo, si no estoy yendo a mis clases de GRE no es porque no esté de humor, sino porque no me diste el dinero que quedaste." "¿Sabes qué? Quiero que te largues de mi casa." "No me voy porque ésta es casa de mi papá y si él quiere, que él me co-rra." Seguimos discutiendo y que le saco el hecho de que "su suegra nunca la ha aceptado". Ahí valió madre todo.

Tercera escena: empezó a gritar como loca, "hipócri-ta, víbora, eres una víbora, manipuladora, lárgate", y se fue corriendo a acusarme con mi papá. Obviamente, a los diez minutos me llevaron a la silla del juicio. Estábamos en una recámara, yo en medio y ellos frente a mí a punto de tirar a matar. No era nada extraño, desde los 5 años viví la expe-riencia de la silla eléctrica. Mi papá empezó a decirme "Coral, primero que nada, quiero que le pidas una disculpa a tu mamá (como si yo le hubiera dicho hipócrita, víbora, manipuladora, mentirosa) por lo que acaba de pasar. Te he dado lo que he podido, pero tú tienes a tu papá. Te permito que vivas en mi casa y uses mis cosas porque te quiero y te estimo, pero mucho de lo que te he dado es por tu mamá. Yo le doy a ella y ella te da a ti. Tú ya eres mayor y nunca, ni por error, has producido un peso; bueno, ni por dignidad. Te hemos apoya-do en todo, tu mamá en contra de mi voluntad ha hecho y te ha dado cosas en las que no he estado de acuerdo, pero la hago responsable al cien por ciento de lo que decida hacer contigo". Y empieza mi mamá: "Dile de quién es esta casa, porque no entiende". "Esta casa está a mi nombre pero es de tu mamá. En esta casa tu mamá siempre tiene la razón y siempre se hará lo que ella quiera, ella manda. Tu estancia aquí depende de lo que ella decida." Mi mamá montada en su neurosis continuó, "Y dile por qué tu mamá no me quiere". "Coral, primero que nada, no tengo que darte explicaciones a ti de mi familia ni de nada en relación a mí y a tu mamá (tiene toda la razón del mundo, ella me acusó y se molestó). Mi familia es muy conservadora y tiene sus creencias y sus cosas." Ya lo sé, no es culpa de mi papá que no nos acepten a mi hermana y a mí, no lo culpo y, a pesar de que me lastimó, tampoco tengo resentimientos ni juzgo a su familia. Mientras tanto, mi mamá seguía gritando histérica: "Lo mejor es que te largues de aquí". En todo esto permanecí quietecita y calladita en la silla al tiempo que era bombardeada.

Yo tenía razón, hubo injusticias en la casa en relación a Diego y a mí. Mi papá tiene una gran inteligencia emocional, muy por encima de nosotras, eso lo reconozco. "Miren, vamos a pasar las fiestas y después, el 25, con calma decidimos qué vamos a hacer." Terminó la ejecución.

Me quedé pensando sobre la dignidad, me he humillado por dinero. No es la primera vez que mi mamá me insulta y me corre como si fuera su sirvienta. Cuando peleamos normalmente nos reconciliamos pronto, se arrepiente de las cosas que me dice porque son muy fuertes e hirientes, y como le entra la culpa, su manera de pedirme perdón es dándome dinero para algo, y yo lo he aceptado mil veces. Tampoco me hago la víctima, cuando me han confrontado de por qué no me he largado con tratos así, veo que tampoco me quedo *out of the goodnes of my heart*, si soy honesta, me quedo porque mis ganancias secundarias son muchas, tengo una casa preciosa, servicio, dinero, comodidades.

Esto no es exclusivo mío, cuando estamos en situaciones tóxicas y no las dejamos ir, es porque hay ganancias secundarias. Cuesta trabajo tener el valor de verlas y aceptarlas porque te das cuenta de que no eres víctima, que tienes el poder de elegir diferente. Incluso las enfermedades, como el alcoholismo y los desórdenes alimenticios, o cualquier otra, siempre hay una razón por la que no queremos sanar, a nivel inconsciente encontramos en la enfermedad un tipo de seguridad, ¿por qué querría sanar?

A las anoréxicas les encanta la atención que despierta su falta de peso. Una amiga me lo confesó. Obvio, son cosas escondidas, del ego y disfrazadas. ¿Qué perderían si estuvieran sanas?

No puedo seguir así, pero no tengo ni en qué caerme muerta, no me emplean, estoy a la mitad de mi proyecto, ¿con quién chingados voy a ir? Se me ocurrió llamarle a mi her-

LAS POSIBILIDADES

mana, pensé en pedirle asilo unos meses hasta que salga mi libro. Le llamé y le conté lo que había pasado con mi mamá, le pregunté si podía darme asilo dos meses: "Hermana, techo puedo darte, frío no vas a pasar, pero más no puedo. Tienes que ser realista y tener un plan de acción (como diciéndome, *güey*, lleva la fiesta en paz con mis papás, porque todavía los necesitas). Tú eras muy chiquita cuando mi mamá se casó con papá, yo sí viví todos sus divorcios. Hay algo que todavía no entiendes, y no te culpo, pero lo que te estás dando cuenta ahorita, yo lo supe desde los 10 años. Yo me sentí como el accesorio cuando mi mamá se casó con tu papá biológico y, luego, cuando se casó con papá. Siempre supe que ésa no era mi casa, ni mis cosas, ni que nada de lo que tenía era seguro, en cualquier momento, él podía divorciarse de mi mamá y tú y yo perderíamos todo. Tuvimos cosas, pero nunca fueron nuestras, ni las serán. Aunque suene horrible, me sentía como la arrimada, a la que le tocó vivir de pilón. Sabiendo esto, le eché ganas a la escuela, me apuré a trabajar, a independizarme y a formar a mi familia, a tener un lugar donde sí perteneciera. Y tú caíste en la ilusión, sí te creíste hija de él, te creíste igual a nuestros hermanos y por eso te dabas de topes con la pared".

Mi hermana tiene razón. Qué doloroso despertar a esta realidad, donde nada es verdad, donde nada me pertenece, donde no tengo nada seguro, donde no tengo una familia real, porque ni mis hermanos nos consideran sus hermanas. Todo es diplomático, es muy bonito pretender, pero cuando las cosas se ponen feas, eso se rompe y no hay nada. Si mi mamá decidiera correrme, mi papá (ese señor que yo llamo papá) no haría nada por detenerla ni por defenderme, porque mi madre va primero que yo, ¿en qué estaba pensando?

Acaban de llegar mis hermanos a comer. No estoy de humor *to play happy family*, hoy prefiero irme con mi papá biológico, al menos él me acepta y me quiere. Nunca me dio pero tampoco me quitó.

Tengo un corazón poderoso

22 de diciembre

"Bendita sea la Nueva Era, ubicada en mi lugar". ¿Quién eres? Soy hija de Dios, todo poderosa y omnipotente, mi esencia es amor y sólo eso soy. En esta tierra elegí venir con un rol. Soy hija de papás divorciados, cada uno vuelto a casar, tengo un padrastro y una madrastra a quienes quiero muchísimo. Tengo tres medios hermanos y cuatro hermanastros. Ésa es quien soy yo en esta tierra. Bendita sea mi realidad.

Me siento feliz de estar fuera de una ilusión y haber vuelto a tomar mi verdadero lugar en el mundo, como soy. Por muy doloroso que fue y puede ser despertar de un sueño, respirar el aire de verdad y libertad no tiene igual.

Ayer pasó mi papá biológico por mí: "Coral, tenemos que hacer algo contigo. No puedes seguir dependiendo de tu mamá, ni de mí, ni de nadie. Tienes 28 años. Con todas tus grandes virtudes era para que estuvieras ganando el triple que cualquiera de nosotros. Tienes una gran presencia, una gran belleza física, una gran inteligencia, eres culta, hablas tres idiomas, estás bien preparada, has tenido una educación con la que algunos no podrían ni soñar, tienes infinitas posibilidades, ¿por qué no lo tomas?" No entiendo por qué nunca he conseguido trabajo. No soy floja. Acordamos que no puedo seguir viviendo así, y menos con mi madre, no podemos vivir juntas. Mi hermana cree que mi mamá y yo tenemos una relación tóxica, nos amamos y nos odiamos. Es difícil de creer pues es la persona que más me "debería" querer en este mundo.

Después de comer recordé las palabras de Marianne Williamson, "¿Se han dado cuenta alrededor de quién se caen y cometen errores? Alrededor de la gente que está esperando que te caigas y cometas errores, ahí es donde tendemos a caernos, y cuando estás con gente libre de pensamientos contra ti, alrededor de ellos puedes brillar, y es cuando sale la mejor parte de ti". Es verdad, ayer lo viví.

Trabajo todos los días en liberar a mi mamá de mi juicio porque si la juzgo la perjudico a nivel energético. Mientras siga en su casa no me sentaré a la mesa de la realeza a comer. Ésta no es mi casa, mi casa será un lugar donde sea libre, un lugar que me proteja incondicionalmente, que me reciba en armonía, que me dé seguridad. Mi casa será un hogar.

La peor técnica que un padre puede aplicar es correr a sus hijos de la casa. Si un papá le dice a su hijo que donde vive es su casa, que lo cumpla, que la haga su casa; si no, mejor que le diga "es mi casa, pero te dejo vivir aquí con reglas". Eso es hablar sin rodeos.

23 de diciembre

En mis oraciones matutinas pedí que el problemón con mi madre sea transmutado, que toda esa energía y ese dolor se transforme. De esta situación afirmé que saldrían cosas positivas y buenas. Pedí por la felicidad de mi madre y por su paz.

Coral:

Lo que vives es la realidad que has elegido, y como todo en este plano terrenal tiene un precio, tú decides lo que quieres. Yo no uso técnicas, yo respondo como maestra a la voz del Maestro.

Te he dado luz para que decidas acerca de la relación con tu mamá. Tuviste varias opciones como quedarte en San Diego o venir para acá, y muchas más. Pero tu mamá te sedujo hacia ella y caíste, ¿para qué? Para vivir lo mismo. Espero que no estés vomitando de nuevo.

Tus decisiones tienen consecuencias. Aprende de ti, ¿qué haces para que ella reaccione así? Tocas sus heridas. ¿Eso es espiritualidad y crecimiento? Tu mamá y tú están muy lejos de la conciencia de sí mismas, con todo y sus mil cursos.

Bendiciones y luz.

24 de diciembre

Mi mamá y yo no tenemos una relación madre-hija, más bien parecemos pareja, cual novios que se destruyen y no pueden separarse. La típica *love-hate relationship*. No sabes cómo me choca todo esto.

Hoy en la mañana nos "reconciliamos". Ya no me corrió de la casa, las dos lloramos, me dijo que me seguiría apoyando en lo que me hace crecer. Habló conmigo, dijo que nunca me dejará sola, que hará lo posible por corregirme y verme volar, que quiere lo mejor para mí, que es severa conmigo porque quiere que despierte, que la vara suave no funciona, que me seguirá apoyando económicamente pero que no va a tolerar que le falte al respeto, ni que me meta en su relación. Yo le dije que tenemos una relación muy viciada, que nos clavamos la espada y después nos sanamos las heridas para abrirlas después. No podemos vivir juntas, pero no podemos separarnos. La manera en la que la lastimé ayer (y te juro que fue sin querer, no pensé que mi comentario iba a desatar la tercera Guerra Mundial) es la misma en la que lleva lastimándome a mí 28 años. Ella tiene escudo y quien la proteja (mi padrastro), yo no. Desde siempre ando sola con mi alma, a ella, su escudo la apapacha y la protege, y el mío, que supuestamente hubiera podido ser ella, se burla de mis sentimientos las pocas veces que me he abierto, me insulta y su sarcasmo tan diplomático ha quebrado mi espíritu.

Mi familia es tan conservadora, tan diplomática, tan "bien hecha", que clavan la espada poquito a poquito. No creo que se den cuenta del poder de sus palabras. A pesar de todo me da miedo dejar a mi mamá porque en el pasado no he podido. Le llamé a mi papá biológico y le conté la situación. Dijo podía irme a su casa cuando quisiera pero que tengo que trabajar en algo. No sé qué hacer, porque cuando estoy enojada tomo malas decisiones.

Ahora voy a Cancún, veré a Brad.

No he vomitado, lo curioso de todo es que estos días que he estado emputada y alejada de mi mamá, mi ansiedad con la comida es mucho más manejable. Mi mamá creyó que después de que me dijo que otra vez todo normal y que me seguiría apoyando económicamente, iría corriendo a decirle que sí, pero mi respuesta fue, "Mamá, entré a mi realidad, ésta no es mi casa, tengo otros lentes puestos, tengo que pensar bien qué voy a hacer, dame unos días". Y, *uf*, empezó: "Bueno, ¿te puedo dar un consejo? Tengo 56 años de vida y de pendeja no tengo un pelo (*she is got a point*), aprovecha todo lo que te puedo dar, estudia, ten logros que te hagan sentir orgullosa de ti misma, tienes madera para ser muy exitosa, no tomes una mala decisión, Coral, una mala decisión se paga muy caro".

Mi situación está muy cabrona, prefiero sufrir en una mansión que en un cuchitril. No quiero sufrir, ya no puedo.

Necesito ganar dinero, independizarme y dejar de ser una carga para mi familia. Es de la chingada ser la causa del por-qué las cosas no funcionan aquí. Estoy confundida. ¿Cómo corregir y sanar la relación con mi madre? Ubicarnos en la po-sición que nos corresponde, porque andamos muy desubicadas y perdidas.

Con la comida voy bien. Mi problema con la comida era mi gran ilusión de confort que tenía con ella, creía que me daba amor, compañía, diversión, paz. Con esta creencia arrai-gada en mi mente, ¿por qué chingados iba a querer dejarla? Ni la más chingona fuerza de voluntad hará que puedas abs-tenerte de algo que juras que te hace bien, aunque *you have it all backwards and wrong*. Por eso, en la medida que cambio mis creencias de raíz, es más fácil no atascarme, sólo em-piezo a ver las cosas en su justa dimensión. Logré quitarme esa ilusión. La comida es comida, nada más. Mi trabajo es no espantarme cuando me dé hambre y saber que está bien tener hambre y comer, aprender qué tipo de comida me va bien y qué no, en qué cantidad. Estoy aprendiendo. Tengo que hacer lo mismo con mi mamá. Despertar de mi ilusión. Cada vez despierto más a mi bendita realidad, sólo que pensando las cosas con la cabeza fría, no estoy tan segura de que mandar a la chingada todo (mi casa, a mis padres, Stanford) sea la solu-ción final. Definitivamente, las cosas no pueden seguir igual.

25 de diciembre

¡Feliz Navidad! Ya estoy Cancún. Me salieron unas rochas nefastas en el hombro. La primera vez que me salieron fue en 2006, luego se fueron y después regresaron cuando empecé el ayuno. Se van y regresan a su antojo, no sé qué las activa. ¿Cuál es la metáfora de la piel?

Durante el vuelo leí *Viaje a Ixtlán*. El capítulo: "La última batalla sobre la tierra" me estaba hablando a mí. Es muy parecido a todo lo que pasa en mi vida. "Por desdicha, los cambios son difíciles y ocurren muy despacio; a veces un hombre tarda años en convencerse de la necesidad de cambiar". Para mí, lo más difícil fue llegar al punto donde quiero cambiar. En mi experiencia, los cambios han sido difíciles y lentos, porque soy muy terca, no creo que la vida tenga que ser difícil y dolorosa, ni que para evolucionar uno tenga que pasar por cosas cabronas como yo, fondear. Creo que es una elección. Siempre tenemos el poder de elegir. Y por alguna extraña razón, siempre elegí el camino más pinche difícil, *tons*, he decidido cambiar mis tácticas.

"Un buen cazador cambia de proceder tan a menudo como lo necesita."

"No vas a poder frenarte fácilmente, sé que eres terco, pero no importa, mientras más terco seas, mejor serás cuando al fin logres cambiarte." Justo cuando leí esas líneas y las hacía mías, el avión empezó a moverse mucho. Me caga la turbulencia, generalmente pido permiso a los silfos (seres del aire) y me encomiendo al Espíritu Santo antes de viajar; también le hablo al avión y todo va bien. Pienso que los que viajan conmigo son suertudos porque vienen de gorrones en mis oraciones por un vuelo seguro y ameno. Mis aviones casi nunca se mueven, pero ayer sí se movió mucho, a pesar de ser súper miedosa a la turbulencia, ayer no tuve ni tantito, era como si entendiera lo que pasaba.

26 de diciembre

Fui a Playa del Carmen a cenar con Brad. Él ha editado alrededor de treinta libros en su vida. Me preguntó sobre el mío,

"Guau, estás muy involucrada y apasionada con estos temas, tu libro suena revolucionador, interesante, original. Me parece que será un éxito, sin duda."

Todo el día me asoleé súper relajada. Nadamos, platicamos. Brad dice que desde que me conoce es más consciente de su alimentación, que a pesar de haber tenido cáncer y haberse sometido a una operación para que le pusieran un reemplazo de cintura ahora hace ejercicio. Me pone feliz que la gente a mi alrededor se inspire a cuidarse.

Con mi mamá todo va bien. El verdadero propósito de esa gran pelea fue despertar de la ilusión en la que crecí. No sabes lo que fue escuchar de la boca de mi papá, "Yo te quiero mucho, pero tú tienes a tu papá", "todo lo que te doy pasa a través de tu mamá", todas esas cosas me cayeron como cubetazo de agua fría. Ésa fue la razón por la que pasó todo. Honestamente, no creo ir a vivir con mi papá biológico, es como irme de la casa de un loco para irme a la casa de otro, a los dos se les bota la canica.

27 de diciembre

Se me ocurrió echarme unos quiebres con Brad. Me tomé dos whiskys y se me subió. Podía sentir mi cuerpo, los efectos graduales que cada trago me provocaba. Sé que él, inconsciente o muy conscientemente, esperaba que chupara para ver si aflojaba, ¡pobre! Nada, a las 10 p.m. ya estaba en mi cama.

Como era de esperarse, me levanté con un leve dolor de cabeza, una gota de alcohol me afecta considerablemente. Con todo y todo, agarré mis nalguitas y me fui a correr. Debo tener mucho cuidado con las cosas que desequilibran mi química cerebral. En recuperación de mi desorden alimenticio no me puedo dar el lujo de tomar alcohol, mi ansiedad aumenta y entran los *cravings*.

Ya me dio *güeva* Brad. Quiero estar sola y hacer mis cosas. Tener una relación te quita tiempo, y no es que no quiera, pero no estoy para eso. Mínimo, tengo que estar unos seis meses sola, llevo tres, ¡siento que llevo como veinte!

28 de diciembre

En la mañana me sinceré con Brad. Sigue con expectativas. Así que lo ubiqué, le dije que no podía con la diferencia de edad. Se puso triste, pero como buen adulto trabajado supo manejar sus emociones y acabamos bastante bien. "Coral, desde que me dijiste que hiciera oración y que rezara, pedí que el Cielo me diera claridad con respecto a ti, y desde que la pedí, empezaste a distanciarte de mí. Hoy me dices esto, el Cielo responde rápido."

29 de diciembre

Hoy me levanté a correr, el camino que tomo atraviesa toda la playa hasta que llego a la punta y ahí hay unas casas. Una de esas casas es de un americano con un *rotwhiler* y un pastor alemán encerrados. Desde la casa siempre me ven pasar corriendo y me ladran. Ayer iba corriendo y escuché los ladridos de esos perros, pero no los vi en su casa, me di la vuelta y el pastor alemán estaba atrás de mí en posición de ataque, ladrándome y gruñéndome. Intentó morderme. Casi me muero. Me paré, con todas mis fuerzas intenté no sentir miedo, no corrí y lo enfrenté; le di órdenes de que no avanzara un milímetro más y me hizo caso porque se quedó retándome. El dueño escuchó el *show* y salió corriendo como loco. "Por favor, no corras por aquí, no vengas, a veces se escapan de la casa." No mames, qué fresco, es vía pública, Yisus con esta gente.

Brad se fue y ahora lo extraño. No te digo, así soy con todo, un día quiero, otro no; un día me gusta, otro no. Soy volátil y cambiante. Ya no soy tan drástica y fatalista como antes, aprendo que hay días buenos y días malos. En los malos, está bien no brincar de alegría todo el tiempo, tampoco me hace mala persona ni significa que estoy regresando a mis viejos patrones.

Escuchando mi audio libro de la doctora Candace Pert aprendí un dato interesante: "La mente no está en la cabeza, está en todo el cuerpo, en cada centímetro, desde tu dedo chiquito del pie, hasta la cabeza". Encontró la misma cantidad de neuronas, péptidos y células de comunicación en el cerebro que en todo el cuerpo. **Tu cuerpo es tu mente subconsciente.**

Ninguna de vuestras buenas acciones, ninguna de vuestras buenas palabras se pierden jamás. ¿Por qué? Porque nada se pierde, la mínima de vuestras manifestaciones tiene repercusiones en alguna parte. No os lo creéis porque no veis que se produzca nada ante vuestros ojos. Pero esto no es un argumento: ignoráis el efecto que vuestros actos y vuestras palabras producirán necesariamente, y a veces, muy lejos de vosotros.

Cuando os sentís mejor, numerosas personas mejoran también. Y si no progresáis, dificultáis también la evolución de otros tantos seres, les impedís encontrar el camino de la luz. Si, por una vez, la Providencia os diera la posibilidad de ver los lazos sutiles que se tejen entre cada uno de vosotros y todos los seres de la tierra, e incluso más allá, os quedaríais estupefactos.

Así pues, cada día tejéis lazos. Es pues importante que hagáis constantemente esfuerzos para triunfar sobre vuestras debilidades y despertéis las virtudes que dejáis demasiado a menudo adormecidas en vosotros.

Omraam Mikhaël Aïvanhov

Hubo un momento en mi vida en el que mis papás y yo (papá biológico, mamá y yo) éramos la triada de la adicción, alcohol, comida. No es casualidad. Mamá es adicta a la comida y papá al alcohol, yo fui a los dos. Antes de nacer YO LOS ESCOGÍ COMO MIS PAPÁS, no hay error, ellos debían ser mis padres, sólo ellos me darían esta vida tan llena de retos. Elegí estar con estos desmadres de adicción con el fin de evolucionar más rápido. **El dolor acelera la evolución si lo sabes utilizar a tu favor.** No hay culpables.

Ayer fue uno de esos días vulnerables. Me paseaba por el bufet y se me antojaba todo, pero sabía que si accedía a comer, iba a ser suficiente para atascarme, sentirme culpable y vomitar. Jalarme la rienda sigue siendo mi principal trabajo personal. Cuando pienso en comida, sé que no tengo hambre porque me conecto con mi estómago y reconozco que no es hambre, son los rezagos de la adicción.

Necesito seguir en casa de mi mamá, no renunciar a mi idea de entrar a Stanford ni de pasar el GRE. Eso me saca de mi zona de confort. Estudiar, esforzarme en algo en lo que no soy buena está muy difícil, eso es saltar al vacío. Pienso, "tengo 0.1 de 10 000" de oportunidad de poder entrar a la universidad. Quiero cosas extraordinarias en mi vida. Para tener cosas extraordinarias hay que hacer cosas extraordinarias, como seguir mis planes de entrar a Stanford y no dejar mi preparación.

Me da pánico el fracaso. Toda la vida me he quedado congelada por eso. Hacer nada es el verdadero fracaso. Creo que cada quien tiene un vacío diferente, y éste es el mío. Aunque repruebe, no me acepten y fracase, lo voy a intentar.

30 de diciembre

Me levante a las 5 a.m. para darle prioridad a mi Padre (Dios) y a mi trabajo espiritual.

Ayer en la noche fui a cenar a Playa con mis primas. Una de ellas ha estado obsesionada con su peso. En algún momento tomó anfetaminas. Ese cuento lo he escuchado varias veces, incluso también tomé, pero la verdad me hacían sentir de la shit, me entraban temblorinas, se me secaba la boca. Esas pastillas me ponían muy mal y las dejé pronto. De alguna manera, dentro de mi jodidez siempre he tenido un rayo de conciencia; sabía que no podía aumentarle a mis problemas. Por eso, cuando era más alcohólica que nunca, jamás le entré a otras drogas, no por santa ni nada, sino que sabía que ya me rompía la madre con el alcohol, que no debía echarle más piedras al saco. Ahora vi a mi prima un poco más llenita. Dice que en estas fechas (Navidad, vacaciones) se puede comer lo que sea, que es libre la cosa. Con esos pensamientos uno teje la trampa para caer y no poder mantenerse en un peso saludable e ideal. Si entras en la restricción y después te atrabancas, no saldrás nunca. Adelgazar por evento o estación del año se me hace el peor plan. Llegar a algún objetivo no es tan difícil como lograr mantenerlo. Ése es mi reto con mi peso: mantenerme.

Brad y yo nos hemos vuelto súper buenos amigos, es una persona bastante conocida, tiene varios seguidores en Twitter y tiene un blog al que le escribió una persona con bulimia.

31 de diciembre

Pasé un Año Nuevo perfecto, en casa con la familia. Comimos quesos, carnes frías, salmón ahumado. Estábamos en la sala con la chimenea prendida. Yo estuve cerca del fuego todo el tiempo, sentía como si me estuviera absorbiendo, limpiando, purificando; hacía unos ruidos impresionantes y la llama era enorme, siento que el fuego y yo somos uno. Mi mamá lo alimentaba poniéndole madera. Ellos brindaron con champaña y yo no tomé una sola gota de alcohol. Esperé a que dieran las doce, nos abrazamos y me fui a dormir.

Hoy, antes que nada, puse a Dios primero. Me levanté tempranísimo a ver la salida del sol y a conectarme con el espíritu universal, con la fuente divina, con mi alma. Empecé mi año en la luz, y así he de quedarme por el resto de mi vida. De mis múltiples barajas de cartas, en todas me ha salido la palabra protección, ¡qué curioso! He pedido mucha protección, el Cielo me dijo que debo protegerme más que nunca, ser prudente en mis decisiones y mis acciones.

Antes, me la vivía bailando en la línea del peligro. Es un milagro del Cielo que no esté muerta, después de todo a lo que me expuse: dos choques, pérdida total en carretera, borracheras de perder conciencia total, una caída de un quemacocos con el coche andando entre otros.

Hace mucho fui con una psicóloga. Le conté que sentía feo por mi hermano de parte de mi papá biológico, porque él no había tenido los lujos y las comodidades que yo tuve. Nuestras vidas son diferentes. ¿Sabes qué me contestó?: "Coral, él tuvo algo mucho más importante que tú no tuviste, él tiene a tu papá". ¡No lo había visto así! Él se quedó con papá, mi papá lo cargó, lo atendió, lo abrazó, lo cuidó, lo regañó. Yo tuve un papá "ausente". Tuve un padrastro, divino y amoroso. Los dos tienen una conexión muy fuerte, se aman y son idénticos físicamente.

Y casi como una coincidencia, en mi camino del hotel al aeropuerto, fui escuchando el audio libro *Padre Rico Padre Pobre* de Robert Kiyosaki, ¿lo has escuchado? Es como yo, tengo un padre rico y un padre pobre. Ambos padres le aconsejaban estudiar, pero no las mismas materias. Su padre pobre le enseñaba a estudiar para encontrar un buen trabajo y poder ganar dinero; mientras que su padre rico lo orientaba sobre cómo funciona el dinero y cómo hacer para que el dinero trabajara para él y no al revés. El padre rico le decía que era importante estudiar para contribuir y servir a la sociedad, no para ganar dinero. Esto me recuerda el famoso dicho de: "Estoy persiguiendo la chuleta", muchos amigos míos lo dicen cuando hablan de su trabajo, todos los que conozco trabajan por dinero. Varias personas que admiro dicen que trabajar por dinero es la involución y la ignorancia en su máxima expresión, porque te vuelves un esclavo absoluto. No tenemos una educación financiera adecuada. Robert Kiyosaki habla de esto, de aprender no a ganar dinero, sino aprender cómo funciona. La gente que trabaja para ganar más dinero, aunque sí lo gana, nada más se endeuda. Los más ricos son los que más deudas tienen y, por ende, son esclavos de sus trabajos. Es un círculo vicioso, el miedo los maneja. Entre más tienes, más miedo de perder sientes.

Voy a hacer mi horario, escribiré mis objetivos para el próximo año. Y voy a calificar cuánto deseo esos cambios del 1 al 10. Sé que cuando realmente quiero un cambio, lo logro, si no, me quedo bailando un pie adentro y otro afuera. Mi voluntad lo es todo.

Objetivos del año:

Cambios a realizar:

Adicciones a liberar:

Calificación 1 al 10 cuánto quiero el cambio:

Primeros tres pasos para acercarme a ellos:

Capitulo 4
Nueva vida

Tu tiempo aquí es limitado, no lo desperdicies
viviendo la vida de alguien más.
Que no te atrape el dogma, que es vivir con las creencias
y los pensamientos de otras personas.
No dejes que la voz de otras opiniones ahoguen tu propia voz interna.
Y lo más importante, ten el valor de seguir a tu corazón y a tu intuición.
Ellos de alguna manera ya saben lo que en realidad quieres convertirte,
todo lo demás es secundario.

Steve Jobs

Lo que importa no es lo que dices sino lo que haces

1º de enero

¡Feliz año! Me llegó un correo de Eldon Taylor, el que escribió un libro sobre la hipnosis y los mensajes subliminales. Sostiene que nuestras decisiones son tomadas noventa por ciento por nuestra parte inconsciente. Entonces, hay que estar consciente del inconsciente. A mí me ha costado y me sigue costando mucho trabajo seguir los pasos de mis objetivos. Ya los escribí, tengo siete este año. Debajo de cada uno puse los pasos a seguir, ésos son los que no siempre hago porque es lo más difícil. Planeo organizar mi horario, escribirlo y ponerlo en mi pared. Necesito estabilidad (en contra de mi voluntad, porque me encanta estar de pata de perro), o sea, quedarme quieta en un lugar y no andar de acá para allá.

También recibí un correo de Colette Baron-Reid, autora, conferencista motivacional y *coach* intuitiva. Acaba de sacar un libro titulado *Perder peso para la gente que siente demasiado*. Cuenta que ella a pesar de hacer dietas y comer poquito, no bajaba de peso, al contrario, subió treinta kilos. Supo que había algo más que no tenía nada que ver con la dieta. **La empatía emocional** era la que la provocaba su sobrepeso. A partir de la cercanía con sus pacientes, empezó a notar que no se protegía energéticamente ni emocionalmente y gracias a su hipersensibilidad se conectaba con ellos a tal grado que absorbía sus emociones y sus problemas, lo cual se manifestaba en su peso corporal.

Ayudar, servir, sanar. Esta autora tuvo un fuerte problema de drogas en algún momento de su vida, es AA. Cuando yo estaba desesperada para dejar de chupar y no podía, compré su libro y me frustré porque lo único que escribía con respecto a su adicción era "tuve un problema con las drogas, pero esta etapa de mi vida no está en este libro". Me encabroné, ¿para qué escribes un libro si no hablas de eso? Quería saber si había sufrido como yo, qué había intentado, qué había fallado, cuánto tiempo le había costado salir, y nada. Así son muchos autores, jamás revelan la verdad.

En la tardecita me metí al sauna y me acordé de que la doctora Candace Pert cree que nuestra mente está en nuestras células, las cuales están en todo el cuerpo. La mente está en todo el cuerpo. Esa idea me llevó a realizar un ritual. Mientras sudaba, pedía que a través de mi sudor salieran todas las memorias pasadas de dolor, de patrones destructivos que guardaban mis células. El agua es símbolo de las emociones, y además sale de la piel. El sauna me pareció perfecto para purificar las células. Pedí ser liberada de mis patrones destructivos, adicciones, *links* emocionales, todo lo que aprendí desde chiquita y que mis células en sus memorias han guardado. Pedí por su liberación y transmutación.

¿Te has fijado que todos los días se nos presentan situaciones donde hay que tomar decisiones, pequeñas, grandes, medianas, que siempre tomamos decisiones? Hay de dos sopas: o eliges la que te acerca a tu objetivo o la que te aleja. A veces escojo la que me aleja y me saboteo. Me enoja tener que cuidarme por más tiempo. Evitar ir a restaurantes, bufetts, comidas porque no soy lo suficientemente fuerte. Algo dentro de mí me dice que nada es para siempre, que despertaré de mi ilusión con la comida y cuando viva mi realidad no me va a costar trabajo comer para mi cuerpo, y no por hobby. Eso me paso con el alcohol, no importa dónde ni con quién esté, no necesito protección, no salgo y no tomo porque no quiero, las pocas veces que lo hago es porque lo elijo, y soy consciente de todo. Sé que al día siguiente me voy a sentir medio mal y me hago responsable.

Es más fácil aprender y corregir desde un lugar de "no juicio" que cuando estás diciéndote "pendeja, lo volviste a hacer". No pierdo la esperanza, porque si pude darle la vuelta con el alcohol, también lo puedo hacer con la comida. Mi cerebro relaciona cualquier sensación de incomodidad con comida. Si me aburro, me activo y quiero comer. Si me estreso, quiero comer. Si me siento sola, quiero comer. Cualquier emoción que me saque de estar neutral está *linkeada* a comer, *fuck!* Todos los días son días laborales con respecto al trabajo personal, pues un día aflojando la cuerda acarrea consecuencias terribles. Y tampoco hay descansos para la conciencia.

Mi papá biológico me llamó de pésimo humor, con el pretexto de que me iba a conseguir una cita de trabajo. Estaba histérico y me gritoneó sin razón, puse la bocina al aire, lo dejé que me gritara porque necesita desahogarse, y si gritándome se va a sentir mejor, adelante, lo observo.

2 de enero

Ya salió el peine, mi papá biológico se siente pésimo de salud, por eso me llamó de mal humor. Quedamos que íbamos a cenar, mi papá, su esposa, mi hermano y yo, pero se sentía mal y no fue a la cita. Así que fui yo con ellos. En la cena, su esposa me contó que mi papá tiene un grave problema de ácido úrico, que tiene una úlcera en el intestino y que la mano izquierda se le hincha como guante de box. Se pone tan mal que no puede levantarse de la cama por el dolor. Los doctores le dicen que no puede chupar pero no entiende. Lo peor es que se automedica, llega a tomarse una caja de desinflamantes en un día. "Este señor se está matando en vida", pensé.

Mi papá nunca se ha hallado en este planeta, no le gusta, no ha aprendido a sobrellevarlo y a ser verdaderamente feliz. Las adicciones nunca son el problema, son las "soluciones" que los adictos hallamos a los problemas. Mi papá no tiene idea de lo que es ser alguien libre, ha estado atado a los placeres sin poder saciar ni llenar ese vacío, buscando alegría, paz, confort en lugares incorrectos, donde sólo va a querer más y más, hasta matarlo. Mientras escuchaba todo esto, me sentí tan mal, tan triste, me dolió tanto, que tuve conciencia de cómo funciona cerrarte para no sentir, pues fue tan fuerte el trancazo de emociones que me sentí abrumada y, de pronto, ya no sentí nada. Viví en conciencia lo que es entrar en *shock* momentáneo, no saber manejar las emociones y dejar tu cuerpo físico unos instantes para no estar en ese momento. Desde que tengo memoria hago este bloqueo. Han pasado cosas tan fuertes en mi vida que decidí vivir fuera de mí, cerrada y desconectada de todo y deshabité mi cuerpo. Ayer me caché, me regresé, y cuando me dejé sentir, me puse a llorar por horas. Me duele ver a mi papá así. Y me frustra que no puedo hacer nada por ayudarlo, porque no deja que nadie lo ayude, porque vive en negación de sus problemas, es demasiado inteligente. Dentro de sí mismo reconoce sus adicciones, pero jamás lo dice, nos tilda de "locos exagerados".

Hace como dos años, al hermano de mi mamá le diagnosticaron diabetes. En ese momento era muy manejable, pero no se cuidó y, por supuesto, se lo cargó la chingada. Al final tenían que hacerle diálisis. ¿Por qué carajos la gente no entiende que si no se cuida, se muere? La gente busca su muerte de una manera inconsciente.

Cambiando a un tema feliz, cada vez tengo más confianza en mi cuerpo y en cómo funciona sin necesidad de estar controlándolo. Antes al hacer ejercicio, a fuerza necesitaba mi polar. El polar te indica cuántas calorías quemaste y cómo va tu ritmo cardiaco. Se usa para poner tu corazón a un ritmo adecuado para ti, dependiendo tu edad, si quieres quemar grasa. Si no lo tenía, no entrenaba porque no tenía manera de saber y controlar el ritmo de mi corazón. Hace poco se me perdió en Akumal, se cayó de mi balcón y alguien se lo chingó. Ahora llevo días entrenando felizmente, sin estar obsesionada por saber cuántas calorías estoy quemando ni a cuánto va mi corazón. Me conozco tan bien que lo puedo sentir y saber cómo voy sin necesidad de ese aparato, puedo sentir mi corazón y sus diferentes ritmos. Ya no necesito el polar. La razón por la que nuestro cuerpo, o sea, nuestros órganos funcionan tan perfectos y en armonía (si lo permitimos) es porque Dios se encargó de que nosotros no podamos meter mano ahí, voluntariamente, no.

En cuanto a lo que como, confío más en mi cuerpo, en que será sabio, me nutrirá y me dará energía (soy congruente y le doy comida sana, si no, imagínate, ¡como la gente con hamburguesas y coca *light*!). Mi cuerpo sabrá utilizarlo y no guardarlo o almacenarlo en gordura, grasa y lonjas.

He hecho un gran avance con respecto a la confianza. No sabes qué trabajo, es todo un *issue* en mi vida, antes no confiaba en nada ni en nadie nunca. Vivía estresada queriendo controlar todo siempre. En algún momento de mi vida dije "Dios es mi copiloto", imagínate, él me ha de ver visto y dicho "Hay, hija, qué mal estás", ¿por qué Dios habría de ser mi copiloto? Que sea mi piloto.

Me metí a bañar y puse música. Pasó una canción que escuchaba cuando estudié en España, donde tuve mi alcoholismo a su máxima expresión, de ahogarme *non stop*. En ese tiempo esa canción sonaba cuando me ponía un pedo y me metía a la tina, o cuando llegaba de la fiesta y me ponía filosófica (según yo). Ahogada era la única manera que encontraba de callar mi mente, mis culpas, mi mar de negatividad, entonces aunque fuera por un momento podía "relajarme". Me puse a pensar en lo difícil que fue trascender el alcohol. No me la acababa, sufrí mucho, a veces lloraba y me arrancaba los pelos gritándole a Dios qué chingados quería de mí, que para qué vivía, si no disfrutaba nada, no me gustaba nada, no era feliz. De eso hace cuatro años. Ahora veo a mi papá batallando con lo mismo que yo y no lo entiendo, se me hace fácil juzgarlo, se me olvida que estuve así mucho tiempo, como seis o siete años, bebiéndome la vida.

He estado tan absorbida por el problema de mi bulimia que olvidé mi batalla con el alcohol. Estuve internada en rehabilitación y todo, fui a AA un año. He estado en el programa, lo conozco perfecto y lo olvidé. En mis crudas les decía a mis amigas que "me dolía el alma". Mis crudas no eran normales, me ponía muy mal, digo físicamente me llevaba la chingada, pero había algo más profundo y poderoso que me afectaba. Me quería morir. Estar sola en la cruda era una tortura, lo evitaba porque me daba pánico y sentía una depresión inexplicable. Brincaba de relación en relación, de casa de amiga a casa de amiga, como si tuviera un hueco imposible de llenar, estaba ávida de compañía. Y pensar que ahora lo que más busco en mi vida es la soledad. Estoy conmigo y no necesito nada ni nadie, ni siquiera la compañía de la comida, que era la que remplazó a los amigos y al alcohol muchos años.

Andrea Weitzner en su libro *El camino hacia la recuperación de la anorexia y bulimia* explica la transferencia de adicciones. Dice que "las adicciones son el infierno de siempre **un poquito más**. Probablemente repartes tus problemas en diferentes adicciones y las vas turnando. A veces fumas mucho, otras tomas mucho, sales mucho, 'ligas' mucho. Te das cuenta de que has vomitado mucho recientemente y te propones parar un poco. Para calmar tus ansias y acallar el hambre, tomas, hasta que te das cuenta de que has tomado demasiado y decides 'bajarle' al alcohol, pero para aquietar tu hambre de evasión, comes. Probablemente, tengas un tercer elemento como el cigarro que te ayuda a ir 'balanceando' la cosa. Se convierten en adicciones de distracción para cuando tengas que darle un respiro a la más importante. **Tendrás siempre una adicción en el papel principal, con muchas de reparto**".

Los que tenemos una personalidad adictiva no tenemos una adición, tenemos varias, muchas, socialmente aceptables, pero no por eso mejores. En el caso del infierno de los desórdenes alimenticios es más bien conocido como uno de los secretos mejor guardados, son enfermedades de clóset. La neta sí, varias amigas vomitan y la gente ni lo sospecha. La anorexia puede o no ser evidente, pero la bulimia, cero, puedes ser bulímica muchos años sin que nadie sepa, como yo que lo fui por once años.

En el libro de Salomon Sellam, *Bulimia-anorexia: un enorme quid pro quo psicoafectivo*, hay un caso de una señora bulímica que embarazada vomitaba. Sufrió esto por veinte años y su esposo ni en cuenta.

3 de enero

Hoy mi mamá y yo fuimos a visitar a una amiga que tuvo cáncer de útero. Nos contó que dudaba si seguir o no con sus radioterapias porque le estaban haciendo más mal que bien. Creo que lo único que podemos hacer en un caso así es guiar a la persona enferma para que encuentre sus propias respuestas en cuanto a su recuperación.

No creo en la enfermedad como algo real, sino como una manifestación de cambios radicales que el universo te obliga a hacer (generalmente, cavamos nuestra propia tumba). El dolor y la enfermedad parecen ser el único idioma que entendemos. Una enfermedad trae grandes bendiciones, lo he visto con mi alcoholismo y lo vivo diario con mi bulimia.

¿Has escuchado sobre la terapia Gerson? El doctor Gerson, creador de la terapia que lleva su nombre, afirmaba: "Mantente cerca de la naturaleza y sus leyes eternas te protegerán". Según él, las enfermedades degenerativas son causadas por alimentos, agua y aire tóxicos y degradados. Su enfoque toma en cuenta la totalidad del cuerpo para la curación. La terapia Gerson es un tratamiento natural que fortalece el sistema inmunitario, para poder tratar cáncer, artritis, enfermedades cardiacas, alergias y muchas otras enfermedades crónico-degenerativas. Dicha terapia reactiva de manera natural magnífica la capacidad del cuerpo de curarse a sí mismo, sin efectos secundarios nocivos, como la quimio y otros.

Cada caso es particular. Louis L. Hay es sobreviviente de cáncer. Ella no recurrió al tratamiento alópata recomendado por sus doctores: cortar la parte del cuerpo afectada, seguida de radio y quimioterapia. De acuerdo con su experiencia, el cáncer se enfoca en el área emocional y mental; para ella, el cáncer es un resentimiento tan fuerte que si no se trabaja y se libera, se empieza a comer tu cuerpo. Hay varias teorías sobre cuántos cuerpos tenemos los seres humanos, depende la disciplina. Pero yo me enfoco en cuatro, *easy does it for me*, si no entro en confusión y me estanco: físico, mental, emocional y espiritual.

El cuerpo físico se relaciona con la alimentación de la persona. En el caso de esa mujer era estupenda, se suplementaba muy bien, comía poco y saludable, suplía la carne roja con soya, comía demasiada soya, soya en leche y soya texturizada. He leído en varias fuentes que la soya en moderación, un vasito de leche de soya orgánica al día (¡nada de Ades!) puede ser bueno para las mujeres, por los fitoestrógenos y la cuestión hormonal. Yo tomo poca y me va bien. Pero de acuerdo con Ana Moreno, naturópata y nutricionista: "la soya es un alimento nocivo, es verdad que contiene todos los aminoácidos esenciales, ácidos grasos omega 3 y vitaminas del grupo B, pero a la vez presenta propiedades tóxicas (un elevado contenido de aluminio) que lo hacen un alimento nocivo, permitiéndose su consumo sólo como lo toman los asiáticos: fermentada sin pasteurizar, y como condimento. Como consecuencia de lo elevado de los niveles de ácido fítico de la soya, disminuye la absorción de calcio, magnesio, hierro, cobre y zinc; además, las altas temperaturas que se utilizan en su procesamiento desnaturalizan la proteína, haciéndola indigestible, por eso a muchas personas les sienta mal".

"Otro gran problema de la soya son sus altos niveles de fitoestrógenos, que pueden favorecer el desarrollo de tumores estrógeno dependientes. No es un alimento bueno para la tiroides y puede causar cansancio, ganancia de peso, depresión y desánimo en personas que presentan problemas con la tiroides."

Ves lo que te digo, mi amiga era fan de la soya y le dio cáncer, estoy segura de que tuvo que ver. Para sanar una enfermedad hay que ver en qué parte del cuerpo se manifiesta, cómo llevabas tu vida emocional, qué patrón mental contribuyó a desarrollarla, tu pasado, tus creencias, cómo está tu vida espiritual, tu alimentación. Es un todo. La medicina alópata te corta los síntomas pero no te cura en realidad. Por eso, a la gente le vuelve y le vuelve el cáncer. No es que los doctores no te lo saquen todo, si no que uno va al quirófano y cuando sale vive la vida exactamente de la misma manera que vivía cuando le dio, no hay cambio, lo que dio a origen a la enfermedad queda intacto, por supuesto que regresa.

No vayáis a buscar el amor en los filtros mágicos. Pero si esta imagen del filtro mágico os gusta, decíos que el verdadero filtro, el verdadero elíxir es la vida que emana de vosotros. Lo que emana del ser que ha alcanzado una vida luminosa, rica, abundante, produce en todos los que le rodean efectos misteriosos: quizás no saben el porqué, pero se sienten atraídos.

No busquéis el amor, es inútil. Esforzaros solamente en vivir. Cultivad y alimentad en vosotros pensamientos y sentimientos puros, generosos: seréis como un sol, como una fuente nítida, como un jardín lleno de flores multicolores y perfumadas. ¿Quién no se siente atraído por el sol, las fuentes y los jardines floridos? E incluso si deseáis huir a otros planetas, aquí también se os perseguirá con amor, ya que de vosotros emanará esta vida, y la vida es de lo que los seres tienen más necesidad.

Omraam Mikhaël Aïvanhov

Este pensamiento me trajo a la mente todos los cursos que prometen darte la "poción mágica" para encontrar al amor de tu vida, para ganar dinero; que si escribes una lista con todo lo que quieres, que un collage con fotos, que si prendes una vela, que si esto, que si el otro, mil cosas. Todos estamos desesperados por no estar solos. La adicción a las personas es algo en lo que también he tenido que trabajar, sobre todo las de pareja.

En el libro *Iluminata* de Marianne Williamson hay oraciones para todo, "oraciones para el amor", "oración para esto", "oración para lo otro". Aunque la oración es de las herramientas más poderosas que tenemos, no es suficiente para llegar a un objetivo. Dios sabe mucho mejor que lo que me hará feliz y bien, no necesita que le escriba mis cartas hechas desde el ego. Uno no tiene que hacer nada "especial" para que el amor, el éxito, la felicidad te lleguen, basta con el trabajo personal diario. Encárgate de ti y lo demás florecerá por sí solo. Pues como dice *Un curso de milagros*, no busques el amor, busca las barreras que has fabricado que impide su llegada; no busques dinero, busca las barreras que has fabricado que impide su llegada, pues la abundancia y el amor son nuestros derechos.

El trabajo personal es difícil y laborioso, es mucho más fácil el trabajo para ganar dinero que el trabajo personal en donde se gana libertad. Por eso hay que estar conectados con el espíritu, para tener guía y sabiduría, si no, remas contra corriente, trabajas un chingo y no llegas, porque estás trabajando en donde no es, estás escarbando donde no hay nada. La conexión con Dios mediante el trabajo personal nos da el mapa para saber excavar donde hay oro.

4 de enero

Me voy a San Francisco a ver a mi amigo Brad y a visitar Stanford. Hablé con una amiga, con la que me bebí la vida mucho tiempo, mi más fiel compañera de jarra, la conocí cuando estudié en Suiza. Tenemos muchas cosas en común, a ella también la mandaron a *rehab*, con la diferencia de que en tratamiento se ligó a su terapeuta, salieron de la clínica y decidieron irse a Ixtapa a ponerse un pedo de diez días, ¡perfecto! Imagínatela. Tiene dos hijas hermosísimas, a pesar de todo lo ha hecho bien, considerando que los avances que ha hecho los ha logrado solita (sus papás la perjudican). Yo no me imagino haber podido trascender el alcohol y mis rollos solita. Mi mamá en su desesperación me ha mandado a todos lados, monjas, delfines, krishnamurti, Louis Hay, Denise Linn, Ángeles, AA, y me costó mucho trabajo, pero mi perseverancia me sacó. Ha sido largo el camino de sanación que he tenido que recorrer, muchos patrones que liberar y muchísimas heridas que sanar. No creo que tenga que ser largo y doloroso para todo el mundo. Cada quien a su paso y a su tiempo.

Ayer que me habló, me contó que decidió divorciarse después de tres años de casada. Su matrimonio ya no funcionaba, pero su relación no empezó de la mejor manera. Qué importante es la manera en la que empezamos las cosas, ¿no? Es una ley universal. Cómo empiezas algo determinará la estabilidad, la fuerza, la duración. En las dietas funciona igual, empiezas a bajar de peso con dietas estrictísimas, con pastillas, con esfuerzos sobrehumanos, ¿cuánto tiempo va a durar? Te aseguro que dejarás el régimen en corto tiempo.

MM - ADIVINA QUIEN ES TONTA

5 de enero

Ayer hablé con otra amiga que se va a divorciar, ¿qué está pasando? Las energías del año están sacando los trapitos sucios al sol con más rapidez que antes, las cosas simple y sencillamente ya no pueden seguir escondidas ni postergadas. El esposo de mi amiga anda con la maestra de la escuela de su hijo. La calentura y las adicciones rompen las mejores cosas en la vida. No sabemos estar en estabilidad, cuando en la pareja pasa el *high*, se divorcian, no sabemos lo que es el amor real, ése que no es pasional ni controlador, sino libre y ligero, sin decir que no toleramos la rutina, en especial, las personas con personalidades adictivas. No sabes las cosas valiosas que perdí por mis años en la fiesta, sin compromiso a nada, "libre", según yo.

Fui a mis clases de GRE, están dificilísimas. En *reading comprehension* estoy pelas, más porque ponen artículos científicos. Si de por sí se me complica el vocabulario en las lecturas "normales", ahora imagínate en los científicos. Ni modo, así lo elegí, a desarrollar mi parte intelectual.

6 de enero

Mi mamá me regaló *Sois dioses*, un libro del maestro Omraam Mikhaël Aïvanhov. El nombre me causa escalofríos, pues es algo que resuena en mí, como si lo supiera desde hace tiempo. Este libro habla de las enseñanzas del maestro Jesús, de los errores y las mentiras que ha cometido la Iglesia católica al hacernos creer que somos pecadores y nos moriremos siendo pecadores, del famoso "pecado original". Todos somos hijos de Dios y todos tenemos su poder en nosotros; Dios no vive en la iglesia, vive en mí, en ti, en nosotros. Dios no está fuera, Dios está adentro y se refleja afuera. La naturaleza es el reflejo de su belleza, el sol de su amor por nosotros.

Ya decía yo por qué llevo unos seis meses con la palabra "impecabilidad" en mi mente, tiene una razón de ser. Cuando estudié con Annie Marquier, maestra pionera en el campo de la metafísica en Montreal, en su centro me compré unas cartas que son "Mensajes del universo". Sesenta cartas con afirmaciones diferentes y a mí me sale una y otra vez la misma: "Estoy ahora comprometida a vivir mi vida con impecabilidad, rigor y conciencia. Éste es mi reto y lo acepto. Expresando estas cualidades encuentro mi camino, mi fuerza interior y realizo mi misión".

Estas palabras resuenan en mi mente y en mi alma todo el tiempo. La gente dice "No seas perfeccionista", y yo mucho tiempo defendí eso, no se puede ser perfecto, ¿por qué no? ¿Por qué hay que trabajar más duro? ¿No ser conformistas? ¿Por qué no podemos trabajar cada día a aspirar la perfección? Ése es nuestro destino y nuestra misión en esta tierra. En palabras de mi maestro, "Jesús, al proclamarse hijo de Dios, subrayó también la naturaleza divina de todos los hombres, porque ¿qué significarían si no estas palabras del sermón de la montaña: sed perfectos como vuestro padre celestial es perfecto?"

La enseñanza del maestro Jesús nos recuerda que todos somos sus hijos, Jesús jamás dijo que era superior a ninguno de nosotros, a diferencia de cómo lo presentan en la iglesia. Creer que él es el único hijo de Dios genera una distancia muy larga entre él y nosotros. Dios y nosotros somos uno. En esencia, somos igual que él, pero con la gran diferencia de que Jesús era consciente de su naturaleza y de su predestinación divina, hizo el trabajo, oró, ayunó, trascendió sus debilidades como humano y pudo en vida convertirse un vaso vacío, mediante el cual fue utilizado por el Espíritu Santo e hizo milagros. Convirtió su cuerpo en un vehículo divino por el que el amor se manifestaba diariamente. Todos tenemos esa posibilidad, pero nadie quiere hacer el trabajo pues es más difícil. Si crees que tu chamba como abogado, CEO, mesero, lo que sea, es difícil, intenta dominar tus más bajos instintos y te enfrentarás a otro nivel de dificultad.

Muchos libros nos justifican diciendo que "el ser humano ha olvidado, está dormido" en cuanto a nuestra naturaleza divina. Éste no es el verdadero problema, sino la gran resistencia que tenemos al trabajo. Dios está en todas partes, es inevitable no verlo, la naturaleza, la luz con la que vemos de día. A los que se consideran ateos les pregunto, ¿qué pasaría en tu vida si creyeras en algo?, ¿sería diferente? No sabrías qué hacer si creyeras en algo porque ya no estarías solo. Y el dolor, el sufrimiento, la carencia, la soledad son los sentimientos con los que vivimos toda la vida, es lo que conocemos. El miedo a lo desconocido es muy grande.

Es increíble pensar que uno tiene el poder de transformar todo eso, que si elegimos sabiamente, no tenemos que pasar por eso; diario nosotros elegimos crucificarnos, no la Iglesia, no Dios, no tu jefe, ni tus papás, ni tu esposa. Somos nosotros más tercos que las mulas. Lo mismo pasa cuando nos hablan del espíritu y de Dios.

Ayer vinieron a verme dos amigos, uno de ellos era con el que me iba de fiesta y me ponía unas pedas de concurso. Su presencia hizo que me acordara de esos tiempos. Cuando estuve en *rehab*, me diagnosticaron como "alcohólica crónica". Me dijeron que sería alcohólica por el resto de mi vida, me lo firmaron. Y fíjate que no, siempre supe que eso no era verdad y se los rebatí varias veces, llegaron a la conclusión de que estaba en negación. Tenía un problema severo pero en mi alma algo nunca me dejó creer ese diagnóstico. Me acepté alcohólica porque en algún momento de mi vida lo fui y sólo aceptándolo pude empezar a hacer el cambio; al igual que me ha pasado con mi adicción a la comida, primero tuve que aceptarme impotente ante ella. Me costó mucho trabajo salir de eso. Tuve varios fracasos, pero atrás de mi alcoholismo había un billón de cosas a resolver. Y cuando lo resolví, se acabó. Muchas veces pensaba, "Es que no entienden, yo me pongo hasta mi madre porque aunque a nivel consciente no quiero, inconscientemente sí quiero, o sea, más bien quiero ponerme hasta mi madre, no me gusta mi vida, no me gusta lo que siento, hasta ahorita es la única manera que he encontrado para sobrevivir". Pero mi vida no tenía por qué ser siempre así. Sin embargo, me tardé muchos años en sanar y en encontrar otras maneras de trabajar con mis emociones, con mi mente, con mi cuerpo, porque se trataba de entrenar todo mi ser.

Rompí la ilusión del alcohol que fabriqué, lo chingón y bueno que era. Créeme, cuando rompes esta creencia de raíz en tu mente ya no lo buscas, no tienes que ir a AA para no beber. Pero llegar al inconsciente es todo un pedo. A mí me ha costado años y me sigue costando llegar y cambiar cosas, romper ilusiones, creencias. Ir a grupos no me quitó del todo el deseo de chupar, era como una medicina que calmaba mis síntomas, pero no curaba mi enfermedad y yo quería curar mi enfermedad, yo le apuesto a la trascendencia total. No me gusta depender de nada, ni poner mi bienestar en las manos de nadie, ni de nada, más que de Dios, del Espíritu, de los seres de luz, de mi conexión con la divinidad, sin eso no hubiera logrado nada de lo que he logrado hasta ahorita. Esa posición de víctima y enferma no la podía soportar, así que elegí ponerme a trabajar en mí, en mis debilidades y trascenderme un poco todos los días.

Este amigo empezó a hablar de las fiestas, "¡*Güey*, nos la pasamos chingón, acéptalo!" La mente del otro amigo empezó a generar ilusiones y dijo, "Se me antoja chupar", y yo me volteé y le dije, "Fíjate cómo funciona tu mente. Ésa es la que te tiende la trampa todos los días, mientras en ti haya una creencia de que el alcohol en verdad es divertido, te relaja, te distrae, te acompaña, te hace más chingón, te consuela, te cura, mientras creas todo eso, no importa qué hagas afuera, así te amarres los brazos, acabarás chupando. Por eso, si quieres dejar de chupar no es nada más trabajar con tus emociones, que obviamente te has encargado de ligar al alcohol, cualquier emoción te hace estirar el brazo por una copa, es necesario trabajar tu mente, la mente es muy cabrona. Si manejas tus emociones, pero no despiertas de la ilusión que has hecho alrededor del alcohol, hagas lo que hagas, no podrás dejarlo. Por eso la gente recae; aunque logra estar abstemia, luego recae y recae. Como dicen, sólo uno de veinte se queda en el programa. Evidentemente, el problema no es que el programa no funcione, el programa de los doce pasos es de las mejores herramientas de ayuda que conozco, pero eso es lo que es, una herramienta, no una solución final. El problema real es que a un nivel muy profundo juras y perjuras que el chupe tiene el poder de darte todo eso. Y la realidad es que no, el alcohol, como lo tomamos nos deja en déficit, nos quita mucho más de lo que nos da, necesitamos despertar. La sustancia es neutral, el alcohol no es malo ni hay que odiarlo. El valor que le has dado está fuera de proporción y no es real, *my friend*. A mí me costó un chingo descubrirlo, pero lo hice y me he encargado de despertar a mi realidad. El alcohol no me trae nada de lo que pensé que me traía, no nada más no me lo trae, si no que, al contrario, la manera en la que usaba el alcohol me traía todo lo contrario a lo que pensaba me traía, un minuto de 'placer' por meses de ansiedad, no mijito, ¡no!"

Nada más se me quedaba viendo con cara de "¿qué está diciendo esta niña?" Los pocos que llegan a AA y se quedan es porque "tocaron fondo". Para mí "tocar fondo" es igual a despertar de la ilusión y ver tu realidad. Cuando logras eso, te aseguro que no volverás al alcohol, y no por AA, ni las clínicas, ni doctores, ni medicinas de nada, sino porque no te nacerá hacerlo. Imagínate que el pull a chupar sea removido de tu conciencia. Puede pasar, yo soy la prueba. Eso sí, el trabajo es diario.

Gracias al amigo de mi amigo pude ver cómo funciona la mente humana para generarnos deseos. Primero está en tu mente y después se manifiesta afuera. A mí me pasaba mucho con la comida y el alcohol, mis drogas de elección. Despertar de ese mal sueño me ha costado, y me sigue costando. Esa técnica de culpar al de enfrente no funciona, necesitamos una nueva estrategia.

7 de enero

Estoy muy orgullosa de mí por mis logros con la comida. Todos los días visualizo dos cables de mi cerebro a mi estómago, para no perder mi conexión. Me enchufo para ver cómo se siente, para que sea mi estómago el que mande la señal al cerebro y no al revés. Lo haré hasta que me acostumbre. Ahora cuando voy al cine me llevo unas almendras y té verde, disfruto un snack súper *healthy*. Ya no como lo que me hace sentir mal, por amor a mí.

He logrado liberar mi culpa cuando no como "perfecto". Puedo salirme del *perfect plan* con mi cerebro bien conectado a mi estómago, porque mis pensamientos están controlados, sin idealizar la comida. Estoy desarrollando maestría para poder parar después de un bocado. Antes, jamás habría podido hacer eso. Respeto el esfuerzo que mi cuerpo físico hace al entrenar diario. Estoy comprometida conmigo en hacer cosas que estén en alienación con mis objetivos, quiero un cuerpo bien marcado y atlético. Y esa regla funciona para todo en la vida. Para mis proyectos, todos los días doy un pequeño paso para acercarme a donde quiero llegar, estoy aprendiendo a ser congruente conmigo y con lo que quiero.

8 de enero

Estoy en el avión camino a San Francisco. Pensé en mis exes. Los hombres tienen un significado importante en mi vida, en su momento cada uno actuó como ángel en mi camino. Las mil veces que mi mamá me ha corrido de la casa siempre hay algún novio o galán que me ayuda en todo, me da palabras de confort, me lleva, me trae, me apoya. Mis relaciones han sido puras. En este momento de mi vida no veo a los hombres como seres sexuales.

Ellos son parte de mi pasado, los liberé y los dejé ir. Me costó trabajo porque disfruto su compañía, los quiero y sé que me quieren. Mis amigas no me tratan así, siempre he tenido relaciones mucho más profundas con hombres que con mujeres. No tiene nada que ver con la parte sexual, sino con un intercambio mágico, porque me apoyan mucho y yo a ellos. Siempre incluyo a mis exes en mis oraciones, en mis trabajos energéticos y les deseo que sean felices. Jamás he rezado por regresar con ellos, si no porque se encuentren a sí mismos, su luz, su fuerza y sean seres que trabajen para el bien, para la luz, en el área que sea, en la forma que sea.

Ayer tuve clase de mate para el GRE. Mi profe es muy bueno aunque usa métodos demasiado difíciles para mí, trucos, tablitas, fórmulas y mil cosas para ahorrar tiempo, ya que el GRE da alrededor de un minuto por pregunta. Ahora sí el universo está intentando hacerme estirar la liga más allá de mi confort, estoy haciendo cosas que jamás creí que haría, lo más increíble es que lo disfruto.

9 de enero

Llegué a San Francisco. La casa de Brad en Palo Alto es hermosa. Estoy impresionada con el campus de Stanford, es gigante. Brad me cuenta que tienen muchísimo dinero y se la pasan invirtiendo y construyendo.

Mis vuelos estuvieron bien, aunque una turbulencia me despertó, "*Fuck*, se me olvidó avisarle a los silfos, estamos invadiendo su espacio", y me puse a hablar con los seres del aire. Como magia, al segundo que me comuniqué con ellos, el avión dejó de moverse. La oración es poderosa. Mi ritual para volar es: hago oración, invoco a los arcángeles, visualizo al Arcángel Miguel y Rafael dirigiendo al piloto y al copiloto, visualizo a la paloma de la paz parada en un ala del avión, visualizo el avión envuelto en una burbuja de luz y pido permiso a los seres del aire para viajar. Eso no me toma más de siete minutos. Es muy efectivo.

10 de enero

Fuimos a Stanford en *tour* guiado. La escuela tiene un campus masivo de 8 200 acres, tienen dos códigos postales, su propia estación de bomberos, estación de policía, son una cuidad. Alrededor de 18 000 bicicletas están registradas a nombre de Stanford, todos se mueven en bici. Hay una iglesia increíble. La historia de la escuela es muy interesante. El nombre real de la escuela es Leland Stanford Junior, pero todo mundo la conoce como Stanford. Fue fundada por el magnate ferroviario y gobernador de California, Leland Stanford y su esposa, Jane

Stanford. Ellos tenían un único hijo que se enfermó y murió a los 16 años, de fiebre tifoidea. Entonces, los papás decidieron que fundarían una escuela para conmemorarlo, y así nació Stanford. La iglesia que está adentro la construyó la señora para conmemorar a su esposo cuando murió. Esta universidad ha sido la cuna de empresas técnicas y científicas tan importantes como Hewlett-Packard, Cisco Systems, VMware, Yahoo!, Google y Sun Microsystems.

El ambiente y sus alumnos son increíbles. Se siente una energía muy tranquila y al mismo tiempo poderosa. Ves gente de todo tipo, incluso gente más sencilla que mamona. A pesar de ser alumnos de una de las universidades más chingonas del mundo, son humildes y sencillos. Tuve la oportunidad de platicar con varios. Contraste total con México, aquí valoran tu conocimiento, tu disposición de trabajar en equipo, tu creatividad; en México, valoran el varo que tiene tu papá, tu tarjeta de crédito y lo buena que está la vieja que traes. Con sus excepciones, por supuesto.

En la mañana me levanté y fui a correr. ¿Cómo entrena la gente en ambientes tan fríos? La temperatura era como de seis o cinco grados, me congelé, regresé como paletita de hielo. Casi utilizo eso de pretexto para saltarme mi rutina.

Ayer fuimos a un restaurante buenísimo en Palo Alto y ordené una ensalada de betabel con queso de cabra, pero el queso estaba empanizado. Mi primera reacción fue de "No, empanizado, *bye*, engorda muchísimo", pero decidí confiar en mi cuerpo, le hablé y le dije, "Cuerpecito, te suplico que las calorías que ingiera y la comida que te dé la utilices sabiamente, tomes lo que necesitas y lo demás hay que dejarlo ir". Me pasé muchos años desconfiando de mi cuerpo, todo lo relacionado con la comida me generaba mucho estrés, y ahora es diferente, empiezo a confiar en mi cuerpo y en mi metabolismo. Si como bien, no engordo, sigo atlética. Mi cuerpo me ayuda, es mi aliado y me apoya mucho. No como poquito, tenía el casete de mi mamá de "comer como pajarito es como tienes que comer Coral, porque eres chiquita, menudita"; ese casete que hasta le fecha no importa que pase me toca, me volvió loca, me la pasaba luchando entre la voz de mi mamá y las instrucciones de mis nutriólogos afuera que decían que debía comer más por el desgaste físico que tenía. Me ha costado muchísimo trabajo reprogramar mi cerebro. Ha sido muy difícil empezar a desarrollar una buena relación con la comida, poder comer comida que se salga de mi menú perfecto y confiar en que estaré bien, que no me va a engordar, le hablo a la comida, te digo que le hablo a todo, me meterían a una institución mental si alguien me escuchara.

11 de enero

Hablé con Brad, empezamos a profundizar. Me dijo que era una invitada muy fácil de hospedar. Le sorprendía que no tenía que estar distrayéndome todo el tiempo, atendiéndome, llevándome de aquí para acá, que yo era muy capaz de hacer mis propias cosas. Y es que tengo mil cosas que hacer, escribo, medito, hago ejercicio, desarrollo mis proyectos. Estaba asombrado de que tendiera mi cama, sacara mi basura y lavara mis platos, son hábitos que desde chiquita me enseñaron en mi casa pero no fue hasta hace unos meses que lo empecé a hacer. En mis cosas también era un desmadre y súper desorganizada, pero ordenas adentro y se ordena afuera. Así de fácil.

Soy muy fácil para unas cosas y soy súper *picky* para otras, me he vuelto así en cuanto a lo que como, me he vuelto así en cuanto a la gente con la que estoy, los lugares a donde voy, las cosas a las que dedico tiempo. Me he dado cuenta de que te conviertes en la gente con la que más tiempo pasas, por eso ahora siempre me gusta rodearme de gente sana, exitosa, que admiro y sobre todo que tienen lo que quiero.

Le conté un poco de mi pasado, de mi alcoholismo, de mi bulimia, de la parte de mi vida en donde lo único que hacía era destruirme. Al hacerlo recordé todo por lo que he pasado, me fui tan atrás que le hablé incluso del embarazo que mi mamá tuvo conmigo por el grave alcoholismo de mi papá en ese tiempo. Mi mamá embarazada de mí y mi papá en la fiesta, borracho todo el tiempo, no llegaba a dormir, le ponía el cuerno, era súper mujeriego, imagínate a mi mamá cómo estaba y imagínate a mí como bebé, sintiendo toda esa frustración, tristeza, preocupación, enojo. Cuanto más estudio acerca de la importancia de la educación prenatal, más entiendo por qué estaba tan jodida. Desde que me engendraron estoy viviendo cosas horribles, mi pobre cerebrito no se desarrollo, mi sistema nervioso estaba por los suelos, desde fetito. Desde el vientre venía mal. Y afuera también todo estaba mal. No me cabe la menor duda de por qué hacía las cosas que hacía y por qué intuitivamente buscaba medicarme con alcohol, comida, relaciones, lo que fuera. No hay nada más sanador que entender realmente qué chingados te pasó. Cuando comprendes, el perdón viene solito.

Le hablé de mi infancia, de las mil veces que me corrió mi mamá de la casa, de que crecí a base de dulces, chicharrones con salsa, pan blanco con mantequilla y azúcar, Nutela, *hot cakes*, pizza, hasta los 24 años. Desde que nací mi cerebro muere de hambre. Mi química cerebral era un desmadre, por eso no podía hacer nada con mis impulsos por buscar estímulos externos. Lo sé porque a raíz de que cambié mi dieta no busco nada de eso. Con esos kilos de azúcar era normal que no aprendiera nada en la escuela, que viviera en una hiperactividad bárbara, que no me interesara nada, en pocas palabras, no tenía herramientas para aprender en absoluto. Conclusión: azúcar es lo peor para el cerebro de los niños, te pone como loco.

Y así le conté las borracheras que me puse con mi papá, la vez que nos robamos un coche en una peda. "No te puedo imaginar así, no, no es la imagen que tengo de ti, ni lo que tu energía emana. Ahora te veo y sólo me inspiras salud y bienestar". Me dio mucho gusto que haya dicho eso, porque entonces mi ejemplo sí tiene poder, y eso es lo que importa, no lo que dices, si no lo que haces.

Estaba con la boca abierta, me dijo que ahora le gustaba todavía más, que me admiraba y que se sentía muy afortunado de conocerme y ser mi amigo. Con el estilo de vida que llevo ahora, de pronto olvido todo lo que he pasado, como si hubiera sanado sin mirar atrás. Estoy consciente de que para enseñar tengo que mirar al pasado, y cada vez hacerlo más en paz, en armonía. Me costaba mucho trabajo voltear al pasado, era mejor decir "Bueno, lo que pasó, pasó, y no hay más, adelante, punto", pero eso no funciona bien. Cuando no sanas tu pasado, éste encuentra maneras de alcanzarte, no importa qué tan rápido estés caminando y alejándote de él. Te alcanza y lo hace como un huracán con muchísima fuerza. Es mejor tener la capacidad de voltear y trabajar con él estratégicamente y disminuir su poder para que cuando te alcance, estés preparado y sepas cómo actuar.

Si nos la pasamos re-accionando ante la vida, no pensamos nada sólo actuamos. Por eso todo el tiempo nos damos en la madre, porque tenemos cero autocontrol, cero inteligencia emocional. Cuando estoy muy enojada, me cuesta mucho no mentar madres o querer hacer algo para lastimar al que me hizo enojar, pero la única responsable de sus emociones soy yo, al de enfrente no le pongo esa carga ni le doy ese poder, nadie tiene el poder de sacarme de mi paz, eso es algo que intelectualmente sé, pero me cuesta mucho trabajo vivirlo.

Ahora no quito el dedo del renglón y trabajo para tener cada vez más el control de mí misma. Dicen que cuando la gente es ignorante y no sabe nada bueno, el Cielo le perdona sus estupideces; pero cuando ya sabe y es un ser consciente, el Cielo no es tan comprensivo. Entre más sepas y más consciencia tengas, más te exige. Entonces, si te haces pato, como dirían en la película de *Casarse está en griego*, *"thats why that no work"*. Cuando tienes la información, no tienes excusa para no trabajar contigo.

12 de enero

Fuimos a San Francisco a Sports Authority. Me compré ropa para hacer ejercicio, amo la ropa deportiva, me gusta más que la normal. Si pudiera, diario me vestiría con ropa para hacer ejercicio, es súper cómoda y calientita. Los shorts que uso no son particularmente calientitos, son bastante cortitos y embarrados para presumir, diría mi hermana, el buen *bootie* que tengo, jiji.

Con Brad me la paso increíble. Ahora me doy cuenta de por qué me gusta mucho estar con gente mayor que yo, soy mucho más afín. Desde chiquita siempre me llevé con gente más grande. En la escuela nunca fui de las que salía con los de su generación. Fuimos a un lugar que se llama Cavallo Point. Ahí pasamos la noche, decidimos que íbamos a cenar y después se les ocurrió salir a bailar un rato. Llegamos al hotel, dejamos nuestras cosas, nos cambiamos y nos fuimos a cenar a Bella, un restaurante italiano buenísimo.

Luego fuimos a la discoteca. En Estados Unidos casi nunca he salido de antro, mi *rock party life* pesado fue en Europa y México. Al antro que fuimos estaba catalogado como uno de los mejores. En México, si vas de antro, lo normal es que tengas mesa y hagas reservación, así que le dije a Brad que llamáramos e hiciéramos reservación y me dijo que sí, hablamos pero nadie contestó. Decidimos llegar tempranísimo, como a las 10 p.m., en México a esas horas ni siquiera te dejan entrar. Veo que hay como dos *boots* y ya, una súper pista para bailar pero sin mesas, no podía creer que no hubiera mesas, se me hizo rarísimo. Vi que la gente que empezó a llegar iba vestida muy casual. En México, son elitistas hasta la pared de enfrente, no te dejan pasar si vas vestido con chanclas, tenis, *flats*. Me sentí demasiado bien vestida para ese lugar. La gente iba directo a la pista, iban a bailar, literal. En México, la gente no baila a menos que esté borracha y mucho menos al principio, de hecho, al principio de la noche no ves a nadie en la pista, hasta que andan *happys*, pedos, ahogados se paran a "bailar". La gente de este antro no estaba peda, es más, la barra estaba medio vacía, hacían círculos y se ponían a *break dancear* y se aplaudían. Me divertí viendo que hay lugares donde sí se va a bailar. En México no conozco lugares así, donde he ido, vas a ponerte un pedo, a ligar y echar estilo, también es el pretexto para que las niñas se puedan vestir medio putonas, jaja yo era de esas. Tengo amigos que van al antro y jamás bailan, sólo se dedican a ponerse un pedo, bailar es lo último que pasa por la cabeza del mexicano. Por eso dicen "¿Vas a salir al pedo?" no "¿Vas a ir a bailar?" Pero no todo fue bueno en el lugar, me sentí medio incómoda porque no había mesas. Empezaron a poner música electrónica, "¡Qué gran diferencia de música electrónica!", le dije a Brad que en México los antros donde ponen esa música la gran mayoría de gente está hasta las nalgas de todo (drogas, alcohol) y ahí no vi a un solo borracho, de seguro los hay, pero no se compara. Nos fuimos como a la 1 a.m., me la pasé muy bien, pero definitivamente no es algo que volvería a hacer pronto, la desvelada sí me pega y el alcohol, no me ahogué ni nada, pero si tomé. Una gota de alcohol me afecta mucho. Así que cuando lo hago, tomo responsabilidad pues sé que al día siguiente no va a ser mi mejor día. Me acuerdo cuando antes me ahogaba, con mi mejor amiga decíamos al día siguiente *"Dude, I am not feeling my best"*, me quería morir. Ahora no es así, cuando me acuerdo de lo mal que me ponía me dan escalofríos.

14 de enero

¡Llegué a México! No estuvo tan mal porque en uno de mis vuelos en la conexión me encontré a un muy buen amigo que no veía hacía años. Nos hicimos compañía el resto del viaje. Es un tipazo. Antes de encontrarlo, mientras esperaba me llegaron memorias del pasado. No puedo creer las cosas que hice en mi desesperación por sanar y encontrar respuestas. Cuando andaba con mi último ex, su mamá es doctora-psicóloga y tiene una clínica que se especializa en adicciones. Según ella me iba a enseñar la "técnica" que usa en sus terapias. Y acabé contándole de mi bulimia, de mis *issues* y de mis pedos existenciales, ¡qué oso! Era ¡mi suegra! ¿Quién en su sano juicio se va a terapear con su suegra? Yo, por supuesto. Pensé que, chance, Dios me había mandado con ella por alguna razón. Ahí me doy cuenta de cómo cuando estamos en desesperación corremos a lo primero que vemos y nada más la regamos, andamos gritándole al mundo y confiando en quien sea nuestras cosas personales. Ésa fue una de las tantas chingaderas de las que me arrepiento. Hice tantas estupideces en el pico de mi adicción, *that there's just so much to attone for*. Otra fue cuando estaba haciendo el curso de A Course in Weight Loss de Marianne Williamson y tenía que hacer un ritual que consistía en escoger a dos personas importantes en mi vida, una que tuviera una relación sana con la comida y que me inspirara y otra que fuera mi *permitter*, o sea, una persona que pasara o haya pasado por trastornos con la comida, compulsión crónica, bulimia o anorexia. En el ritual esa persona debía concederte permiso emocional para que pudieras liberarte de tus propias compulsiones. ¿Adivina a quién escogí? A mi madre como mi *permitter* y a mi hermana como la persona que me inspirara, les pedí que participaran conmigo en esa ceremonia de iniciación donde tenían que escribirme una carta, etcétera, etcétera, ¡oso! Hice tanto en mi desesperación que creo que muchas veces la regué y me expuse demasiado. Sí creo en este tipo de rituales, pero siento que probablemente escogí mal, o no, tal vez fueron las mejores personas que pude haber escogido. Por otra parte, el oso con mi ex suegra fue otro grado de pendejada, lo acepto, me la volé.

En el avión, platicando con mi amigo me di cuenta de que los jóvenes no sabemos estar solos. Al parecer, no soy la única que salta de relación en relación. Me contó su historia con una ex, gruesa. Imagínate, para que sus amigos de la banda le digan "Satán". Yo la conozco y sí se le bota la canica chingón, cuando se refieren a ella, mandan la fotito del niño Damian, el de las películas de *La profecía* con un 666 arriba. Me recordó mi relación con el chavo que me dio el anillo. Al principio, mi reacción inmediata cuando me preguntaban por qué había decidido regresárselo, decía que había sido todo muy pronto y él no era lo que quería, sin embargo, si tomo los lentes de la responsabilidad, veo que hasta cierto punto yo quería que me diera el anillo porque pensaba que sería mi camino fácil para dejar de depender de mis papás. Lo vi como un salvador. Él, por su parte, también tiene una gran necesidad de estar con una mujer. Por fortuna, reaccioné a las tres semanas y lo corregí, elegí hacerme cargo de mí misma.

No hay manera de tener una buena relación con alguien si tú estás mal. Somos seres que tendemos a estar muy heridos, no es que seamos malos, estamos lastimados y pocos elegimos sanar. Si te platicara el tipo de relaciones que he vivido de cerca con amigas y amigos, incluyendo las mías... Por eso los divorcios son tan populares, parece fácil y chingón enamorarte, después sacas el cobre, y ay, *güey*. Mi amigo piensa que la gente saca el cobre a los tres meses, yo creo que no, creo que hay gente que lo sabe guardar muy bien. Conocer a alguien no es tan fácil.

15 de enero

Tengo muy grabadas las palabras de la doctora Candace Pert, quien dice que tu cuerpo es tu mente subconsciente y que tenemos células de comunicación y de pensamiento en todo el cuerpo, no sólo en el cerebro. Me gusta visualizar luz de amor impregnando todas mis células, para que estén activas, limpias, sanas; les digo que las amo y hablo con las células de mi aparato digestivo, pues estoy recuperando la salud de mi flora.

Me dormí tarde porque ayer tuve clase de mate GRE. Fue un día pesado. Parece que mi cuerpo necesita ver la salida del sol porque entra en sincronía en automático, no puse despertador ni nada para dejar a mi cuerpo descansar lo que necesitara, y aun así me levanté perfecto para ver la salida del sol. Cuando entras en sincronía con las cosas, no tienes que batallar, ése es el secreto, las cosas suceden naturalmente sin ningún trastorno de tu parte.

Cada día es más fácil no comer cosas que no van en alineación con mi objetivo de estar *fit*, porque ya no lo idealizo en mi mente, porque comer ese pastel o galleta no me da nada. Cuando despiertas de la ilusión, las cosas se vuelven fáciles. Ahora hago las cosas con conciencia, por eso me las quedo y no las vomito.

La bulimia es una enfermedad relacionada con la incapacidad de responsabilizarse de sí mismo. Comes y comes y vomitas, no tomas responsabilidad de lo que eliges y de la cantidad. Todos los seres humanos tenemos el poder de elegir. Manifestamos esa incapacidad en otras áreas de la vida, la comida es una, pero hay muchas más en el plano físico, como lo académico, lo familiar, lo económico, lo profesional; y en el plano no físico, en lo emocional, lo mental y lo espiritual.

Una bulímica tiene mucha dificultad para responsabilizarse de sus acciones. A medida que aprendes a tomar riendas de tu vida, eliges tomar el control y el poder de tu vida, y la bulimia empieza a disolverse. No digo que la bulimia sea esto nada más, por supuesto que no, lo has visto conmigo. Sin embargo, en este camino de recuperación muchas verdades me han sido reveladas, he tenido muchos descubrimientos como el *link*, bulimia-responsabilidad. Probablemente nadie lo entendería, ni siquiera creo que lo consideren en las clínicas de rehabilitación, pero las que tenemos desórdenes alimenticios nunca crecimos, somos niñas en cuerpos de mujer. Y eso no se puede, el tiempo tiene sus ciclos naturales y llega un momento en el que literalmente *it busts you*. Hay que crecer y tomar responsabilidad de nuestras decisiones. Eso es algo que aprendí de Don Juan, el personaje del libro de Carlos Castaneda, cuando dice que él nunca se arrepiente de nada porque todo lo que elige hacer lo hace responsabilizándose de cualquier consecuencia. ¡Qué gran poder! En esa posición todo lo que haces se transforma de una manera poco comprensible para el intelecto, sólo lo sientes. A mí me pasó ahora que salí, sé que el alcohol me trae consecuencias nefastas y aun así me eché mis chupes, a diferencia de antes, ahora lo hice consciente, acepté mis consecuencias (no digo que sea lo ideal, pero yo elegí) al hacer las cosas con esa conciencia, después no me siento culpable y no busco castigarme, no tengo necesidad de seguirme la peda seis días ni mucho menos. La gran culpa que sienten los alcohólicos por esa primera copa es la que los lleva a la eterna recaída.

16 de enero

Recé, medité, respiré, y leí una parte de *Sois dioses*. Me encantó donde Jesús dice que el agua que bebemos nos vuelve a dar sed y el agua que él ofrece es un agua que siembra dentro de ti un manantial infinito por lo que jamás volverás a tener sed. Este pasaje me recuerda mucho una pregunta constante que me venía una y otra vez a la cabeza: "¿por qué hago lo que hago?" ¿Cuál es la gasolina que le estoy poniendo a mi coche para andar? Las motivaciones mezquinas, mundanas, superficiales nos provocan sed insaciable.

Un maestro que tuve me dijo que el alcoholismo es la metáfora del espíritu, es decir, que el alcohólico busca recordar su verdad divina, restablecer su conexión con Dios Padre y con el espíritu; por eso el programa de los doce pasos es muy espiritual, el espíritu es la medicina. Las drogas son metáforas de una desesperación por recordar quiénes son y qué hacen aquí, así que después de todo la búsqueda de cualquier persona sufriendo de una adicción es una búsqueda noble. ¿Qué tiene de bueno estar en drogas? El problema no es la droga, ésa es la solución que la persona encuentra a su verdadero problema, *so, what's right about it?* El doctor Gabor Mate habla mucho del tema. No hay dolor más intenso que sentirte solo, sin amor, perdido en la incertidumbre. Por eso las drogas dan en un instante ese *flash* de una realidad más allá que ésta, donde por primera vez muchas personas se dan cuenta de que hay otras realidades. Aunque las drogas acerquen a una ilusión, con eso basta para despertar esta noción de que la realidad que ven, no es la única realidad. Y por medio de las drogas alcanzan a percibirla. Es difícil salir de las ilusiones, y más cuando crees que te hacen algún bien. Las drogas son el agua que te vuelve a dar sed, por eso no se para nunca de "tomarlas". Es un ciclo.

Las cosas efectivas son las que te quitan las cosas *for good*, donde no se crea una dependencia de ningún tipo, ni hay posibles efectos secundarios. Cuando digo drogas además de las sustancias tóxicas que conocemos como alcohol, cocaína, LSD, mariguana, me refiero también a la comida, al trabajo, al sexo, al juego, a las mentiras, a todo lo que podemos ser adictos, incluso a los grupos de autoayuda y materiales de desarrollo personal, pues llega un momento en el que uno tiene que volar "solo" (entre comillas porque nuestro Padre siempre está con nosotros), así que debemos aprender a utilizar las herramientas en su momento, superar y dejar ir.

Somos una sociedad adicta, que sólo señala a los dependientes de las drogas (sustancias) como distracción para no ver lo jodidos que estamos todos. Me atrevería a decir que noventa y nueve por ciento de la sociedad es adicta a algo, no somos seres libres. Mientras sigamos tomando del agua que el mundo ofrece, seguiremos así hasta que nos muramos.

Uno de los amigos que vino a mi casa hace poco me preguntó si me gustaba la joyería. Él es industrial, maquila metales. Entonces discutimos la idea de hacer algo juntos. Soy muy creativa y me gusta diseñar. Empecé a ligar las cosas. En 2009 cuando fui a certificarme como Soul Coach con Denise Linn, ella me dijo "Coral, tuve un flashazo contigo, algo que tiene que ver con joyería". Se me hizo lo más raro del mundo, pues en esos momentos de mi vida quería ser la siguiente Britney Spears.

Soy más soñadora que nada, no es que esté mal, pero los grandes soñadores nos quedamos mucho en el sueño y poco en la realidad. En esa etapa estuve muchos años, con mil sueños y proyectos, pero nunca aterricé nada.

17 de enero

Ayer fue un día muy importante, tengo la versión de mi primer libro. He dormido un poco más de la cuenta, entre mi gran esfuerzo intelectual y mi gran esfuerzo físico, mi cuerpo necesita un buen descanso, pero me gusta trabajar y esforzarme. Me encantan las mates, aunque no doy una de alguna manera las entiendo, las entiendo como símbolos. Las matemáticas a diferencia de muchas otras materias no te permiten echar pereza mental, implican mucha concentración, tienes que estar presente. Mi historial académico está de oso, toda la vida le pagué a mil gentes para que me hicieran los trabajos, de milagro acabé mi carrera. La prepa la acabé abierta y compré las claves. Ahora, mi actitud ante la escuela ha cambiado, disfruto aprender y saber. A través de las matemáticas he descubierto cosas de mí, de mi personalidad, de mi espíritu, de mi cerebro. Mate está siendo una herramienta de observación. No son diferentes a la vida, "los matemáticos buscan patrones, formulan nuevas conjeturas e intentan alcanzar la verdad matemática mediante rigurosas deducciones". ¿No es eso lo que intentamos los seres humanos?

Mi papá biológico anda de un humor, que bueno. Le marqué para verlo y casi me contesta "¿Qué chingados quieres?" Me da risa, no lo tomo personal, seguro algo le pasó o tiene su gota o algo y por eso anda neuras. Cuando llegué estaba viendo el tenis, es fan y juega muy bien.

18 de enero

Me levanté temprano, medité y oré. Estuve reflexionando sobre las cosas que me pasaron ayer. Antes de irme a dormir, hablé con Erick (el chavo de la joyería). Después de mis clases de mate quedamos de vernos para platicar, tengo dos tres cosas con diseños que le voy a enseñar.

En la noche llegaron mis hermanos a la casa, vienen a pasar el fin de semana. En la cena platicando, no sé cómo acabamos hablando de la leche. Se me ocurrió decir algo como "yo casi no tomo leche" (por los cambios que he hecho en mi dieta) ¡Error! Eso fue suficiente para que empezaran a atacarme. En mis atracones me acababa toda la leche y la alacena entera, ya te imaginarás cómo me pusieron. Me sentí avergonzada. "Cuando llegabas a la casa se acaban los litros de leche, Coral." Me sentí de la mierda, pero tienen razón. Son consecuencias de mis actos pasados, no voy a victimizarme porque son ojetes y no entienden, hoy tengo la fuerza para no juzgarlos, verlo diferente y no reaccionar, sino corregir. Mis hermanos, pero sobre todo mi hermana, está cargada emocionalmente con respecto a mí por mil cosas, está enojada porque nunca he tenido un trabajo normal y ella se ha chingado desde los 22 años. Yo me la he pasado viajando, mientras ella está atada a su despacho. Siento que eso la ha trastornado y tiene coraje. Me lo probó ayer por sus reacciones fuera de proporción cuando le aprieto un botón. Los perdono porque, si no, qué *güeva* andar cargando con esa energía que no es mía.

19 de enero

La primeras horas de la madrugada son sagradas porque traen información, hay que convertirnos en vasos vacíos para que el Cielo pueda derramar su sabiduría en nosotros, para poder trasmitirla después. Escribo de 5 a 7 a.m., no puedo a otra hora. No hay nada como levantarte en amor, en armonía y empezar un día increíble.

Ayer fui a desayunar con Erick a un lugar de crepas y *waffles*, pedí unos huevos revueltos con yogurt, pita y salsa que se salían de lo que considero un "desayuno perfecto" y no detoné mi chip "culpa-vómito". Estoy logrando que mi cerebro transforme esas conexiones comida=placer, amor=compañía. Cuando los cambios son reales, no tienes que pelear, no es difícil comer saludable, nace naturalmente. Por eso he podido conservar por seis meses mi mismo peso, con todo y mis viajes. Ya dejé de ser el yoyo.

20 de enero

En la mañana fui a mis clases de mate. No llego al nivel adecuado para que empiece a explicarme los ejercicios del libro del GRE. No sabes qué mal estoy en mate, estoy por debajo del cuatro por ciento, no entiendo nada.

Antes de eso estuve haciendo ejercicio en la terraza de mi casa. De repente salió mi hermana y me volteó a ver con cara de ¿ésta qué se cree?, como despectiva y mala onda. Me acordé de que muchas veces la gente que más te quiere a nivel inconsciente no quiere que brilles, que seas exitoso, aunque se queja y se quejan de ti, mientras sigas de la chingada, ellos están felices porque de alguna manera compruebas que "tienen razón". "¿Si yo siguiera siendo una alcohólica, bulímica, desempleada, desmadrosa, vale madre, mi hermana estría más contenta?", no sé, toda la vida le dijo a mis papás que yo andaba muy mal y que todo lo que me daban nada más iba contribuir a mi destrucción.

¿Has visto que la gente que sabe manifestar abundancia en su vida sin tenerse que negrear es atacada? A la gente no le caen bien los que no tienen que trabajar para tener dinero, se enojan con ellos. En el presente no produzco un peso, pero tengo un libro que me costó la vida. Desde muy chiquita he trabajado, pero no me fui a conseguir un trabajo por dinero, sino que elegí trabajar en mí. El trabajo personal es una chinga. Y lo hice diferente, siempre hago las cosas diferentes.

22 de enero

Ayer me tocó clase de mate con las Vélez. En cada sesión aprendo algo nuevo, las mates son exactamente como el universo, tienen las mismas leyes. Es un lenguaje que me gusta y me intriga.

¿Por qué la gente cree que el amor de pareja es real a medida que sufres por él? O sea cortarse las venas, depresión, lloro *all day*. Si no te ven hecho mierda es que "entonces no lo querías tanto". Entre más fuerte sea tu drama, más cabrón lo querías. No es real. El verdadero amor no es intenso, no se aferra, no pone expectativas ni agendas, es libre y ligero. No es pasional, es suave.

Fui a la Ibero a tramitar mi certificado total de carrera, después de siete años. Mis papás dicen que toda la familia va a ir a mi ceremonia de graduación, que van a llevar matracas y todo. Me sentí como la chava de *Casarse está en griego*, cuando encuentra con quién casarse y toda la familia le dice "Nunca pensamos que te casarías y llegaría este día".

23 de enero

"Las energías nuevas nos impulsan a trabajar con cosas nuevas, a liberar lo viejo", ése es mi pensamiento del día.

Fui a cenar con mi hermano Omar. Lo que más me gusta es que es muy amoroso y cariñoso, ninguno de mis otros hermanos ha sido así, ni por error. Éste me dice "hermanita, eres lo mejor, te quiero mucho". Me quiere y me aprecia muchísimo y sólo tiene 15 años, me derrito cuando me habla así, yo también lo amo profundamente.

A raíz de que no entreno diario mi cuerpo está más marcado. "Claro, menos es más", no hay que matarse en el *gym*, es un desperdicio de tiempo, se necesita una buena rutina y una muy buena dieta. El músculo se estimula en el gimnasio, se alimenta en la cocina y se desarrolla en tu cama (hay que dormir). Y pensar que antes entrenaba tres horas porque creía que menos no sería suficiente para rayarme, yo quería estar extraordinaria, por eso creía que tenía que hacer esfuerzos sobrehumanos, *I was wrong*.

Está comprobado que todas las neuronas del cerebro existen en todo el cuerpo. ¿Sabías que hay hormonas de insulina en el cerebro? Dirás, ¿qué hace una hormona de insulina en el cerebro si su casa está en el páncreas? Pues sí está, ésa y miles más. Tienes que dominar una nueva manera de pensar antes de poder dominar una nueva manera de ser y ver el cuerpo como un todo, no en partes separadas. Hay que hablarle bonito hasta la uña del dedo chiquito del pie. Si sientes que hay algo en tu cuerpo que no te gusta y que rechazas, no te lo recomiendo, tu cuerpo escucha todo y manifestara lo que le digas. Hay que aprender a jugar nuestras cartas inteligentemente, y nuestras cartas no son situaciones externas, es nuestra mente, si dominas tu mente, dominas tu vida.

Es mejor hacer las paces con nuestro cuerpo y aliarnos con él, la realidad de las cosas es que nosotros somos los que tomamos al cuerpo físico como campo de guerra. ¿Cuántas operaciones, cirugías, abusos has cometido? Encuérate y vete al espejo, encontrarás las cicatrices de la masacre. Y uno se encabrona con él. Yo le hablo a mi cuerpo y a todas mi células, les digo que las amo, les doy las gracias, las honro, ellas reflejan cómo se sienten y me moldean. En congruencia con lo que digo, las alimento muy bien y trabajo haciendo ejercicio. Mi cuerpo físico es un santuario sagrado.

"Las palabras jalan, pero el ejemplo arrastra"

24 de enero

Qué importante es tener una práctica espiritual diaria, algo que nos haga sentir esa conexión con nuestro Padre, con esa luz, con esa energía de amor, de bienestar, de calor. Ésa es gasolina suficiente para que tu día se transforme por completo.

Un curso de milagros dice que hay que invitar a nuestro hermano mayor, el maestro Jesús, a que entre a nuestro sistema de pensamiento, para que a través de sus ojos podamos ver el mundo ese día. ¡Sí funciona! Inténtalo aunque sea sólo un día.

Cuando tenía 17 años, mi alcoholismo estaba en apogeo. Una amiga me invitó de vacaciones a Puerto Escondido. Yo no hacía otra cosa más que escaparme a chupar. Todos los amigos que estaban ahí se la pasaron más que drogados, cocaína, LSD, tachas, buenoooo. Una drogadicción pesada, para entonces yo había encontrado mi droga, "el alcoholito" para enterrar a la niña miserable, herida, con un profundo sentimiento de abandono y de rechazo. Sólo tomé, a eso me dediqué en ese viaje.

Sin embargo, el universo nunca me dejó sola, ni siquiera cuando estaba en la boca del león. En una de las fiestas conocí a un *surfer* medio galancito. Yo no podía más, así que le dije que me acompañara al borde del mar a sentarnos. Estaba exprimida. Nos sentamos y sin decir una sola palabra lo único que hizo fue abrazarme, se me salieron las lágrimas, se sintió como una cobija caliente en medio de un invierno. Ese abrazo me llegó al alma, un completo extraño en ese momento me estaba salvando la vida. Más tarde comprendí que Dios mandó un ángel a que actuara a través de él y me diera confort. Dios nunca nos deja solos, siempre nos manda a alguien o algo. Si le preguntas a tu vecino que te cuente los peores momentos de su vida, te apuesto a que te dirá algo como "Sí, pero por suerte llegó esto o el otro", y verás que ahí estuvo la mano Dios. La palabra suerte es su firma anónima.

25 de enero

Ayer llegue a México, hoy es el cumpleaños de mi sobrina y vine para ayudar a mi hermana a hacer todos los sandwichitos para los niños, a llenar la piñata, a hacer las bolsitas de regalos. Estoy aprendiendo a dar desinteresadamente, porque me nace, porque dar me hace feliz.

Le conté a mi hermana de mi libro y se puso feliz. "Hermana, estoy muy orgullosa de ti, creo que este libro va a ser un éxito. Te mereces lo mejor, es la primera vez en mis 32 años de vida que te veo en paz contigo misma." Ni si quiera lo había pensado así, por fin estoy en paz. Yo estaba en guerra, toda mi vida luché contra mí, una batalla emocional, física, espiritual, mental, muchas batallas que hacían una guerra masiva de la cual por fin levanté la bandera blanca.

Decidí contratar un entrenador personal en el gimnasio, quiero aprender a targetear mis músculos correctamente. Le platiqué mis antiguas tácticas y me dijo "Muy mal, estabas quemando músculo en vez de hacerlo que crezca". Me habló de la importancia del descanso y de los síntomas de sobre entrenamiento. Estoy aprendiendo mucho de todos los mitos en torno al *bodybuilding*. En los gimnasios veo que los entrenadores te ponen a darle fuertísimo, desgastando al cuerpo físico, creen que entre más duro, mejor.

26 de enero

En la noche fui a cenar con Erick, me trajo hechos los primeros diseños que le enseñé. Son cuatro anillos con diferentes formas de cobras. La cobra es un animal muy significativo para mí, me siento conectada a ella. Para mí, la serpiente es símbolo de renacimiento, de poder, de alquimia. Le quedaron increíbles. Es muy bueno en lo que hace.

27 de enero

Antes de dormir, leí un capítulo de *Sois dioses* y dormí riquísimo. Invoqué a los seres de luz para que me dieran protección divina mientras mi cuerpo físico descansaba, pedí que llevaran mi alma a las grandes escuelas iniciáticas donde las grandes almas se reúnen noche tras noche para ser instruidas por los grandes seres. Para esto uno debe de manejar un grado de conciencia superior, porque si no, no entendería nada (es como la escuela, no mandarías a un bebé a secundaria, *right*?), porque todo requiere un gran trabajo previo. Esas escuelas son el equivalente a estar haciendo un doctorado en Harvard. El verdadero trabajo no es en este mundo, en palabras de mi Padre, "Tarde o temprano mis hijos volverán. Cuando hayan sufrido mucho, volverán".

28 de enero

Ayer pasé una buena tarde en compañía de mi hermano Omar, me reí horas con él. Lo mejor fue cuando regresé a su casa con mi papá. Los tres nos acostamos en la cama, mi papá me hacía cariñitos todo lindo y yo fresca me volteo y le digo "Pa, cada vez que te veo estás más expandido", jaja, es que estaba acostado y su panza estaba expandida. Nos reímos mucho. Esos momentos familiares son invaluables. Me relaja estar con ellos, son sencillos y amorosos, el polo opuesto a mi otra familia, tan propia y conservadora que cae en lo frío, congelado.

29 de enero

Empiezo a sentirme atraída por Erick. Admiro lo que ha logrado a su edad. Atrás de un hombre económicamente estable y próspero hay muchas cualidades que admiro, como creatividad, responsabilidad, perseverancia, independencia, esas cualidades son oro líquido para mí. ¡Qué *sexy* es un hombre inteligente! No es guapísimo, pero tiene algo que hace que lo vea *super hot*. Disfruto estar con él y aprendo mucho. Intercambiamos conocimientos, yo espirituales y él materiales, hacemos buena mancuerna.

30 de enero

Hoy me levanté en la madrugada, con las voces de mis maestros en la cabeza. Me decían que en el gimnasio al que voy debía ser un ejemplo de paz, de amor, de unidad, de verdadera belleza y salud no de competencia, arrogancia o prepotencia. Es que al gimnasio va mucha gente a presumir, a competir, muchas mujeres caminan con arrogancia. La otra vez una chava me volteó a ver con desprecio y yo en automático le contesté igual, por eso mis maestros no se tardaron en jalarme la cuerda. No me siento a gusto viendo así a otras mujeres, ellas son mis hermanas, debo de darles una sonrisa, bendecirlas, sentir amor, compasión, que mi energía afecte en toda la gente a mi alrededor, sin necesidad de que diga o haga algo. "Las palabras jalan, pero el ejemplo arrastra." Debo ser el ejemplo de lo que busco en los demás. ¿Quiero una sonrisa? Primero yo daré una sonrisa. Hoy voy a bendecir a todas y cada una de las mujeres que vea; entre más cabronas, mamonas y prepotentes sean, más les voy a sonreír.

Hablé con Erick, lleva tres semanas viviendo en la sobriedad, es que era pedísimo. Hemos estado saliendo, dice que prefiere estar conmigo que en el pedo. Lo hace por sí mismo, yo sólo practico un estilo de vida y le platico mis experiencias. Dice que a raíz de que ha dejado de ponerse hasta las chanclas, como por arte de magia sus negocios están empezando a moverse bien, está mucho más alerta, mucho más activo, más motivado, se siente más seguro. Si ya era inteligente, ahora imagínatelo al cien, es una máquina.

Vivir en la luz no significa que dejarán de venir dificultades y retos, pero tendrás herramientas para pasarlas. La vida espiritual no es igual a la vida de color de rosa, al contrario, el verdadero trabajo comienza cuando uno despierta todos los días. Pero no es lo mismo que te agarre el diluvio con barca que sin barca. Y jamás vuelves a sentirte solo otra vez aunque no haya nadie físicamente contigo. Te sientes más apoyado, amado y acompañado que nunca en tu vida.

1º de febrero

Fui a cenar y al cine con Erick. Me invitó a Valle el próximo fin, pero tengo clases de GRE el sábado. Después de que pase el examen y logre mis metas, me voy a sentir mejor que ir a esquiar a Valle. Seré más inteligente, voy a proponer ir a Teques el domingo, así no falto a mis clases ni nada, siempre se encuentra una solución para todo.

2 de febrero

Me compraré homeopatía para descansar, por lo del GRE y todo mi entrenamiento físico es imperativo que en las noches tenga la mejor calidad de sueño.

No estuve nada de buenas, me dormí tarde y hoy me levanté a las 6 a.m. para ir a mis clases de verbal, donde más *sharp* necesito estar. El chistecito de la desvelada me costó todo el día, anduve cansada y de malas, porque no le di tiempo a mi cerebro de crear la serotonina suficiente para que anduviera feliz como siempre.

Fui a comer con mis hermanos. Se les ocurrió pedirme que me quedara otro día en México a cuidar a mis sobrinos en la noche, para que mi hermana pudiera ir al cine. Tenía planeado ir con mi entrenador al día siguiente, me choca que me saquen de mis rutinas, me da miedo perder el control de lo que he logrado. Me puse de malas pero respiré y me tranquilicé. Mi hermana sacó un comentario de esos mala onda que me echa de repente cuando está de malas, pero entendí que había tenido un día de chamba fatal y esta súper presionada, no me enganché y comprendí que el pedo no soy yo. Ya no me tomo personal los malos comentarios que me echan, pero me da *güeva* convivir con gente negativa y diplomáticamente agresiva.

Ayer en mi mal humor le llamé a Erick saliendo de mi clase de GRE, "Mijito, *bye* estas desveladas de cenas y *movies* los viernes, no descanso lo suficiente y estoy irritable todo el día. No voy a ir este fin a Valle porque tengo clases y son mi prioridad". "Órale, siento que me estás bombardeando, tranquila. Los viernes sólo nos vemos hasta la una, y del fin, te apoyo, tienes razón, hay que hacer algo después de que salgas de tus clases el sábado". "No, hijito, el viernes *top* 11, entre semana me duermo a las 10 para levantarme a las 5, mis días empiezan a las 5. Los sábados soy flexible, puedo recorrer una o dos horas. Lo que sí es que no puedo dejar de dormir ocho horas", y nada más se reía de mí, pero me hacía caso y me apoyaba. Me pareció maduro que respetara mis necesidades y mis prioridades.

Resuenan violines, cantos, laboriosas notas y mientras andamos diligentes, moviéndonos cada uno con su tarea, con su afán con sus temas, todo en un solo concierto y ahí vamos a latidos andando, un solo equipo.

No tienes idea del tremendo alivio y de la profunda paz que resulta de estar con tus hermanos o contigo mismo sin emitir juicios de ninguna clase. Cuando reconozcas lo que eres y lo que tus hermanos son, te darás cuenta de que juzgarlos de cualquier forma que sea no tiene sentido (*Un curso de milagros*, capítulo 3).

Ya me llamaron la atención allá arriba: busca comprender, no ser comprendida. Pido perdón por haber sido tentada a salirme de ese lugar de amor infinito y haber juzgado por tanto tiempo fuertemente a mis papás y a mis hermanos.

4 de febrero

Busted, literal. Ayer estuve toda la tarde con Erick. Fuimos a caminar, al cine y a cenar, el niño me gusta mucho. Llevo días con esta lucha interna de si es lo correcto o no de estar con él. Lo peor es que todo afuera de mí ha estado reflejando mi estado interior. Mi perrita entró en celo y anda tras el pastor alemán de mi casa, eso me molesta. ¿Por qué? Me puso a pensar si mi relación con Erick es verdadera o es pura pasión, soy muy buena para confundirme en esto de las relaciones de pareja. ¿Cómo sabes cuándo es realmente amor lo que sientes y no es pura calentura? Puedes tener estupenda química sexual y te puede gustar físicamente mucho una persona pero ¿eso hace que la ames? *I dont think so*.

¿Recuerdas cuando troné con mi ex? Dije que debía estar sola al menos un año, pero no sé estar sola, me las arreglo para tener galanes. De igual forma el universo es inteligente y ponen a mi madre en mi vida. Lo digo porque ayer justo cuando le di un beso a Erick se le ocurrió salir a mi mamá, a las 10 p.m. —lo que nunca hace— y ¡que me cacha! ¡Qué oso!

Por eso, al principio de este correo te puse *busted*, yo solo digo "No, por favor, no me llamen la atención a través de mi madre", me cuesta mucho trabajo aceptar cosas de ella.

¿Sabes qué me dijo cuando entré a la casa? "Qué fachas traes, no me gusta nada cómo estás vestida hoy, así te empiezas a vestir cuando te llevas con esa gente." Llevaba unos *shorts* cortitos, unas botas negras y una blusa *hippiosona* que se me veía un hombro, normal (la cosa es que vestirte *sexy* en mi casa es un insulto a tu reputación y a tu imagen), cosa que nunca me ha importado en la vida. Me encabronó que justo a las 10 se le haya ocurrido salir, que me hubiera cachado, que me insultara y que juzgue a gente que no conoce, es despectiva y arrogante. También ella está pasando por momentos difíciles, ella está encabronada con la vida, por eso anda con guantes de box aventando madrazos a quien se le ponga enfrente, diplomáticos, muy diplomáticos eso sí, que son los peores *if you think about it*. Como la conozco tan bien y sabía cómo iba a reaccionar, no le dije que iba a ver a Erick, si no que iba a ir con otro amigo, o sea, le mentí. Por ello, voy a finiquitar mi relación con él, eso sí que va demostrar maestría de mi parte, digo, no tener nada que ver con el galán pasado fue muy fácil porque era un *brother* de 60 años, pero Erick sí me gusta mucho. Por eso, mi oración ahora no es tanto de "Dios, dame sabiduría para saber qué hacer, sino más bien, Dios, dame la fuerza para llevar acabo tu voluntad y no la mía".

5 de febrero

No sabes lo estresada que estuve en la tarde, enojadísima con la situación: Erick-mis compromisos-hacer lo correcto-decisiones a tomar. Le sigo dando vueltas al asunto y finalmente no hice nada, obvio, no acabé con la relación. Me estresé muchísimo, porque aunque no he hecho nada de nada con nadie, tener a Erick en mi vida es una tentación.

Hablé con él, le dije cómo me sentía. Reaccionó súper alivianado. En mi viaje de Cuernavaca a México, escuché una lección de Denise Linn, donde habla del *bottom line*, "nadie puede humillarte sin tu permiso", o sea, me puedes mentar la madre, pero yo elijo cómo sentirme, como lo percibo y qué hago con eso. Es cierto, yo solita me estaba sintiendo súper culpable, me estaba latigueando porque me gusta Erick y salgo con él. Así que tomé la determinación de verlo sin romper mis compromisos, no voy a entrarle a algo serio ni me voy acostar con él, tengo mis prioridades bien marcadas y nada va primero que eso: GRE, ejercicio, libro, *summer school*, etcétera. Si después de mis cosas tengo tiempo de divertirme con alguien que me quiera, ¿por qué carajos no?

Lo seguiré viendo. Tiré la mochila de ladrillos que me impuse y me sentí muy bien todo el día. En mis clases de la noche no entendí nada como siempre, ya me estoy preocupando, ¡neta! Pero seguiré hasta acabar mi proceso, haré mi mejor esfuerzo.

Mi ex me escribió enojado, puso cosas como "no te vuelvo a buscar, no te quiero volver a ver en mi vida, te odio, nunca me amaste, eres una pinche mentirosa, te di todo y te valió madre. No sabes el coraje que me da todo el tiempo que desperdicié contigo, cero vales la pena.

P.D.: No te agarres a mis amigos".

No le contesté nada ni me ofendí, *he is in pain*, lo entiendo, sus palabras no significan nada. Cuando se le pase su berrinche, va a buscarme para pedirme disculpas de todo lo que me dijo y ahí estaré.

¿Viniste a verme ayer? Soñé contigo. Quiero pedirte perdón por todo, por lo que sea que haya dicho o hecho. Me gustaría aprovechar esta última semana que me queda de proceso y recibir tu guía. Puedo hacer mi vida y estar bien sin tu apoyo, pero no quiero. No me gustaría perder contacto contigo. Pero sé que lo que quiero no siempre se me es dado.

Coral:

Todos los días he estado contigo. Anoche estuve ahí, hablé poco pero te bendije mucho. Puedo estar contigo, si tú quieres. No estoy enojada como piensas, dejo fluir, cada quien tiene su momento y evolución. Si ya no te molesta escribirme y confías en mí, hazlo, yo estaré contigo.

6 de febrero

Te tengo noticias. Número uno: sigo con mi preparación para el GRE, aunque es difícil concluiré este proceso, pase lo que pase. Tengo que hacerme responsable por mi decisión y concluir mi ciclo.

Número dos: todo va bien con mis papás. He aprendido a estar con mi mamá sólo como observadora. Sanando mi relación con ella, el tema comida se ha vuelto más fácil de manejar, pero sigo en recuperación, diario es un trabajo para mí, seguir un plan, monitorear mis emociones, trabajar con mis creencias, romper con mis ilusiones, reprogramar mi cerebro, liberar mi estrés y eliminar el hábito de todo=comida.

Número tres: llegó Erick a mi vida. El físico no es su mayor virtud pero tiene cosas que valen mucho más. Tiene 30 años, se compró casa, es empresario, digamos "joyero" y me trata como reina, aunque le encanta el chupe y la fiesta. Desde que sale conmigo los fines de semana vemos películas y estamos tranquilos. Me confunde pensar si el Cielo me está poniendo a prueba. En todo caso no he tenido el valor de dejar de salir con él.

7 de febrero

En la mañana me desperté y tenía claro lo que tenía que hacer con respecto a mi relación. La voy a terminar. Tengo mis momentos. A veces encuentro la fuerza para seguir mis impulsos del alma, que son diferentes a mis impulsos de la personalidad. Cuando esto sucede, todo está claro y es fácil tomar una decisión. Tengo herramientas, tengo sabiduría y tengo fuerza para salir adelante.

8 de febrero

¡Soy una cobarde! En las mañanas estoy muy decidida a algo y cuando llega el momento, le saco. Hablé con Erick, cancelé mi plan con él, mi intención era decirle que *bye*, gracias, adiós, pero no pude. ¡No quiero dejarlo, carajo!

Coral:

No te había escrito porque estaba trabajando. Te leo desesperada por una relación. Es normal, eres una mujer joven y bella, además muy inteligente. Sólo quiero recordarte el porqué decidiste no tener relaciones un tiempo, nadie te lo puso, te lo pusiste tú.

Retoma el fundamento. Aquí hay de dos, o lo aplicas o no lo aplicas, es tu decisión, con sus consecuencias, que siempre tendrán su lado claro y su lado oscuro. Acuérdate, nada es totalmente claro.

Bendiciones y luz.

9 de febrero

Me enojé de que hayas dicho que estoy desesperada por una relación, fue una cachetada con guante blanco, pero es la verdad. No he aprendido a estar sola, no quiero que me guste nadie. Después de leer tu correo, le mandé un *mail* a Erick donde le explico mi situación interna, le digo que me siento con un pie adentro y otro afuera, como si estuviera en una lucha. Soy una mujer firme en mis actos y mis palabras pero últimamente no he estado tranquila porque siento que he fallado a mis compromisos. "Mi compromiso es no tener relaciones con nadie en un tiempo. *Sounds crazy*, pero estoy trabajando en el dominio de mí misma. No sé si lo entiendas, no espero que lo hagas. Por ahora debo seguir mi vida sola, en el camino en el que estaba antes de conocerte. Ojalá este tiempo que le bajaste al alcohol haya sido por ti y no por mí. Desarrolla nuevos hábitos, haz ejercicio, lee buenos libros, levántate más temprano, sólo puedo decirte esto, pero nadie puede caminar por ti. Acuérdate de que diario elegimos, y hay de dos, o eliges el camino que te llevará un paso más a tus objetivos, o eliges el camino que te alejará de ellos. Aprende a discernir."

Ya finiquité esto. Tarde o temprano tendría que hacerlo, y mejor temprano, no me ha ido tan bien cuando hago lo contrario.

Ayer en la noche platiqué horas con mi hermana. Estuve ahí para ella.

10 de febrero

Me levanté en la madrugada y lo primero que hice fue ver mi correo para ver si me habías escrito algo, pero vi que no. La que me escribió un correo hermoso fue mi hermana. Es increíble cómo sintió mi apoyo. Cuando leí su correo no podía creérmela, no me caía el veinte que mi hermana estuviera diciéndome esas palabras.

Herma

No sé por dónde empezar a decirte todo lo que siento por ti, todo lo que significas para mí. Este fin de semana aprendí más de ti que en los 33 años de vida que tengo. Tengo que empezar por pedirte perdón con el corazón en la mano.

Perdón por no haber estado ahí cuando más me necesitaste.

Perdón por haberte juzgado durante tanto tiempo sin tratar de entenderte.

Perdón por no haberte tenido fe en los momentos que demostrabas algún cambio positivo en tu vida.

Perdón por no haber tenido paciencia contigo.

Perdón por haberme comportado tan egoísta pensando sólo en mi vida y mis cosas.

Perdón por no haberte escuchado cuando era evidente que necesitabas un "hombro para llorar".

Perdón por haberme mantenido al margen de tu vida durante tanto tiempo.

Así me puedo pasar pidiéndote perdón y seguiría haciéndolo si supiera que milagrosamente eso cambiaría algo de todo lo que viviste. Sin embargo, no es así y me duele mucho. Me duele darme cuenta de que como hermana mayor te fallé durísimo, se me parte el corazón en mil cachitos. Y si hay algo con lo que te pueda compensar, créeme que lo haré, ¡te lo juro!

Yo no te vuelvo a fallar, ¡nunca! *ever!*

Me da tristeza y, al mismo tiempo, alegría, que me haya tardado tanto en "verte" como la mujer fuerte que eres. Eres un gran ejemplo a seguir, no dejes que nadie te diga lo contrario y, si alguien te lo dice, te puedo asegurar que es por envidia. Eres una mujer íntegra, con defectos y virtudes como todos los mortales; mas tus virtudes sobrepasan por mucho tus defectos, ¿sabes por qué? Porque eres y estás consciente de ellos, porque sabes lo que es estar en la silla del juicio y todo mundo esperando lo peor de ti. ¡Tú superaste eso, herma! ¡Tú lo hiciste! Y mírate ahora, eres un gran ejemplo.

Todas tus palabras llegaron a lo más profundo de mi ser, llegaron a lugares que ni siquiera sabía que existían. Estoy en una etapa de reconocimiento de mí misma que abriste ante mí. No fue mi *coach*, ni mi homeópata, ni *mother*, ni Manolo, ni siquiera mis hijos, fuiste tú y por eso, y mucho más, te estoy agradecida. Ver la fortaleza con la que hablabas de tu pasado y la serenidad y honestidad con la que te expresabas, me dejaron completamente impactada. Te admiro. Tu fuerza interior, tu compasión y humildad es algo que debo aprender; que necesito que me enseñes, que me guíes.

Me siento un poco hipócrita pidiéndote esto, sobre todo viniendo de una persona que no tuvo el valor y la comprensión para entenderte en los momentos más difíciles, así que te lo voy a decir así sin rodeos: Herma, te necesito más que nunca.

Tengo gente que me acompaña en este proceso, pero tú bajaste todas mis defensas en dos días, me hiciste pensar y sentir más que lo que mi *coach* ha podido hacer en tres meses.

Sé que ahora tienes muchos planes y lo último que quiero es quitarte tiempo (sé que me vas a decir que por mí dejarías eso y más, pero no quiero que lo hagas).

Cuando te digo que te necesito simplemente quiero saber que vas a estar ahí para mí; para hablar por teléfono, *whatsappear*, contestarme un e-mail, venir a la casa cuando puedas.

Quiero, y necesito, que sepas que estoy orgullosísima de ti, de la mujer que eres y de la mujer que quieres ser. Te repito, eres un gran ejemplo a seguir, ¡considérame tu fan #1 para toda la vida y la eternidad!

Te amo con todo mi corazón.
Tu Hermana, Bibi-Bibi

Ni siquiera sé qué fue lo que dije. Por supuesto que la perdono y que estaré incondicionalmente para ella. Tengo la capacidad de estar.

Ya corté toda relación Erick. Después del correo me marcó, me decía que me apoyaría en todo, pero esta vez respeté mi palabra.

El 23 de febrero me recibo de la Ibero, mi título está en trámite, ¿puedes creerlo? Me costó siete años acabar la carrera y este año se concluye ese ciclo.

Coral:

¡Felicidades! No hay duda de que este proceso de seis meses fue productivo porque sacó de ti lo que estaba escondido entre cochambres y culpas. Felicidades a las dos y agradecimiento al Padre/Madre por estar con nosotras. Estoy al cien por ciento contigo.

Bendiciones y luz.

Le envié a mi hermana este correo en contestación al suyo, mira.

Mi mail

Hermana hermosa, es el correo más increíble que nadie jamás me haya escrito. Tus palabras me llegaron al alma. Número 1. Por supuesto que te perdono por todo lo que crees que hiciste mal conmigo, sé que en su momento hiciste lo mejor que pudiste. Es chistoso porque así como te sientes conmigo yo me sentí contigo cuando te casaste. Nunca te lo dije, me sentí culpable de no haber estado presente en esos momentos de tu vestido, tu pastel, la prueba del banquete. Me hubiera encantado parar todo a la mitad de tu boda para leerte una carta diciéndote lo mucho que te amaba y lo mucho que significas para mí, haberte cantado una canción o hacer lo que fuera, pero no me atreví porque estaba sumergida en el alcohol. Te pido perdón por eso.

Pero todo eso es pasado. El hecho de que tengas la capacidad de escribir un correo así habla de alguien que está evolucionando. Eres una estrella, para mí siempre has sido una estrella. Quiero que sepas que toda mi vida te he visto hacia arriba. También yo estoy orgullosa de ti, siempre admiré tu fuerza para salir adelante y aun ahora cuando estás más débil que nunca, es cuando más fuerte te he visto.

Hermana, mi amor por ti es infinito e incondicional. Lo más importante de la vida es el presente. Hoy estamos la una para la otra, sosteniéndonos, apoyándonos, eso es lo único que realmente importa. Y aunque físicamente no me veas, estoy contigo en alma y espíritu.

Te amo con toda el alma.

12 de febrero

Me puso feliz tu correo, lo vi justo a la mitad de mi clase de mate. Después de leerlo no volví a pelar la clase, me puse a encontrar el valor de X en mi vida. Hice una ecuación matemática de los síntomas en mi vida, ronchas + moretones + uñas quebradizas + caída de pelo = X. Toda la clase estuve intentado resolver mi ecuación y despejar mi basura para sacar el valor de X.

Al llegar a casa invoqué a mis maestros y me dormí. En la mañana me levanté con la respuesta de X. Mi cuerpo está en *detox* de los grandes abusos que cometí, principalmente en mis adicciones y el *gym*. Me cuesta aceptarlo pero soy como una madrastra estricta que lo trae marcando el paso y no le tengo paciencia. ¿Qué le pasa a alguien cuando le pegas? Le sale un moretón, se le cae algo, y así. Aspiro a la perfección de mi cuerpo físico también, y la perfección de todo está cabrón. Tengo que aprender a ser más amorosa conmigo misma. Traigo las palabras de mi maestro Jesús en la cabeza, "sed perfectos como vuestro Padre es perfecto". Todavía tengo mucho que aprender.

Lo primero que se me ocurrió decir es "te libero con amor" (este defecto de ser perfeccionista). Esa afirmación me llegó a la cabeza. Sé que no está mal aspirar a tener un cuerpo atlético, pero esa obsesión y apego me tienen atorada.

Para mí el cuerpo físico significa una extensión de mí alma. Siempre digo que es una representación de mi voluntad, y mi voluntad es firme, fuerte; así está mi cuerpo, firme y fuerte pero siempre quiero estirar más la liga en todo.

13 de febrero

Ayer fui al cine con mi mamá. Empieza a haber una energía negativa entre las dos, la siento rara, algo pasa y no sé qué es, no me dice nada, sólo me tira mala vibra y yo reacciono energéticamente igual y empiezo a enojarme con ella sin que pase nada. Y me pongo triste.

No tengo amigos con quienes compartir estas cosas. Ayer quería hablarle a alguien para desahogarme un poco y nadie me inspiró.

Estoy en un proceso de hacer las paces con mi cuerpo, quiero liberarlo de las altas expectativas y de la presión y chinga a la que lo someto. "Estoy dispuesta a liberarte con amor", es mi mantra.

Coral:

Con todo respeto te diré esto: la madurez se manifiesta cuando uno mismo es su propia madre y su propio padre. Si todavía necesitas que tu madre o tu padre sean diferentes para ti, es porque dependes de ellos emocionalmente y eso significa que te quedaste en la niñez emocional. No debes rechazar a tu niña interior, sino atenderla y darle lo que necesita, la autoestima, las herramientas necesarias para que crezca y quererla mucho.

Bendiciones y luz.

Fuck, OK, ya me cayó el veinte. Eres rudísima. Sé que me estoy enganchando mucho, sobre todo con mi mamá. Solita me estaba agotando emocionalmente, es que tiendo a quedarme en mi cabeza. Tienes razón, solita estoy bien, no necesito a nada ni a nadie más que a Dios, yo solita me cuido y todo está bien. Seré mi propio amor hoy.

14 de febrero

San Valentín me da lo mismo. Todas estas fechas que nos hemos inventado para engatusar a la gente a gastar en idiotez y media me chocan. Fue un buen día. Dos amigas me contactaron y en la noche me llamó Erick, ¡me cagué! La neta le dije que lo extraño, porque es la verdad. Nada más marcó para saludarme, para decirme que también me extraña.

Me despido compartiendo las palabras de mi amado maestro:

¿Qué significa ponerse al servicio de Dios? Que seamos capaces de consagrarle todo lo que nos pertenece. Aquél que quiere convertirse sinceramente en servidor de Dios se dirige a Él diciéndole: 'Señor, todo lo que tengo te pertenece, te lo doy. Dispón de lo que poseo interior y exteriormente. Mi corazón, mi intelecto, mi alma, mi espíritu, pero también mi cuerpo, mi casa y todo lo que contiene, te los consagro".

He aquí cómo debéis poneros al servicio del Señor y en realidad, el Señor no os cogerá nada. Él lo posee todo, ¿qué queréis que haga con vuestras facultades y vuestras posesiones?

Pero os sugerirá la mejor manera de utilizarlas. No sólo todo lo que consagráis a Dios está seguro, sino que con ello os beneficiáis mucho más porque las rencontraréis en un plano superior. No existe otro medio para adquirir las verdaderas riquezas, aquéllas que nunca se pierden.

Omraam Mikhaël Aïvanhov

15 de febrero

Ayer comí en un restaurante. En ningún momento perdí mi centro. Mientras los otros comieron pizza, pasta y pan, yo ordené mi *sashimi* de salmón y una buena ensalada. Quedé satisfecha. No sucumbí. Mi voluntad no es la que trabaja para no comerlos, cuando las cosas dependen de mi fuerza de voluntad valgo madre, tarde o temprano. Hoy no los como porque no quiero, porque así lo elijo, no me inclino más ante la comida, no la idealizo, comida para mi es igual a energía, sólo eso, se acabó. Ahorita sueno muy *master*, pero no siempre es así, es un trabajo diario. Unas veces más fácil que otras, pero soy constante, es normal que me ocurra un milagro, pues como dice *Un curso de milagros*, "los milagros ocurren naturalmente en presencia del amor". Y hoy aprendo a amarme, a amar mi cuerpo físico; como bien, respeto el trabajo que hago, estoy en total congruencia con mi mente, mi corazón y mis acciones. ¡Congruencia, por fin!

Cuando el cambio es real, la voluntad no es necesaria. Ése es mi descubrimiento, lo vivo en carne y hueso. No me cuesta trabajo no chupar, no salir, no ver a tales personas, no me siento en restricción. Llegó a mi mente Erick, decidí que lo voy a seguir viendo. No tiene ningún caso que me aguante, que me niegue una experiencia que tengo que vivir, así que le dije que continuáramos viéndonos y fluyéramos, a ver qué nos trae esto. Puse mis límites, no sexo, no compromiso de pareja, pero sí verlo, divertirme con él y reírme. Soy joven, merezco divertirme. Lo elegí libre de culpas. Hoy vamos a ir a una comida después de mis clases de GRE.

Todos nos necesitamos para evolucionar, finalmente todos somos uno. Siempre me quiero aislar; en las garras de mi bulimia y mi alcoholismo me aislaba, para no ser juzgada y poder autodestruirme a gusto muchos años. Si él llegó a mi vida y hay esta atracción mutua, algún aprendizaje debe de traer, me abriré a mi lección.

Por cierto, mi ex me envió esto:

Perdóname, siento mucho todo lo que te dije. Era la única forma que encontré para alejarme de ti, la única forma de meterme en la cabeza que te había perdido y que no había amor claro. Odio es una palabra que nunca se la había dicho a nadie y me sentí tan mal por ello. No quiero tener eso en mi corazón, por eso te escribo este *mail*. Te deseo todo lo mejor en tu vida, te amo aunque intento no hacerlo. Espero poder algún día, *you put a spell on me, release me please.*

Y yo le contesté:

No tengo nada que perdonarte, nunca te juzgué. Para perdonar a alguien primero hay que haberlo juzgado y yo contigo
no lo hice. Te comprendo más de lo que te puedes imaginar,
sé que en realidad nada de lo que me habías dicho era cierto porque conozco tu corazón. No te sientas mal, conmigo
siempre vas a estar bien, la imagen que tengo de ti no es de
oscuridad. La razón por la que te está costando tanto trabajo
pasar esto es porque a un nivel muy profundo crees que eres
culpable de nuestra separación y no lo eres, eres inocente. Libera tus culpas y verás que será cada día más fácil salir de ese
estado de dolor que crees llevar contigo, tú tienes el poder
de sentirte bien en un abrir y cerrar de ojos, el sufrimiento es
una ilusión, sólo es real en tu cabeza. Así de poderosos somos, recuerda tu poder, sólo tú eres dueño de ti, nadie puede
hacerte sentir mal, culpable, humillado a menos que tú le des
permiso. Es importante que comprendas esto, sólo así te sa-
narás y podrás volar libre como el águila que eres. No tengas
miedo de volar, ¡arriésgate! No puedo liberarte porque el que
tiene la llave de la cadena que traes puesta eres tú.

16 de febrero

Tuve clases de GRE en la mañana, saliendo fui a la comida de
una muy buena amiga que no veía hace años, me eché mis
drinks, luego acompañé a Erick a otra comida y por supuesto
seguí echándome mis *drinks* tranquilamente. Esta vez acabé
en completo estado de ebriedad, y no nada más eso. En mi
peda rompí mi pacto de no relación y me acabé agarrando al
joyero, *fuck*. Ahora sí la regué, lo acepto, me siento pésimo,
y encima la cruda física.

17 de febrero

Me levanté cruda, de flojera. Fui a desayunar y me vine a
Cuerna a ver a mi familia. No pude estar presente, me sentía
mal, tenía temblorinas, ya se me había olvidado lo que eran

las crudas. Este tipo de crudas son las peores porque traigo cruda moral y física.

18 de febrero

Ayer fue un día muy difícil, amanecí con los ojos cual sapo, todos hinchados de una manera muy extraña, como que la inflamación empezaba de la frente. Me la puse chingón, te digo. Todo el día me la pasé enmendado mis pendejadas del sábado, desintoxicando mi cuerpo físico lo más que pude, me eché saunas para sudar el alcohol, tomé todo el día mucha agua de jamaica que es diurética, me puse pepinos congelados en los ojos, fui a comprar las pastillas del día siguiente, en fin. Me ha pasado de todo por la cabeza, desde que tengo un problema con el alcohol hasta que dentro de mí todavía hay algo que busca ponerse así. Elegí no echarle la culpa a nadie, porque en mi frustración y culpabilidad quería mandar todo y a todos a la fregada.

Tengo que salir más fuerte de esto, no estoy para las cosas sociales, si te soy honesta, ni siquiera me la pasé tan padre, no me gusta alterar mi conciencia de esa manera. ¿Qué tengo que aprender de esto? ¿Qué lección viene de esta experiencia? Pensé que cuando quisiera podría muy de vez en cuando echarme mis copas, para no parecer abuelo total y seguir dentro de mi espiritualidad perteneciendo al mundo, pero creo que lo hice todo muy mal. En realidad no quiero echarme unas copas, me obligo para demostrar que soy flexible y que el alcohol puede ser parte de una vida espiritual si se lleva con equilibrio, pero no es mi caso, en mi vida nomás no está fluyendo.

Hoy amanecí súper bien, mis ojos y todo están de vuelta a la normalidad, de energía me siento muy bien, estoy lista para irme al gimnasio y retomar mi vida en la luz. Esta experiencia trae gran aprendizaje. El sábado es mi graduación de la universidad, debo graduarme de una vez por todas de este tipo de comportamiento también.

19 de febrero

Me puse hasta el gorro porque inconscientemente (y muy seguido lo repetía) tenía enraizada la creencia de que el alcohol era sinónimo de diversión, relajamiento, premio. Esa creencia todavía la tengo aunque débil. Cuando me preguntaban por mi estilo de vida, decía cosas como "Generalmente, el antro y eso me da la peor güeva, pero de vez en cuando unos drinks moderados están bien". Pero cuando empiezo a tomar, no me divierto tanto como creo, es una ilusión.

Ayer pensé, "el precio que pago por los efectos del alcohol en mi cuerpo es muy caro", aunque no me ponga un pedo de albañil, al día siguiente tengo los efectos del alcohol muy severos, soy hipersensible. No me gusta tomar, más bien me obligo. Antes quería hacerme la *cool* cuando me preguntaban, pero soy una mujer diferente y no lo termino de aceptar; diferente en el sentido de que la fiesta no me gusta, no es mi mundo y no me divierte. Llevo todas mis pruebas al extremo y me pasan cosas como éstas.

El libro del maestro dice "no se puede servir a dos amos" y para mí era claro que antes nadaba con un pie adentro y otro afuera, pero ahora ya no. Este sábado quise meter mi pie en otro lado y me mordió un tiburón. Renuncio para siempre a esa vida, creo que por eso me graduó este sábado. Es una fecha muy significativa para mí, tuve un comportamiento de universitario pendejo, como me porté este sábado me portaba diario.

En la madrugada me preguntaba por qué hay gente que puede tomar, perder la cabeza, tener cero trabajo personal y tienen buenos trabajos, ganar mucho dinero, y yo no he sido capaz de generarlo. ¿No me lo merezco? Me sentí como Elías, el personaje de *La quinta montaña* de Paulo Coelho, cuando decía que toda la gente puede ir y venir pero él no, a él no se le permitía.

Este sábado es un tipo de muerte-renacimiento en mi vida, siento que esa ceremonia será muy poderosa porque se muere una parte de mí y nace de las cenizas una nueva. Además hay una curiosa "coincidencia", pues me graduó nueve meses antes de mi cumpleaños 29.

Ayer fui a hacerme un masaje terapéutico. La masajista me dijo que estoy perfecta, mis órganos y todo excelente. Mi organismo es poderoso, se recupera en chinga, además lo cuido y lo alimento estupendamente, le doy las herramientas, no todo es producto del milagro del Señor.

Después de mi clase de GRE platique con Erick, le dije que este sábado había sido una experiencia particular, que no creyera que *full on sex wise* y así. "Perfecto, tú mandas", fue su respuesta. Fue al nutriólogo, verme tan fit lo hizo darse cuenta de que sus hábitos alimenticios estaban del carajo. Yo no le dije que fuera, más bien fue resultado de "enseña con ejemplo, no con palabras". Lo inspiro a ser una mejor persona, los cambios en su vida tienen mucho valor para mí. Dice que saco lo mejor de él, que lo motivo en todo, ya empezó a rezar, a levantarse temprano, a cuidar su alimentación. Creo que los hombres con los que he estado me llegan a querer mucho porque saco lo mejor de ellos. Y él, por su parte, me enseña sobre negocios. Admiro lo que ha logrado en tan pocos años. Admiro que ame a su familia y le dedique tiempo. Esas cositas tienen mucho valor. Ya veremos por dónde va esto, nunca he tenido una relación con un chavo sin la parte sexual.

Coral:

Te leí y veo que a veces eliges regresarte al mundo de abajo, y te respeto. Esta "elección" tiene sus consecuencias. Ahora tendrás que rehacerte si quieres volver al plano donde vivías. Era lo que te decía hace tiempo, si tus "elecciones" son materialistas y de *blof*, es fácil elegir los valores del inframundo. Y, sin embargo, sigues siendo invitada a otros planos en el momento en que lo decidas.

Me siento con la responsabilidad de decirte que tu mamá tiene una competencia con cualquier cosa que te vaya a quitar de su lado, por eso no le caen bien nunca los hombres con los que sales. Por mi experiencia te digo que nadie puede conocer la luz sino se desapega y corre el riesgo del vacío.

Los razonamientos que te da tu mamá suenan a "luz", pero se llaman ambición, soberbia y miedo. Por esta razón vuelves a pisar la oscuridad, porque así no la dejarás nunca y podrás ser como hasta ahora, su apoyo y su basurero, aparte de que siempre le "debes" y eso te obliga, ¡vaya dualidad!

Tienes los ovarios para lo que has hecho para ti, pero no para confiar realmente en la luz. ¿Y Erick? Si te lo ibas a coger, se vale, pero desde la conciencia, no borracha, que ni lo disfrutaste. ¿Estás otra vez autodestruyéndote? Recuerda: "El que no cambia de estilo de vida, no logra los verdaderos cambios que quiere".

Bendiciones y luz.

Aunque sea deseable que cada uno reconozca sus faltas y se arrepienta, esto no es suficiente. Aunque los remordimientos y las lágrimas que a veces conllevan contribuyan a purificarnos, para ser perdonados debemos reparar. En el Zohar se dice que cuando Dios creó la penitencia, le dijo: "Cada vez que los hombres recurran a ti, deberás borrar sus faltas." Pero éstas no se borrarán realmente hasta que no "hagamos" penitencia. La penitencia supone la actividad y no la pasividad. Cuando comprendemos que hemos obrado mal y el motivo por el cual hemos actuado mal, es necesario reparar los errores, y sobre todo ponerse a trabajar. Lamentándose y dándose golpes en el pecho no se repara nada en absoluto y nos convertimos incluso en una carga para los demás. La salvación no está en el remordimiento, sino en el trabajo.

Omraam Mikhaël Aïvanhov

¿Me está hablando a mí? Hablé con Erick. Alguna vez le conté que para mí Jesús es importante y que sigo sus enseñanzas. Me preguntó si era devota de la Iglesia o algo, le dije que no soy religiosa, ni me considero católica como lo describe el mundo porque no creo en la institución como tal; él dice que le gusta ir a misa porque ahí escucha la palabra de Dios.

Cuando me lo dijo, no lo vi venir. La manera en que se expresó de Dios me recordó a ti, me dijo que estaba muy agradecido por haberle dado la oportunidad de estar en mi vida, dice que siente que fue una oportunidad.

Por curiosidad, sumé su fecha de nacimiento. ¿Sabes qué número es? Es 33, un número maestro, el número de Jesús. Entre más lo conozco, más me intriga. Cuando estaba con el chavo que me dio el anillo, aparentemente había muchas señales de que era "el hombre indicado", recuerdo que hice una lista con todas las cualidades que quería en un hombre y él tenía varias, así que me fui con la finta. Siempre supe que mi ex no era para mí, pero con Erick empieza a pasar diferente, hay cosas que me hacen pensar que pueden ser señales pero no me hago ilusiones de nada ni futurizo ni nada, no espero nada. En mi vida aprendí que no puedo confiar al cien. No confió en nada, sólo en Dios, y a veces mis actos no son de fe, los cuestiono. Dudo de todo, soy temerosa, no he aprendido a leer bien las señales del universo.

En tu correo me dijiste "el que tiene apegos a algo no conoce la luz". Yo sigo con mi pinche apego al cuerpo físico, ¿cuándo me dejará para siempre?

Mañana me van a hacer un *biotest* en el gimnasio para ver cómo estoy.

Coral:

Te recomiendo que veas la película de Constantine, en especial los diálogos con el ángel.

Bendiciones y luz.

21 de febrero

Estoy en México, vine a ayudar a mi hermana con mis sobrinos porque está tapada de chamba y tenía una cena con sus amigas.

En el libro *Sois dioses* del maestro Omraam, leí sobre las tentaciones de Cristo y cómo nosotros somos tentados una y otra vez. Y me vuelve a entrar duda de mi relación, de mi vida, de todo. Maestra, ayúdame a romper con mi ego, a descifrar por qué estoy pasando por esto, qué significa, cuál es la lección de todo esto. Evidentemente, es una enorme. Por lo pronto, sólo se me ocurre rezar y bendecir esta relación, ponerla al servicio de Dios, pedirle que se haga su voluntad y no la mía. Liberar todo.

23 de febrero

Me levanté de mal humor. Me sentía irritable, pero pasó. La misa de mi graduación fue muy emotiva, las palabras del sacerdote, del rector de la universidad y de los oradores invitados estuvieron conmovedoras. No puedo explicarte lo que sentía, por supuesto tuve que luchar toda la misa para que no se me salieran las lágrimas. Terminar ese ciclo fue muy significativo por las cosas que te conté. Una vez más logré lo que nadie pensó que iba a lograr, me gradué sin conocer prácticamente a nadie, pues toda mi generación salió hace años.

Mi papá no pudo ir porque está en Londres dejando a mi hermano (se va a estudiar a Europa). Le hubiera encantado estar porque él fue mi gasolina para terminar la carrera. Cuando empecé con todo mi rollo espiritual me decía, "Sí, Cory, serás la mejor esotérica tarotista pero licenciada en comunicación". Para ellos es muy importante la parte intelectual, a través de eso ellos encuentran su espiritualidad.

De ahí fuimos a comer y en la noche cené con Erick. Me siento muy bien no estar en una relación con etiqueta de ningún tipo y sin sexo. No hemos tomado nada ni salido. Erick me dice que se siente muy bien de no tomar. Te digo que soy buena plantando semillitas de luz en los cerebros de la gente.

24 de febrero

Hoy Erick me dijo "vamos al centro, te llevaré a un restaurante muy bonito a desayunar, es sorpresa", y con toda la güeva del mundo accedí. Nos tomó tiempo llegar porque había tráfico, por ser Día de la Bandera. Llegamos, estacionó el coche y caminamos por el centro. Es la primera vez que lo hago, está hermoso, me encanta mi país, qué bonitos monumentos y edificios. "Coral, te voy a enseñar cosas nuevas", y me llevó a un hotel. Subimos el elevador, me tapó los ojos y me llevó a la terraza donde pidió una mesa, cuando abrí los ojos, la vista más chingona del centro, se veía la Catedral y la bandera enorme volándose con el viento. Fue un muy buen detalle, algo diferente.

25 de febrero

Hoy me levanté de buen humor, pude dormir bien. Fui a mis clases de mate. Antes de eso en la tarde estuve en mi casa, salí a correr media hora como me mandó mi *coach*. Ahora dividimos mi entrenamiento en dos para no meter el cuerpo a tanto estrés. Eso sí, no sabes el entrenamiento en el *gym* en la mañana, casi me arrepiento de haberlo contratado. Entreno fuerte, treinta segundos a un minuto de recuperación por cada serie de ejercicios. Me duele todo, pero me gustó porque hice la mitad de tiempo con más intensidad, menos es más, ¿te acuerdas?

26 de febrero

Estoy en México. Tengo clase de *analytical writting*. Mi mamá se imagina que estoy saliendo con alguien. Me empezó a cuestionar, me da flojera mentirle, por eso ya le dije. Me sacó cosas sobre sexualidad que dice el maestro Omraam. "Sí, mamá, gracias". Ya soy adulta y puedo tomar mis decisiones. Sólo quiere protegerme pero debe dejarme volar sola, si no cuándo voy a aprender.

27 de febrero

Soñé que me moría, estaba dormida y me lavaban y peinaban el pelo, como lo hacen con los muertos. De repente abrí los ojos y todo mundo se quedó asustadísimo, "pensamos que estabas muerta porque no respirabas". Mi mamá me decía que lo que había hecho era de seres avanzados, es decir, poder salirme de mi cuerpo o dejar momentáneamente esta vida y después regresar. Yo no recuerdo nada mágico ni fuera de lo común, sólo que estaba dormida y desperté. En otra parte del sueño, vi que el alcohol está trascendido para mí. Estuve tentada y no caí.

Las creencias escondidas que tenemos de las cosas son poderosas, rigen nuestro comportamiento. Cualquier acción por muy autodestructiva que sea la haces porque sacas algo bueno de ella. Nos hacemos adictos porque de alguna manera nos sentimos mejor. La cosa es que siempre las adicciones te dan a un precio muy caro: tu vida. El trabajo es encontrar maneras de recuperar esa sensación de bienestar y de paz sin eso. Hay muchas herramientas, que cada quien encuentre las suyas. Por ejemplo, para mí la espiritualidad, el ejercicio y la nutrición son mis drogas —alcohol, tachas, comida—, me dan un mucho mejor *high* sin quitarme nada. Cada quien debe encontrar su propia salida.

De regreso en la carretera tuve una plática profunda con Erick. Dice que mis lecciones se vuelven sus lecciones, que está feliz, con mucha energía. Con él estoy haciendo las cosas diferentes, pienso que todo está viniendo primero antes que el sexo, es una relación inocente, sólo nos vemos y estamos juntos porque es lo que queremos, nada nos obliga, no hay compromisos que cumplir, ni deseos de satisfacernos, pues el sexo no está presente. Qué experiencia tan interesante, sé que me traerá grandes lecciones de la vida en pareja.

Cada que leo al maestro sobre la diferencia entre dar y tomar, descubro que en cada punto juzgo a mi mamá. No tengo ese derecho, no importa qué haya hecho. Todos los errores de mi madre son producto de un pasado muy fuerte. La gente no es mala, son seres en sufrimiento.

28 de febrero

Todo en esta vida, incluso lo espiritual, primero tiene que pasar por la mente, ser intelectualizado y poco a poco hacerlo de uno mismo, con trabajo y dedicación. Apenas voy entendiendo ideas que escuché hace cuatro o cinco años, que juré que entendía perfecto y no porque para llegar a la verdadera comprensión hay que andar un camino bastante largo.

¿Por qué creemos que el de enfrente nos dará libertad? La sociedad enseña que tus papás, tu novio, tu jefe, tu marido, tu *coach*, tu médico, te da libertad. Desde chiquitos creemos que nuestra libertad está en manos de todo el mundo menos de nosotros (nada más hay que leer la cantidad de contratos que existen y que al momento de firmar, quedas a la merced de sus cláusulas). Y, por si no fuera suficiente, nos volvemos dependientes de cosas externas a nosotros —comida, sustancias, relaciones—, somos todo menos libres.

Un clarividente podría ver los lazos energéticos que desarrollamos con todo. No puedes dar algo que no tienes, ¿cómo puedo esperar de alguien comprensión, amor, guía, si nunca lo vivió? Lo veo con mis padres, lo que te explico implica trabajo porque a veces los juzgo y luego los comprendo. En mi casa jamás sentí el calor de un hogar, mucho menos esa seguridad tan importante que debe brindar. Me daba terror regresar, podían correrme con la mano en la cintura. Estoy sola, siempre lo he estado. Ahora me siento cómoda con mi "soledad", lo pongo entre comillas porque sé que mi Padre jamás me ha abandonado, que hay muchas entidades luminosas que mis ojos no pueden ver que están conmigo desde el momento en que nací. Es algo que siempre he sabido y sentido, aunque mi ego me haga dudar.

Ahora entiendo por qué buscaba estar con un hombre. Quería "amor" y ellos representaban este "amor" que yo no sentía. Siempre he escogido hombres que nunca me faltan al respeto, que no me juzgan, que me comprenden, me apapachan. Aunque mis relaciones pasadas han estado viciadas y basadas en cosas primitivas, fueron lo más cercano al amor incondicional que tuve.

El que es libre respeta la vida de los demás y los comprende, el problema es que mucha gente no lo es, ¿cómo le pides peras al olmo? Me acuerdo de mí y de mi camino, de cómo yo, a pesar de tener herramientas, no podía trascender ni romper ataduras. Me veo reflejada en todo el mundo y por eso tengo tanta compasión por mis hermanos, conozco lo que es estar ahí. No soy una maestra iluminada, estoy lejos de la perfección, pero aspiro a ella. Sigo cometiendo errores, pero mis esfuerzos por trascenderme son diarios, hago cambios tangibles. Estoy en una etapa donde salí de ese umbral de oscuridad que me mantuvo encerrada por años y años. Esto no es el final del camino, si no el principio. Apenas abrí la puerta de mi casa para ir al maratón.

Coral:

"Vivir libres de creencias y del inconsciente masivo es la verdadera libertad, y para eso se necesita mucho tiempo para uno mismo y hacer su trabajo personal", "Saber cosas no es tener conciencia", "Un guerrero siempre está al principio del camino".

1º de marzo

Me dormí temprano porque tengo examen a las 9:30 y dura cuatro horas. Ayer en la tarde fui a recoger a mi hermana y a mis sobrinos a México. Mi hermana tiene una boda en Cuerna y yo voy a ir a dormir con mi sobrina para que no se quede sola. No me acordaba que tenía una cena con mis amigas esa misma noche, me comprometí a dos cosas al mismo tiempo y entré en estrés porque quiero complacer a todo mundo, característica mía. Me cuesta trabajo decir no. Mi hermana y mis sobrinos son mi prioridad, así que me quedaré. Además fue mi error y debo enmendarlo.

Antes de llegar a casa de mi hermana, pasé a Piola, el restaurante donde trabajé de mesera, a saludar a mis amigas meseras. A ese restaurante van chavos guapos, está cerca de los corporativos de Santa Fe. Una de mis amigas del lugar me invitó con un grupo de españoles bastante galancillos, me tentó la propuesta, la verdad dudé, pero después dije, no, *been there, done that* un millón de veces y nunca encuentro nada que me llene ahí. Hay que estar a las vivas todos los días, las tentaciones nunca duermen. Me he vuelto mucho más selectiva en cuanto a mis amistades, con quién elijo pasar tiempo y los lugares a los que voy porque al final me acababan dominando los vicios de vuelta, es mucho más fácil que te jalen para abajo a que tú jales para arriba en esos ambientes. La energía de esos lugares es muy sutil, pero cabrona, debes tener maestría para poder exponerte y no ser arrastrado de vuelta. Si ni el pedo ni los antros me interesan, ¿qué chingados hago ahí? Para estar con mis amigos, prefiero salir a comer, en el antro haces todo menos compartir. ¿Ligar?, puro borracho. *Boring!* No voy a conocer a nadie que me interese en esos lugares, lo constaté mil veces pero soy terca, soy de las que comete el error doscientas veces hasta que no se puede más y tengo que avanzar.

2 de marzo

Ayer presenté el examen, duró cuatro horas y media. No, maestra, esto no está funcionando, me estaba arrancando los pelos. Me choca sentirme bajo tanta presión, con un relojito contando el tiempo para responder, no me gustan esos exámenes.

Después de leer tu correo, "el humor depende de cuánto resistas la realidad", supe que te referías al ánimo y reflexioné. Si me monto en mi histeria cuando las cosas no salen como quiero, me resisto porque quiero controlar, no acabo de confiar en la vida y sus procesos. Soy impaciente, quiero que las cosas sean como mi voluntad dice y me cuesta aceptarlas como son, y más cuando no salen como quiero. Soy miedosa, por eso no dejo ir lo conocido, aunque sea autodestructivo. Aunque están de la chingada son lo que conozco, y mal que bien ya sé lo que va a pasar.

Dejar de vomitar es una manera de dejar de controlar, de soltar, de saltar al vacío a ver qué hay del otro lado. Déjate del peso y la vanidad, mi bulimia era una metáfora más de mis verdaderos problemas, el odio a mí misma, el odio escondido a mi madre, mi falta de confianza en el universo, mi incapacidad de responsabilizarme por mi vida, mi inhabilidad de crecer y volverme un adulto, mi creatividad frustrada, mi terror a vivir, la manera de callar la voz de mi alma, de no estar presente en mi vida, mi gran juicio al mundo, mi aislamiento perpetuo, mi gran desequilibrio físico, mi pésima alimentación, mis malos hábitos cotidianos, mi falta de sueño, mi falta de estructura, mi falta de disciplina, mi falta de motivación, la vanidad es la punta del iceberg y, sin embargo, todo mundo se va con la finta. Sigo sin tener certeza de nada, floto gracias a mi fe. Lo único real que tengo es mi conexión con mi Padre.

3 de marzo

No sabes lo feliz que amanecí hoy. Fue un día increíble, estuve toda la tarde con mi papá biológico, con mi hermano y su mamá. Ella es una persona muy importante para mí. Ha tenido un rol de mamá conmigo, es una gran persona, muy noble. Cuando mi mamá me corría de la casa a los 6 años y mi papá estaba en sus fiestas o viajes, ella iba por mí, me recogía y me cuidaba, hasta que mi mamá cambiara de opinión. Cuando me alcoholizaba horrible, ella estaba ahí, hablando con mi papá y conmigo, desesperada, tratando de ayudarnos. Nunca nos dejó, nunca ha dejado a mi padre. Llevan más de veinte años juntos y a pesar de las fiestas, el alcoholismo, la falta de dinero, los abusos, la inestabilidad emocional, y todo lo que implica la vida con un alcohólico, ella ha permanecido al lado de mi papá. Mi mamá dice "Guau, ella sí que es codependiente", y es que para aguantar a un alcohólico tienes que ser una santa, yo no lo hubiera aguantado, pero ella lo hizo. Incluso, yo misma le aconsejé que lo dejara varias veces, le dije que no tenía porque vivir así. Si mi papá nunca ha hecho nada por cambiar, por sanar, está bien que su vida sea un caos pero no debe llevarse entre las patas a su familia. Ella tiene el poder de elegir y ha elegido diferente, sólo Dios sabe por qué ha permanecido con él, seguro hay razones más poderosas de lo que mis ojos pueden ver y mi mente comprender. Mi rol es aprender a aceptar lo que es.

Invité a Erick a Cuerna a comer con ellos, mi papá biológico es todo *light* en ese sentido y relajado, no le importa si es mi novio o no, si tengo anillo o no, si es alguien que quiero, le interesa conocerlo. Con mi papá me siento libre, aceptada *no matter what*, aunque también puede ser síntoma de su propia enfermedad. Quién sabe cómo hubiera sido mi papá conmigo si hubiera sido un papá sano y presente.

Fue un día familiar feliz. Siempre que le presentaba a mi papá a mis exes, a todos les decía "No, compadrito, tengo compasión de ti, esta mujer es una cabrona, no creas que te la ganas fácilmente, cuídate, porque no sabes con quién te estás metiendo". Y, para mi sorpresa, a Erick no le dijo nada, lo único fue, "Bueno, ¿y ustedes qué? ¿A dónde van o qué pretenden?", ya se había tardado con sus impertinencias. Y nosotros no dimos ninguna explicación.

Hablé con él y su esposa, les sugerí que iniciáramos el trámite de admisión a la prepa para mi hermano en el Tecnológico de Monterrey, está a punto de salir de secundaria. Tiene excelente promedio, una mente brillante y quiere estudiar ingeniería. Los convencí de que me encargaría de hacer todo lo necesario, llevarlo, traerlo, llenar formularios, papeleo, etcétera. Tal vez, sólo si Dios quiere, yo pueda pagarle la escuela a mi hermano algún día, mientras pedimos una beca, deportiva o académica. Tiene los dos talentos, aunque por el momento la idea de que entre al Tec parezca imposible porque ninguno de los tres tiene un peso (mi papá, su mamá y yo), abro esa posibilidad. Que haga el examen y veremos.

En la mañana me desperté muy bien. Mi mamá y yo cuidamos a mis sobrinos, estoy enamorada de ellos, los amo. Con mi mamá las cosas están raras, siento que puso una barrera conmigo, está de buenas y me habla bien, pero hay una parte de ella que está enojada, insatisfecha. A pesar de todo, soy cariñosa y la abrazo. No hay nada que el amor no pueda disolver.

4 de marzo

Fui a mis clases de mate, entrené, platiqué con mi mamá, que sufre de bipolaridad severa. Me contó sus miles de planes, sus sueños, la sentí contenta, me da gusto. La noche fue otra historia, "¿Cuándo vas a empezar a trabajar?", me soltó. Me trastorna que me haga esa pregunta, porque no sé, no estoy segura para dónde remar y me hace sentir culpable. Cree que entre más duro me empuje, más voy a volar y no funciona así, al contrario, me bloqueo más. Piensa que le huyo al trabajo pero los proyectos que tengo toman tiempo.

Me habló mi papá biológico, quedamos que mañana vamos a ir a jugar tenis, de ahí vamos a ir a comer y luego llenaremos la solicitud de mi hermano para la prepa. Vamos a checar las posibilidades de becas. Para que estuviera tranquilo, le dije, "Papá, si es la voluntad de Dios y gano un centavo de mi libro, con ese centavo me comprometo a apoyarte a pagar la educación de mi hermano, él es un gran ser humano, si no le damos el ambiente correcto para florecer, no lo va a ser". Él se quedó sorprendido por mis palabras. "Coral, gracias por querer a tu hermano tanto, qué bendición de hermana eres."

Iremos por una guía de estudios y mi papá, que es un estupendo químico-matemático, se comprometió a preparar a mi hermano para el examen de admisión. Necesitamos que salga con alto puntaje para solicitar una beca académica. Voy a cederle dos o tres horas de mis clases de mate para que aclare dudas y esté listo. Estoy feliz.

Quedé con uno de mis exes en salir a comer, no sé cómo deba planteárselo a Erick, porque aunque lo nuestro no es nada formal, me gustaría que estuviera enterado. No quiero esconder, manipular, quiero ser transparente y honesta.

Coral:

"Toda decisión tiene su lado claro y su lado oscuro con sus consecuencias, lo importante no es lo que elijas, sino la conciencia que tengas de esto."

5 de marzo

No entendí bien a qué decisión te refieres, me dejaste pensando. ¿No crees que hay decisiones que sólo tienen un lado oscuro? ¿Y los errores? Le dije a Erick que el viernes comería con mi ex. "Perfecto, como quieras, confío en ti", cuando mencionó esas palabras, me quedé en *shock*, nadie ha confiado en mí nunca, me sentí poderosa y digna. Lo más chistoso de todo es que al final mi ex me canceló. Con Erick salió el tema de "no somos novios, pero adónde vamos" y todas las preguntas en torno al tema, ¿estamos en una relación abierta? Los dos acordamos que aunque no seamos novios ni nada no saldríamos con otras personas, el primero que quiera hacerlo debe decirlo. Hicimos ese acuerdo.

La palabra "compromiso" me incomoda, no me gusta comprometerme a nada porque siento que estoy obligada a algo y ¿por qué debo estar obligada a algo? Si hago lo que sea es porque así lo elijo, eso es más poderoso que por compromiso se siente como "obligación".

6 de marzo

Ayer discutí fuerte con mi mamá por temas de dinero. Ella está hasta la madre de mantenerme y la entiendo, me lo ha echado en cara desde que tengo memoria, me culpa porque mi papá biológico nunca me ha dado un peso, como si yo me hubiera engendrado sola, ella lo escogió, que se responsabilice por eso. Y sí lo ha hecho, pero el precio emocional que tengo que pagar por lo que me da es muy caro. Estoy desesperada, mandar cvs no está funcionando, no me llaman. Además mi recuperación ha sido muy lenta, me siento un fracaso y una carga. Para quitar mi atención en tanta negatividad vi documentales sobre desórdenes alimenticios, y de inmediato me sentí súper motivada. Necesito compartir mi historia.

En la tarde comí con mi papá biológico. Durante la comida, se chingó ocho tequilas y empezó de un intenso, "Coral, ¿por qué vomitabas?" Hace como un año le confesé a la esposa de mi papá que tenía bulimia y ella se lo dijo. Jamás había tocado ese tema con él, y el alcoholito le dio valor para confrontarme frente a mi hermano. "Nunca te dije porque me moría de la vergüenza, no le dije a nadie", "lo que más me duele es tu falta de confianza, soy tu padre, te hubiera ayudado en todo", yo sólo pensaba "papá, no puedes ayudarte a ti, menos a mí", pero no se lo dije. "A ver si puedes ayudar a una prima de tu hermano, que está pasando por lo mismo, no deja de vomitar y ya tiene a toda la familia preocupada. No entiendo por qué hacen esas pendejadas, la mamá de ella sólo piensa en su aspecto físico", y mientras lo escuchaba, recordé que hay un link muy fuerte entre los desórdenes alimenticios y las madres. Las mamás de las mujeres con desórdenes alimenticios tienen o tuvieron un problema de ese tipo en algún momento en su vida. Es una enfermedad aprendida.

Y por supuesto no pudo dejar de tirarle una piedra a mi madre, como de costumbre. No puedo creer que esta gente siga en lo mismo. Después de esa comidita, fuimos a su casa y llenamos la solicitud de ingreso para mi hermano.

7 de marzo

Ayer fue un día con muchos avances. Tuve mi biotest en el gimnasio, el cual consistió en una prueba general de grasa corporal, peso, medidas, ritmo cardiaco, corazón en reposo, flexibilidad, fuerza, condición física. Salí impresionantemente bien, me dijeron que tengo un corazón fuertísimo, diecisiete por ciento de grasa corporal; mis órganos y funciones vitales funcionan como si tuviera 20 años. Tengo una oxigenación de atleta de alto rendimiento, peso perfecto, 50 kilos casi todo en músculo. Estoy en mi mejor momento.

De ahí fui con mi hermano a jugar tenis y a llevar sus papeles al Tec. Quedó fascinado con las instalaciones de la escuela, el gimnasio, las canchas, los salones, imagínate el contraste tan grande con su propia experiencia. Para obtener la beca debe presentar el examen ya, y sólo hay una semana para prepararlo.

De regreso, tuve una plática muy bonita con él, le pregunté qué sentía cuando mi papá actuaba fuera de control bajo los efectos del alcohol. "Me da igual, es mi padre y yo lo quiero." Un niño de 15 años no tiene juicios negativos hacia su padre, qué gran lección me dio. Le expliqué que en mí siempre iba a tener un apoyo incondicional, hiciera lo que hiciera, que como hermana mayor le iba a decir mi opinión de las cosas, basadas en mis experiencias y mis aprendizajes, y que si elige diferente, mi amor por él quedaría intacto. Le dije que estaba bien tener decisiones propias, le hablé de la disciplina, la responsabilidad en la vida, de la perseverancia, de la felicidad. Lo motivé para que busque lo que lo hace feliz y no complazca a los demás. Voy a respetarlo y apoyarlo. No dijo nada sólo me agarró la mano y me la apretó muy fuerte.

Esta semana le voy a regalar mis dos clases de mate, me voy a encargar de todo su proceso, porque mi papá ahora no quiere que entre a esa prepa, tiene mucho miedo del dinero, pero mi hermano tiene ganas de entrar ahí, tiene ganas de cambiar su vida y de abrirse a nuevas posibilidades, y yo voy a ayudarlo. No estoy haciendo nada que otra gente no haya hecho por mí.

7 de marzo

Estoy en *shock*, me siento bombardeada. Mi hermana me sorprendió con una serie de correos, donde me reenvía unos *mail*s que le mandó mi mamá. Están muy fuertes, ¿de dónde carajos sacó estas conclusiones en su cabeza?

Mi mail

Herma

Lo he estado pensando mucho y, arriesgándome a desatar la tercera guerra mundial, me parece conveniente que leas los correos que me mandó *mother*. Te pido mucha discreción al respecto; ella confió en mí y me parecería horrible balconearla, *if you catch my drift*. Confío en que tomarás los correos con madurez porque has aprendido y crecido mucho. Estoy orgullosísima de ti y de la mujer que eres, por lo mismo, siento horrible cuando ustedes pelean así. *I really hope to be doing the right thing. I Love U!*

M·M — JA-JA

Hija, como sé que Coral va a tu casa los viernes, seguramente va a despotricar contra mí porque me ha convertido en el "perro de todos sus males", todo porque no quise seguir financiando su ropita y viajes que le gustan, y le dije que se pusiera a trabajar. Ya sabes que para Cory las palabras "ponte a trabajar" equivalen a que le mientes la madre. La verdad ahora sí estoy cansada de ella, porque empecé a sospechar que no iba a las clases con las Vélez, quizás porque no la veo estudiar como antes, sólo está escribiendo sus "memorias", oyendo videos, entra y sale de la casa, y no estudia. Me late que anda de novia con el joyero. Otra vez a perder el tiempo con hombres que no la llevan a nada y la distraen. Me comentó que le iba a ceder una clase de mate a su hermano por parte de su papá, esto no me pareció, pero no le dije nada, "en fin, una clase no pasa nada", pensé, pero de ahí a que el hermano sea el que tome las clases, no estoy de acuerdo. Porque el que se parte el lomo trabajando es tu papá, y no es mi culpa que su papá biológico no tenga dinero, bastante hace tu papá manteniéndola a ella, como para que también le dé al hermano.

El otro día me dijo que me protegiera de las mentadas de madre de mis empleados, pues ahora me voy a proteger de todo el odio que me va a echar. Qué suerte tiene su pa-

293

dre biológico, a pesar de haber sido un flojo e irresponsable toda su vida, ella le perdona y le justifica todo; en cambio, yo tengo que darle todo y encima me enjuicia y critica, a mí no me disculpa nada, pero ya se acabó.

Estoy dudando si no hice mal en regresarla a la casa a vivir con nosotros, su papá biológico y ella se hubiesen entendido muy bien, los dos son iguales, no les gusta trabajar, y conmigo era disciplina, portarse bien, estudiar, cuidar la reputación. Parece ser que fui la causante de que le diera bulimia. Coral me envió un mail donde su maestra dice eso. También ella me cayó mal, no tiene ninguna consideración y reconocimiento a los padres y le ha metido en la cabeza que soy una materialista interesada. Esta señora no sabe nada de mi vida y mi lucha para salir adelante sin estudios, herencias, guía y consejos. No sabe cómo cuidé de Coral cuando se enfermaba, cómo moralmente la he aconsejado toda la vida; cómo traté de protegerla de todos los peligros que por sus vicios y mala cabeza se metía; cómo se me partió el alma cuando vi la pocilga en la que vivía con su papá biológico y me remordió la conciencia haberla corrido; cómo mantuve a mi hermana durante años para que ella fuese feliz en Veracruz (ahora esto también está en mi contra). Un día me dijo que la mandé a Veracruz para deshacerme de ella. Tú sabes que la mandé porque quería su bienestar y confort. Hasta esto me ha llegado a culpar, porque su papá biológico se lo ha dicho. ¿Por qué cuando él y su abuela se enteraron de que ella vivía en Veracruz no se la llevaron con ellos? Créeme, yo no me hubiese opuesto. Pero no, es mejor acusar que actuar. No sé por qué Cory vive todavía en mi casa si soy tan malvada. Entre los dos me han fastidiado la vida, su papá biológico jamás me ha perdonado que lo haya dejado, me guarda mucho rencor, sobre todo porque hubiese querido que mi vida estuviese toda jodida sin él, pero como no fue así, se regocija hablando pestes de mí con Coral. Ésa ha sido su arma: calumniar, enlodarme, levantar falsos, y ella cree todo lo que le cuenta.

Coral tiene cero respeto y reconocimiento por mí. Esta situación me ha afectado más que su alcoholismo y bulimia, por eso ahora soy la que no quiere estar con ella, me da flojera discutir, me aburre su mismo discurso, no sabes lo feliz que me sentiría si se fuese a vivir con su papá o su maestra, pero siento que no lo va a hacer mientras no tenga dinero. Veo que ya no estudia, entra y sale, quién sabe a dónde va y a quién va a ver; quizás sea su nueva relación. Seguro no la admitirán en ninguna buena universidad.

Si fuese una chica con sustancia y esencia hace años se hubiese buscado un trabajo y hubiese huido de todos los maltratos que, según ella y su maestra, le he hecho. Así hubiese enfrentado con hechos y no con quejas su destino, pero esto es para gente trabajadora y valiente, y Cory dista mucho de estos atributos, al contrario, es quejumbrosa y comodina. Yo por menos me hubiese largado hace años de mi casa, pero ella es conchuda y comodina.

Reconozco que he sido dura con ustedes, pero lo hice siempre buscando su bien. Las obligué a que se educaran y pulieran. Mi vida fue muy dura, se los digo para que se pongan las pilas y avancen con inteligencia y decisión. Jamás las he avergonzado, me casé con un buen hombre, no fue suerte, siempre he querido evitarles a toda costa privaciones y sufrimientos, aun a costa de mi propio beneficio. Pero este sacrificio no importa y Coral no lo ve.

Para terminar, te comparto un pensamiento de mi maestro, Omraam: "Al nacer vuestros padres os dan un cuerpo que denominan la vida, y después durante años y años, ellos os alimentan, os visten, os dan cobijo y os educan. Es una inmensa deuda que se va acumulando. Muchos no quieren reconocerlo, critican a sus padres, se oponen a ellos, piensan que no les deben nada. ¡Pues bien!, esto no es honesto, a pesar de no ser perfectos, vuestros padres os han amado, se han preocupado por vosotros, os cuidaron cuando estuvisteis enfermos, ¿os parece poco todo esto?, así, pues, sabed que tenéis una deuda con vuestros padres".

Te quiero mucho.
Mom

7 de marzo

Ya salió el peine de todos los peines. Cuando me iba al gimnasio mi mamá se metía a mi computadora a leer mis recapitulaciones, mis más íntimos secretos y confesiones, quién sabe cuánto tiempo lleva leyéndolos con su cafecito de la mañana. Ay, Dios, los escribía para no actuarlos no porque fueran reales.

Coral:

Siento mucho lo que leo. Leer tus recapitulaciones muestran una falta de respeto a tu alma. Piensa sobre esto: "hechos son intenciones inconscientes o conscientes."

Ligera de equipaje

8 de marzo

Se desató la tercera guerra mundial con mi madre. Al leer su correo volví a dudar de mí, qué percepciones tan contrastantes puede haber de una misma situación, yo no vivo esa realidad, no me identifico con la persona que ella describe, lo fui alguna vez pero he cambiado, he hecho mi trabajo, y sin embargo, me invadió un profundo miedo e inseguridad, mi madre habla así de mí, el ser que según más me quiere, ¡imagínate! "No, ¿estoy caminando hacia la destrucción otra vez?, ¿estoy en la oscuridad?" Se me encogió el estómago. Desde hace mucho percibo esta parte de mi madre. La verdad es que me odia. Eso no es nuevo, porque desde muy chiquita le he causado los mayores dolores, trastornos, dificultades de su vida, eso es verdad, fui una niña muy difícil. Mis recapitulaciones le activaron sus heridas del pasado, que poco tiene que ver conmigo, pero desde que nací soy su basurero emocional favorito. Somos muy parecidas, yo soy su espejo y cada que me ve, ve sus errores y no puede con eso. Conmigo se desquita, yo tengo la culpa porque me pongo de pechito. Mi hermana fue más inteligente y se salió de *crazy town* hace años pero yo nunca pude. Estuve envuelta en el infierno de las adicciones. Esta guerra mundial no es nueva, es la continuación de lo que se inició cuando nací. No sé qué hacer, no sé cómo actuar, estoy como en *shock*.

Si hubiera leído bien mis *recaps* sabría que declaro inocente a todo mundo mil veces, que me responsabilizo por mis emociones y por mi forma de actuar. Dejé de poner en la espalda de mis papás mi bulimia, mi alcoholismo y todos mis males, por eso los estoy trascendiendo. Pero ella vio culpa, porque ella vive en la culpa.

Leí tu correo. Hoy actúo diferente, tomo responsabilidad de lo que está pasando. La respuesta a tu pregunta es sí, yo sé que mi mamá no tiene respeto por mis cosas. Toda la vida se ha metido a mis correos, mis cartas. Algo en mí generó esta tormenta, no le echo la culpa a ella. Estoy trabajando en eso y seguiré teniendo mi "mar", que es el único lugar donde puedo mentarle la madre a gusto, desahogarme para no acumular mis emociones. En mi mar tengo a mis maestros, a mis guías, es un lugar al que ella jamás podrá acceder porque no es de este mundo.

Mis bases son sólidas, me paro firme y segura; enmedio del ojo del huracán no pierdo la calma. Me dan ganas de escribirle un correo, diciéndole que sé lo que hizo, que no se tome personal las cosas. Le acabo de escribir un correo a mi hermana, ¿qué opinas?

Mi mail

Lo que mi mamá hizo es una falta de respeto a mi intimidad y a mi alma. Me responsabilizo por no haber protegido mi información, pero eso no la justifica. Imagínate si fuera a escuchar debajo de la puerta todo lo que le dices a tu *coach* de mí o de quien sea que te quejes, claro que mientas madres, despotricas y te desahogas, para eso es ese espacio sagrado, para que puedas hacerlo sin enfrentarte a la personalidad del otro que jamás lo comprendería. Mi mamá violó esa parte de mí. No la culpo de todos mis males, si así fuera, no los hubiera trascendido. Si de ella dependiera mi bienestar emocional, yo estaría inyectándome heroína, te lo he dicho y te consta. Cuántas veces no he defendido a mother con ustedes, les hablo de sus grandes virtudes muy por encima de sus errores, busco comprenderla y no para que ella me comprenda a mí. Todo el tiempo intento hacerle compañía, ayudarla, escucharla, apoyarla, pero no tiene la capacidad de ver esas cosas. A diferencia de ella, eso lo hago por mí, no espero su reconocimiento, aun después de haber leído el correo donde me hace pedazos. Su carta es puro piensa chueco, pura percepción. No quiero que salgas contaminada de esto, esta tercera guerra mundial es puro ego, no te enganches. Hay que hacer cambios y estoy trabajando en eso, tomaré nuevas decisiones, pues estas explosiones emocionales si se saben utilizar, te disparan como cohete al cielo y a la evolución, sólo hay que ser asertivos, saber discernir, controlar el caballo (las emociones) y actuar desde el amor, no desde el miedo. Comprendo que ella a fin de cuentas soy yo, no hay lugar donde yo acabe y ella empiece, si la juzgo me juzgo a mí.

████████████████████████████████████

Tengo que hacer cambios. Cuando mi hermana se enteró de que le voy a ceder dos clases de mate a mi hermano, me puso como chancla, me dijo que ese no era mi dinero, sino de mis papás, y sería una falta de respeto a ellos. Al principio, me emputé, "carajo, qué más les da, es una clase y es por su bien", pero después hablé con Erick y me dijo, "Coral, Robin Hood no deja de ser un ratero". Ese ejemplo me cayó como cubetazo de agua fría, es verdad, por muy buena que sea mi intención, no puedo hacer eso con el dinero de otra gente, porque lo que ellos me den nunca será realmente mío, y debo respetar eso. El fin no justifica los medios.

Estoy pensando en dejar las clases con las Vélez, soltar el GRE y trabajar en lo que sea. Grito al cielo en desesperación:

"Ayúdame a descifrar esto, Guíame. Dame paz en tiempos de guerra", como dijo el gran guerrero Aquiles.

Coral:

Recibí tu correo de ayer, donde tu mamá dice que tú misma le enviaste no sé qué respuesta mía donde digo que la culpable de tu bulimia es tu madre. Por supuesto ella lo tomó como absoluto, cosa que no me importa. Le escribí diciéndole lo que pienso. Al abrir nuestro libro sagrado otra persona se pierde la magia. Fue un gran error darle a tu madre mis sugerencias para ayudarte a no tomar la responsabilidad de tu conciencia y poder decirle a tu mamá, "¿Ya ves? Hasta mi maestra lo dice."

Eso no se vale. Desde este momento decido no ser tu maestra. Hay muchas guías que son más para el *populus*, mi responsabilidad no es de este mundo y no me gusta perder el tiempo. Puedo pasar errores de actitud, de decisiones —para eso estoy, para dar luz y ayudar—, pero ser juzgada y usada para cubrirse de sus responsabilidades, para eso no me presto. No estoy en este mundo para involucrarme en chismes de lavadero. Quédense donde están y —como dice tu madre— sigan al guía Omraam, que es maravilloso.

Le mandé este parrafito a tu mamá, creo que a ti te hará bien leerlo también:

Para apreciar el valor de alguien, la mayoría de las personas se fija en la situación social, la fortuna, los diplomas, las maneras más o menos sofisticadas, y en función de estas ventajas exteriores le dan responsabilidades o le otorgan privilegios. He aquí por qué, a menudo, se equivocan porque no han tenido en cuenta lo esencial, el carácter. Un iniciado, por el contrario, para pronunciarse, tiene sólo en cuenta el carácter. Todo lo que una persona ha podido adquirir o recibir del exterior no le impresiona, porque es fácil adquirir el talento, la destreza, la erudición o incluso, la fortuna: algunos años o incluso algunos meses, según los casos, son suficientes.

Pero son necesarias vidas y vidas de trabajo, de esfuerzo para desarrollar cualidades de desinterés, de lealtad, de bondad, de generosidad, de coraje. Y los iniciados sólo tienen en cuenta estas cualidades.

Omraam Mikhaël Aïvanhov

Bendiciones y luz.

¡No me hagas esto! Ese correo lo compartí con ella desde mi primera etapa. Fue el link de la bulimia con la madre, se lo mandé hace siete meses. No me abandones tú también. Lo demás que dice es mentira, ella se metió a verlo sola, yo no quiero una maestra del populus, no quiero nada de eso, por eso trabajo fuerte para salir, te consta. Cometí un grave error al principio compartiendo mi proceso con ella, pero dejé de hacerlo hace mucho tiempo. Jamás quise hacerlo para evadir de mi responsabilidad.

Mira, Coral, yo le envié a tu madre un correo. No sé cómo reaccione. Si ella va a intervenir en nuestro proceso, yo paso. Es tu madre y, como te he enseñado, debes honrarla, pero sus ideas entorpecen nuestro trabajo, ella te influencia mucho, claro, por tu comodidad de dinero. Eso lo tendrías que vencer para pasar a otro nivel y ¿qué crees? También tener dinero, sin deberle a nadie porque eso es lo que quería enseñarte cuando te ofrecí mi casa.

Estoy nerviosa. Me siento triste, ansiosa. Tengo miedo. Mi madre y tú son mujeres muy importantes en mi vida y me abandonan.

Coral:

En uno de los correos que te envié te expongo que la única manera en que podría seguir siendo tu guía sería que arregles y te desapegues de la influencia de tu mamá, de las comodidades, del blof. Amar a tu madre y respetarla (que no lo haces) no significa dejarse vender ni poseer por ella. Yo no critico, sólo te expongo la realidad: la felicidad y el conocimiento no se encuentran en la comodidad ni en lo superficial. Ve a los grandes maestros, lee sus vidas, ¿qué hicieron para llegar a la iluminación? Es importantísimo lograr cambios, lo que implica una renuncia, un salto al vacío y, por lo tanto, fe. Y como otras veces te he dicho y te repito, "No requiero ni de reconocimientos ni de la aprobación de nadie de este mundo", sólo me importa evolucionar haciendo la voluntad de mi Padre/Madre.

Cuando te ofrecí formarte viviendo conmigo era porque te vi como una buena sucesora, para dar luz a este mundo, y quería enseñarte. Como le escribí a tu mamá yo te asumiría en parte, sin nada de lujos ni pendejadas del mundo. Lo que sucedió es que el mundo, la fama, se te ofrecieron como mejor opción y decidiste, a pesar de que has visto a donde te ha llevado esa vida.

Me preocupa tu hermanito, que quieres llevarlo al mismo mundo, en vez de dejarlo en su escuela, ¿quién sabe qué será mejor? Ojalá no lo contamines con tanta pendejada, ofreciéndole un mundo donde lo básico es la importancia personal, la cual nos aleja de la verdad, y lo dejes vivir la vida que tu padre biológico ha querido, quien a pesar de su enfermedad es obvio que conoce mejor al Padre que tu madre.

Querida Coral, tranquila, a tu madre nunca la perderás. Haz lo que quiere y la tendrás, aguanta sus faltas de respeto, no la confrontes y seguro te dará el dinero que quieras y tu comodidad, eso sí, el costo es tu piel.

No te presiones, no hay coacción en la evolución, tu libre albedrío es sagrado. Dios lo respeta, no hay prisa, cada quien decide su tiempo.

Bendiciones y luz.

Maestra, no pude escribirte ayer, leí tu correo y lo analicé todo el día. Dices que la única manera en la que podrías seguir siendo mi guía es que arregle y me desapegue de las influencias y de las comodidades de mi madre. Número uno: he tomado la decisión después de pensarlo y pensarlo que el GRE y todo lo que ella me paga lo voy a soltar, fue demasiado, me está pasando lo mismo una y otra vez y no entiendo. Mi destino no es el GRE, ni Harvard ni la escuela; sentía que tenía que seguir estudiando y es verdad, pero no ahí. Me cuesta muchísimo trabajo y no entiendo nada. Pensé en regresarles todo a mis papás, ya no recibir un peso y trabajar de lo que sea. Debería regresarles todo. Que viva aquí no les cuesta dinero extra. Pero después pensé, vivir aquí es horrible porque estoy donde no me quieren.

Ayer estuve todo el día con Erick y le platiqué el asunto. "Yo no sabía cómo decírtelo, Coral, pero qué bueno que está pasando esto, creo que te hará muy bien trabajar, es lo único que te falta. Te ofrezco todo lo que tengo, y no espero nada a cambio, ni que algún día me pagues ni nada, te ofrezco mi casa, te apoyo en lo que quieras, en la calle no te quedas." Tampoco ésa es la solución, irme con mi "novio" no es lo correcto, no quiero ser una carga para nadie. No tengo idea de cuál es el primer paso para liberarme de esto.

Tú me pusiste una condición, y la acepto. Lo suelto, estoy dispuesta a dar este salto, sólo guíame, ¿cuál es el primer paso?

Tienes razón, no amo realmente a mi madre, si la amara, sabiendo que todo lo material que me da le causa tanto estrés, infelicidad, conflicto, no debí haberlo aceptado. Busco la iluminación y estoy dispuesta a hacer las cosas diferentes, pero tengo miedo. Me llegan pensamientos como "no sueltes una rama hasta que no tengas otra", o sea, "busca chamba primero y luego le regresas todo a tu madre", pero eso no probaría mi fe hacia mi Padre. Me da pánico regresarles todo y no encontrar trabajo, ya me ha pasado. Intenté separarme de mi mamá alguna vez y no lo logré, pero hoy soy otra persona, así que eso me da esperanza.

De la oferta que me hiciste en diciembre, ¿hablas en pasado o sigue en pie? Si tu propuesta sigue, ¿qué procede, cuándo?

Con lo que respecta a mi hermano, intento ayudarlo para que vea mejores oportunidades de crecimiento. No pienso que la espiritualidad y el dinero estén peleados, yo no renuncio al dinero porque no creo que sea malo, renuncio al dinero de otros, ¡eso sí! Estoy dispuesta a aprender cosas nuevas. Lo llevaré a hacer el examen esta semana, total, no significa nada, no hay compromiso de nada, es una opción más. Como ves, hago planes y Dios se ríe, nunca se hace lo que creo. No me aferro a que entre a una u otra prepa, pero le abro más puertas al universo.

Coral:

En la noche te escribiré mi respuesta con respecto a que vengas a trabajar conmigo. Por hoy no muevas nada. Guarda tu sagrada intimidad y cierra la boca.

Bendiciones y luz.

12 de marzo

Necesito saber cuál es el siguiente paso. No puedo dejar las cosas sin mover porque implica que tendría que ir a mis clases y pedir dinero o dar explicación de por qué no estoy yendo a México.

Ayer vi a mi hermano, prefirió ir a cenar sushi conmigo en vez de ir a clase de mate. Accedí. Mi papá biológico me habló para decirme que estoy contaminando a mi hermano con mi mundo de dinero, todo por ofrecerle esa escuela y siempre llevarlo a cenar. Al parecer la estoy regando.

No quiero convertirme en una carga para ti también. He estado "sola" toda mi vida, pero cuando pusiste esa condición, supuse que conoces otro camino para mí.

Coral:

Estuve consultando en oración y te propongo esto: haz tu oración y consúltalo, reflexiona. Lo que digo es contra tu programación para que rompas tus límites, y es venir a mi casa a vivir ligera de equipaje. Estarías en una cabaña apartada de la casa y trabajarías en tu horario. Podrás hacer ejercicio, el plan sería que vengas dispuesta a lo que mande. ¿Cuándo? Estoy pensando la fecha.

Qué chistoso que hayas escrito "ligera de equipaje". Esa frase la escuché ayer en mi cabeza varias veces. Sin saber cuál sería tu respuesta, hablé con mi entrenador en el *gym* y le dije que me enseñe a entrenarme sin aparatos, sin necesitar de nada más que de un piso y mi cuerpo. Cometí un error en diciembre, pero otra vez ha surgido la oportunidad, no caeré en el mismo error. Acepto ir a trabajar para ti o contigo, acepto viajar ligera, acepto romper mis límites. No es que te dé la respuesta rápido, ya lo había estado reflexionando, sé que ése es mi camino, pero no había tenido la fuerza de hacerlo. No estoy totalmente sola, tengo dos perritas, Galadriel y Arwen deben venir conmigo, esa es mi única "condición".

Coral:

Ubícate, este trabajo no es para mí, yo *no necesito* que vengas. Ésta es una oportunidad que me pide el universo para ti. Arregla tus cosas con tu mamá y con todos. Tendrás que dejar a tus perritas, no puedes traerlas, "al universo no se le ponen condiciones, cuando quiere darte el poder". Empecemos por el desapego.

¿Por qué eres tan ruda? Sé que no necesitas de mí, nadie necesita de mí, no es eso lo que quise decir. ¿Arreglar todo con mis padres? OK, sé lo que tengo que hacer.

Coral:

Me parece muy bien que empieces no haciendo gastar a tus papás. Y, como te dije, aprende a organizar tus prioridades, nada es mejor o peor, hay que dejar ser. Te espero a mediados de abril. Seguimos en contacto.

12 de marzo

Ayer hablé con las Vélez para dar las gracias y avisar que no seguiré mis estudios, me van a devolver el dinero del taller de escritura que nunca empezó. Pienso dárselo a mis papás íntegro el viernes, así como decirles que gracias por todo su varo, que ya no necesitan darme nada.

Llevé a mi hermano a su primer workshop de la prepa. Le dije a mi papá que mientras mi hermano estuviera en el taller necesitaba hablar con él. Quiere saber de mi vida, dice que mi falta de confianza le duele, que no le platico mis problemas y de mi vida, no tiene idea lo que ha sido. Sentí el impulso de imprimir la carta que escribió mi mamá y llevársela para que vea lo que he pasado, la percepción de ella hacia mí. Quise releer la carta y, te sorprenderás lo que me pasó. Le di la razón, he sido comodina y conchuda, si fuera alguien de sustancia me habría ido de casa a trabajar, tiene razón pero estoy a tiempo de ser diferente.

Pienso continuar con mi plan de hablar con mi papá y enseñarle esa carta, aunque dice cosas fuertes de él también. A veces es bueno que nos confronten y nos digan nuestras verdades, a mí me hizo bien aunque me dolió un chingo.

Cuando le dije a Erick mi nuevo plan me dijo "No lo puedo creer, la niña renuncia a ser princesa para convertirse en una reina". La única persona que sabe que me voy es él y sé que no saldrá de su boca. "Coral, no tienes que irte, yo te ayudo en todo, te ofrezco mi casa, te ayudo a conseguir trabajo, con tu hermano, con todo." "No, no va por ahí, debes dejarme ir". "Yo te voy a llevar al aeropuerto, te iré a ver y haré lo que sea por estar contigo, aun cuando decidas irte."

A mis papás el viernes les entrego todo. Y el maestro, como siempre, tan acertado.

Numerosos son los hombres y las mujeres que han dejado una huella en la historia. Pero ser reconocido y apreciado en la tierra por los humanos es una cosa, y ser aprobado por el Cielo es otra, porque los valores no son los mismos. Es por ello que en el momento en que llegan al otro mundo, la mayoría de ellos debe sufrir el juicio de las entidades celestes que les dicen: "No debiste utilizar tus talentos sólo para ti, sino también para el bien de los demás. Has hecho algunas cosas buenas, es verdad, ¡pero muy pocas en comparación con todo lo que hubieras podido hacer! Medita sobre la vanidad de las glorias humanas para que, el día que debas volver a la tierra, sepas utilizar mejor tu inteligencia y reparar también tus errores".

En cuanto a vosotros, aunque no tengáis la ambición de convertiros en una celebridad, no os preocupéis tanto por la opinión de los demás. En lugar de buscar su aprobación y sus alabanzas, preguntaos más bien qué es lo que piensan las entidades celestes ante las cuales deberéis presentaros un día.

Omraam Mikhaël Aïvanhov

13 de marzo

En la mañana mi mamá me dijo lo de su compromiso moral contigo, me generó dudas. ¿Te va a pagar cuando esté allá? ¿Le dijiste que me voy contigo? Estoy en un plan de cortarme el cordón umbilical y cerrar la boca de mi vida y mis planes. Quiero saberlo, si no, para no hacerme *güey* y decírselo directo. No me gustaría que supiera, finalmente ya no me va dar un peso y no tiene por qué saber nada de mí.

Estoy juntando todo, ya conseguí otro celular, así voy dejando cosas y adquiriendo cosas nuevas. Entre mis oraciones está "Por favor, Dios mío, quita de mí el juicio a mi madre".

Ayer llevé a mi hermano a su segundo taller en la prepa, cuando pasé por él mi papá estaba chupando para variar, y me dijo, "Tu hermano no va a ir a esa prepa", le contesté que estaba perfecto, ya lo solté al cien por ciento. Le dije a mi papá que quería hablar con él muy seriamente, siento que se resiste, pero quedamos que hoy lo haríamos.

Coral:

Habla con tu madre, merece que le digas lo que has decidido. Póngase de acuerdo.

Pienso decirle que no quiero su dinero y que muchas gracias. ¿Por qué debo decirle lo que haré de mi vida después?

Habla con ella, quiero saber qué te dice. Si quieres mi guía, haz la tarea aunque no entiendas. Dile lo que quieras, menos mentiras.

14 de marzo

Buenos días, maestra. Hoy le regreso a mi madre sus cosas, hoy llega toda la familia, serán días de mucho movimiento. No entiendo cuál es el punto de que le siga dando a mi mamá explicaciones de mi vida. Esta decisión es algo que quería tener en secreto, no quería que nadie supiera de mi vida, pero si así lo dispones, está bien.

Toda la tarde estuve con mi papá. Llevé a mi hermano a la prepa a presentar el examen de admisión, y aproveché para hablar con mi papá. Le enseñé el correo de mi mamá y mientras lo leía nada más se reía, "No puedo creer cómo una madre es capaz de inyectarle tanto veneno a una hija". Su parte de la historia es que mi mamá es culpable de todo y para no perder la costumbre de ahí se agarró para decirme cuanta cosa de ella *again*. Le paré su tren desviado de mi intención y del verdadero problema, "Papá, el punto no es mi madre, soy yo". "OK, ¿qué quieres que hagamos?" "Ya tomé una decisión, voy a ir a Bacalar un tiempo con mi maestra". Me sorprendió su respuesta, "OK, me parece bien, te voy a ayudar, ¿qué necesitas?", "Que este mes me des trabajo contigo, con Lili en la tienda o donde quieras, necesito comprar mi boleto de avión". "No, yo trabajo solo, te doy lo que necesitas porque soy tu padre, yo compro tu boleto y te voy a dar dinero para que no te vayas con las manos vacías." Primera vez en la historia de mi vida que salen esas palabras de su boca. No siempre fue así, en algún momento, cuando su alcoholismo estaba más intenso que nunca, me robó dinero de mi cartera. No sabía cómo reaccionar, me encabronaba y me deprimía. Mi papá nunca me dio un peso, jamás se responsabilizó por mí ni cumplió su rol de padre, su alcoholismo no lo deja ni cuidarse a sí mismo. Mi madre tuvo los pantalones de sacarme adelante, me busco otro padre, mi padrastro quien es mi verdadero padre.

"Cuando te vayas, tu madre va acabar buscándote para que regreses, ya verás, como siempre te da una cachetada y después te abraza. Eres su soporte, tú eres una niña hermosa, llena de vida, llena de luz, todo lo que ella no es." Lo único que quiero es paz con mi mamá, no espero que se arrepienta, ni que me pida que regrese, ni que sufra, al contrario, quiero que esté en paz, feliz y tranquila en su vida.

En la tarde hablé con mi tía, la hermana de mi mamá, lleva muchos años de trabajo personal y, por lo mismo, habla mi idioma. Dice que soy de sus personas favoritas, le gusta escucharme. Yo viví con ella en Veracruz. Es un alma nueva, muy dulce e inocente, sufrió cosas que la hirieron fuertemente.

Estoy en un momento en el que tengo muchos sentimientos con respecto a mi madre, porque a pesar de que me consiguió otro padre y lo que quieras, la ha cagado cabrón conmigo, no importa qué tan rebelde o difícil fui de chica, no tenía por qué correrme de la casa a los 6 años. Estoy muy encabronada por sus errores conmigo, era una niña, cómo se atrevió a mandarme a la chingada, a correrme, a escribirme cartas diciéndome cosas espantosas, aunque fueran verdad. Por eso no me eché a llorar cuando leí el correo que le mandó a mi hermana; ese correo es uno más de un millón que me ha escrito toda la vida. Tengo mucho, mucho dolor. Lloro mientras lo escribo.

Ésa es la diferencia entre mi papá biológico y ella, él hizo muchas chingaderas pero jamás con la intención de lastimarme. Y mi madre ha dicho y hecho cosas con la intención de herirme, creo que de ahí viene ese odio hacia ella.

Mi mail

Mamá, te escribo este correo para decirte que tomé la decisión de soltar la idea de estudiar la maestría y de ir al *summer school*. De soltar lo que implique un gasto de ustedes hacia mí, como las clases con las Vélez, las de matemáticas, el gas, casetas, semana, celular, gimnasio. Con ese oro divino compro la paz contigo. Para que no pienses que lo que se pagó fue en vano, el sábado no me fui con "el joyero", como pensaste, si no que estuve en el Tec haciendo mi primer examen. Ya tengo el resultado, llegué al puntaje que piden en Stanford y Harvard. Me van a regresar el dinero del taller de escritura de las Vélez, te lo daré intacto en un sobre cuando pase por él. Mi siguiente paso es irme a Bacalar con mi maestra.

P.D. Aunque mis palabras no signifiquen nada para ti y creas que todo es de dientes para afuera, Dios es testigo de mi gratitud hacia ti y hacia mi papá por todo lo que me han dado. Éste es mi primer acto de verdadero amor hacia ti.

Coral.

Coral:

Lo hiciste muy bien. Cuando le escribí a tu mamá, ella me escribió sobre la propuesta que te hice. Le dije que si hacías lo que debías hacer, te aceptaba aquí. Me contestó que seguiría pagándome lo de cada mes, que lo que yo considerara para ti, NUNCA LE CONTESTÉ, estaba esperando tu proceso. La propuesta es ésta: propongo que no haya dinero de tu madre. Tú trabajarás para mí, te ganarás el sustento y, al mismo tiempo, te enseñaré todo lo necesario.

Te lo ganarías, podrías pagar la cabaña donde vivirás, tus alimentos y lo que vayas necesitando. Para empezar, debes aprender a vivir austeramente. Al mismo tiempo tendrías que cumplir las reglas guerreras que te pondré. No necesitamos el dinero de tu mamá.

Luego te enviaré una lista de lo que puedes traer. Ve pensando en estar ligera de equipaje. Te felicito por tus calificaciones. Esa parte que lograste no se perderá, lo retomarás, pero primero toca aprender a ser guerrera. (Me encantaría poderte pasar la estafeta.) El Padre se encarga de la parte material, cuando uno sabe trabajar en la parte espiritual y energética.

Bendiciones y luz.

Hecho, acepto irme contigo. Pero, espérate, cuando le mandé ese correo a mi mamá, me dijo "Cory, ven a mi oficina, quiero hablar contigo". Me pidió perdón por haber pensado mal de mí, reconoció que cometió un error, que violó mi privacidad; admitió que se imaginó cosas que no eran, me creyó que no falté a mis clases, ni hice mal uso de sus cosas, como pensaba. Se siente traicionada porque veo a mi papá biológico. Le dije que por andar jugando con fuego se quemó, tomó muy mal todas mis palabras, las tergiversó e hizo una historia irreal. Le dije que no podía seguir con nuestra relación, que tenía que haber un cambio de corazón, que le regresaba todo su oro, que lo soltaba por completo a cambio de paz y de un amor genuino desinteresado madre e hija, que el dinero entre ella y yo sólo había sido veneno, por lo que debía acabarse por nuestro bien. Acordamos que me liberaba de todo. Me dijo que se había parado en frente de una foto mía, que me había hablado y dicho, tomando al maestro Jesús de testigo, que me soltaba y me liberaba de todo, que ella de corazón sólo quiere mi felicidad, sea cual sea mi camino. Es verdad, lo vi en sus ojos. Por primera vez pude ver su alma luminosa cuando hablaba, decía de corazón cada palabra y lloraba. Me decía que jamás volvería a intentar controlar ni manejar mi vida, que jamás me volvería a chantajear, ni juzgar porque yo quisiera ver a mi papá o salir con fulano o con zutano, que me liberaba de su control y de sus juicios. Me disculpé por haberla lastimado y haber sido tan conchuda. Lloramos y nos abrazamos, nos dijimos que nos amamos mucho. Después continuó diciéndome que, si quería, podía continuar con mi plan original de las Vélez y el GRE, que mi papá pensaba que después de ver mi puntaje en el examen eso sería mejor para mí, que irme sería tirar la toalla a medio juego, que mejor concluyera todo y me fuera a Estados Unidos. La escuché pacientemente y cuando terminó le dije, "Madre, mi decisión está tomada, me iré a Bacalar con mi maestra. Necesito empezar a generar, necesito trascender, y lo académico nunca ha sido parte de mi vida, ésa no es quien yo soy ni por donde me ha ido bien. No lo descarto en un futuro, pero hoy mi curso ha cambiado". No le encantó la idea, pero me dijo, "Confió en tu criterio, confió en ti, y si crees que ése es tu camino, como madre, te doy mi bendición, te vas de esta casa en amor y con todo mi apoyo". No manches, casi me voy al suelo. "Llévate tu coche, allá te servirá de mucho tener en qué moverte, aquí estaría parado al igual que tu celular, guardado en un cajón. Lévatelos por seguridad, es época de huracanes, no lo tomes como que es para controlarte ni nada, sino por seguridad. Te lo ofrezco de corazón, sin esperar nada ni que me pagues. Perdón porque antes no supe dar, pero yo también tengo derecho a cambiar." ¿Qué opinas de esto, maestra?

Además me regaló un conejito de porcelana, es como un joyerito. No sabes lo increíble que está. Como dice Don Juan, "en un tronido de dedos", absolutamente todas las emociones y los pensamientos negativos hacia mi madre se disolvieron en cuestión de segundos, lo que significa que sus palabras sí hablaban la verdad. Hoy mi madre se montó en su poder y se produjo alquimia en ella. Estoy orgullosa de su trabajo personal. Lo más chistoso es que en mi recapitulación de ayer escribí que si ella algún día se arrepentía yo sin dudar un segundo la perdonaría, pero no pensé que este pedo fuera tan rápido, ¡fue hoy! Hoy mi mamá y yo nos liberamos, y me corté el cordón con ella, de la manera más amorosa del mundo. ¡Qué razón tenías al decirme que hablara con ella, que le dijera mis planes! Me siento más poderosa porque me ofrecieron todo el oro de regreso y en amor elijo mi futuro independiente, jamás les volveré a pedir nada, si ellos quieren darme, bienvenido. Pero eso es diferente.

Coral:

Has oración y retoma tu decisión, sin pasiones ni sentimientos. Piensa lo que dice tu mamá, piensa lo que quieres y piensa sobre mi ofrecimiento. Ve dentro de ti y ahí, no como **reacción** sino como elección, decide. Cuentas conmigo, decidas lo que decidas.

Hice mi tarea y tomé mi decisión. Con todo en paz y tranquilo, examiné cuidadosamente todas mis opciones y evalué mi siguiente paso. Me iré contigo el 15 de abril, como habíamos previsto. Mi papá quiere hablar conmigo, quiere darme su punto de vista sobre el GRE. Es normal, considerando que es cien por ciento académico. Al principio me dio miedo, porque me decían cosas como "tu papá es muy bueno para planear, es un visionario, y prevé muy bien a futuro, te conviene más la escuela ahora, podrías irte con tu maestra después", pero no.

Yo, Coral Mujaes, nunca he sido académica, mi vida nunca ha seguido las líneas de mis padres, soy una persona diferente y mi corazón no está en la escuela, mi corazón está en la naturaleza, en el trabajo personal, en el espíritu y en el servicio. Cerré un ciclo escolar, y ahora me toca trabajar. Si Dios lo dispone en un futuro, puedo ir a la escuela. El espíritu es primero, lo demás viene después, a chingadazos lo he aprendido.

Tengo un poco de miedo, pues dejo todo pero no importa. Éste es mi salto al vacío, mi salto de fe. No tengo expectativas de nada, me voy feliz. Mis tres papás me dijeron que en caso de que eligiera irme a Bacalar, me darían un dinerito en lo que arranco, el cual yo no pedí.

Coral:

¡Bien! Bienvenida. Te diré lo que sigue: no coche, no celulares, no *laps*. Trae cuadernos y plumas para escribir; plumones de colores, cuaderno de dibujo. Vas a estar incomunicada de tu familia amigos sólo por un mes. Ése es el primer paso del crecimiento. Te voy a pagar por tu trabajo con comida, techo y un dinerito para tus cosas esenciales, yo te cuidaré. Ya puedes comprar tu boleto. Me avisas. Trabajar en tu programa de vida que te daré cada semana.

Bendiciones y luz.

17 de marzo

Ayer fue un día muy bueno, ultra familiar. En la mañana hice mi ejercicio y estuve con mis sobrinos. En la tarde comí con mi familia, mi mamá me preguntó si tenía ganas de ir a San Diego, obvio tengo ganas de ir, pero al mismo tiempo pensé que no haría gastar más a mis padres y debo cumplirlo. Estoy lista para irme contigo. Cuando tomé mi decisión, en el Cielo hicieron fiesta, han de haber dicho "Por fin esta niña agarra el pedo".

18 de marzo

Me levanté directo a escribir un cuestionario para personas con desórdenes alimenticios. Se me ocurrió la idea de desarrollar mi propio método de sanación holística, con base en todo lo que he pasado y aprendido, para adictos. Tengo muchos proyectos en la cabeza, soy muy creativa, pero iré paso a paso. Hoy compraré mi boleto. Empezaré a alistarme para mi viaje. Dime si hay cosas especiales que deba llevarme aparte de mis plumas, cuadernos y todo lo que me pediste.

Busqué el significado de la palabra "sobriedad". Una de sus definiciones dice "adornos superfluos"; no sabía exactamente qué significaba, no tenía idea de la parte de los adornos: "sobriedad, del latín *sobrietas*, es la cualidad de sobrio. Este adjetivo refiere a una persona que no está bajo los efectos del alcohol o a aquél o aquello que no tiene adornos superfluos y que, por lo tanto, resulta moderado y templado".

Coral:

Sólo estarás incomunicada un mes. No habrá comunicación con el exterior, ni con tu mamá ni con nadie. Aprenderás que el Padre se encarga de las cosas. Estarás aquí el tiempo necesario, cuando te vea preparada podrás regresar de visita o a quedarte, luego te comunicarás, ¿OK?

¡Hecho! Sólo compré el boleto de ida. Mis papás no quieren que me vaya sin pasar el GRE, ¡quién los entiende! No voy a cambiar mi viaje, ya lo pospuse una vez. Esta vez no voy a hacer caso a nadie, y si resulta que fue un error, qué chingados, es mi error al cien por ciento.

19 de marzo

¿Qué crees? Mi hermano Omar sacó el puntaje en su examen de admisión para su beca de excelencia en el Tec, fue el segundo más alto. Aun así, mi papá se rehúsa a hacer el esfuerzo de inscribirlo. Es un chingón.

20 de marzo

Tuve muchas invitaciones a varios lugares pero no tengo ganas de ir a ningún lado. Pensé en hablar con la esposa de mi papá para que intente convencerlo de que inscriba a mi hermano al Tec. No entiendo por qué siente tanta rabia, sólo quiero que valore el esfuerzo de mi hermano y ellos hagan el suyo. Sigue la inercia del menor esfuerzo, la ley de lo gratis.

21 de marzo

¡Feliz día de la primavera! Ayer fue un día movido. En la mañana fui al *gym* y de ahí pasé por mi hermano para recoger sus resultados de la prepa y ver qué onda. En la mañana hablé con Lili, mi intención era decirle que consideraran la opción, que era una muy buena oportunidad, que sería un esfuerzo de los dos pero valdría la pena, y lo más importante es que ayudaría para toda la vida a mi hermano. Cuando llegué a verla se puso a llorar. Ayer se peleó con mi papá porque llegó pedo. Discutieron porque ella le dijo a mi papá que habría que hacer un esfuerzo, por supuesto mi papá la mandó a la chingada. Lo malo es que mi hermano sí quiere estudiar ahí.

Cuando pasé por mi hermano hablé seriamente con él. Le dije las cosas como son y aclaré que bajo ninguna circunstancia quería que odiara y viera mal a mi papá, pero que ya era mayorcito y tenía edad suficiente para abrir los ojos y aceptar lo que ha estado negando toda su vida: tenemos un padre enfermo. "Mira, flaco, jamás te había hablado así, no te había dicho esto pero nuestro papá tiene un gran problema, está enfermo, su manera de beber no es normal, no está bien lo que hace, no está bien cómo le habla a tu mamá, no está bien cómo te habla a ti." Nada más se quedaba callado. Le pedí que nunca deje a su madre sola, que si su madre eligiese irse de la casa, que la siguiera, que la cuidara. Le hice ver todo lo que ella ha hecho por él, lo hice reflexionar en cómo sería su vida si viviera sólo con mi papá, una vida con un alcohólico es igual a caos, carencia, agresión, y le consta. No quiero que mi hermano acabe así. Le cayó como cubetazo de agua fría, creo que nunca imaginó esta plática y menos porque ve que yo amo y adoro a mi papá. Escuchó cada palabra y acordó conmigo. Le repetí varias veces que no debemos odiar a mi papá, sólo debemos tomar decisiones más sabias y ser asertivos. La realidad es que tampoco lo ayudamos justificándole todas sus pendejadas. No sé qué voy a hacer con mi papá, mi manera de ayudarlo es siendo fuerte y sana.

22 de marzo

Ayer mi mamá cumplió su palabra y se fue con mi papá a Akumal. Antes de irse platicamos. Me dijo que mi tía la va a acompañar a Venezuela. Me da gusto que la pasen muy bien. Me ofreció ir a Europa diez días con mi hermano, la verdad no sé qué diga el universo.

Mi hermano Omar me mandó un mensaje diciendo que mi papá había aceptado pagarle parte de la prepa. Me pidió que fuera por él para hacer el pago de apartado de lugar y empezar el trámite de la beca. Me puse feliz. Cuando llegué le hablamos por teléfono a mi papá para pedirle el adelanto, pero invento que se había ido a México aunque en realidad estaba en una cantina con su amigo de peda favorito. De todos modos reunimos el dinero entre todos e iniciamos el trámite. Entretanto, recibí la llamada de mi mamá que me dijo que tenía mi boleto a Londres. Le marqué a mi hermano que vive allá para avisarle pero me salió con "no, *güey*, tengo planes, me voy a ir a no sé dónde, es el cumpleaños de no sé quién y tú de seguro vienes en plan de abuela tranquilo y no voy a poder estar contigo". "Yo voy a turistear y a caminar, no al pedo". Le colgué y le hablé a mi mamá y le dije que me cancelara el boleto. Por fortuna le hicieron el reembolso. Lo puse en manos del universo y se encargó de hacerme ver que mi lugar, por el momento, sigue siendo Cuerna.

Regresando de la prepa llegamos a casa de mi hermano porque tenía que llenar unas cosas que sólo mi papá y Lili podían contestar. Cuando llegó mi papá ya iba bien pedo y empezó con su discurso sobre las escuelas privadas, que son lo peor, a mí empezó a mentarme la madre por querer que mi hermano entre ahí, me dijo que sólo soy buena para gastar el dinero de otros y que le enseño a mi hermano puras mafufadas, etcétera, etcétera. Mi hermano tiene mejor ejemplo conmigo que con él. Así que me levanté y le dije, "Papá, a mí no me vas a faltar al respeto, yo no te hablo así, yo no te falto a ti al respeto jamás ni te insulto, no tengo por qué soportar tus agresiones", me despedí de él y le di un beso a mi hermano en la frente, no sin antes decirle que ya no me iba a meter en la vida de su hijo, que él se encargara de su educación y de su vida. "Perdón, mi amor, no soporto estos tratos y estas faltas de respeto", le dije a mi hermano y me fui diplomáticamente. Estoy hasta la madre de mi papá, ahora entiendo más a mi mamá.

23 de marzo

En la mañana fui a correr. Hablé con mi mamá, le conté lo de mi papá y me dio un consejo. Me dijo que hay que ayudar a la gente desde su plataforma, no desde la de uno, que por muy buenas que sean mis intenciones con mi hermano no puedo meterme y enseñarle un mundo que no es de él.

24 de marzo

Hace casi un año me certifiqué en Estados Unidos como *Angel Therapist* con Doreen Virtue. Impartí talleres que duraban dos días y di terapias uno a uno con las técnicas que aprendí ahí, pero fue muy poco tiempo. Hablaba sobre lo importante que era la alimentación, recomendaba quitar cosas o cambiar alimentos y suplementos. Siempre me funcionó.

Ayer me habló una persona que siguió mis consejos. Tenía un tumor en la matriz y se la querían quitar, yo le ofrecí un *approach* holístico a su situación y logramos que no la operaran porque había disminuido considerablemente. Me puso muy feliz.

Estoy completamente sola en mi casa, qué bendición. Pensé en mi vida en la fiesta, qué impresión el efecto depresor que tiene el alcohol. La gente está tan acostumbrada a vivir en un estado de depresión que vivir así se vuelve normal. Y se sienten raros cuando no están acelerados y estresados, el estado de paz nos resulta incomodo.

25 de marzo

Fui al gimnasio. A medio entrenamiento noté que mis manos estaban heladas, mi entrenador me dijo que era síntoma de hipoglucemia, que se me baja el azúcar. Investigaré sobre eso. Desde que no entreno tres horas diarias duermo bien. Los jóvenes duermen mucho porque se la pasan desvelándose, chupando y sometiendo a su cuerpo a mucho estrés, tanto que nunca tienen tiempo de recuperarse. La juventud está loca por falta de sueño, porque no descansan. El alcohol en su sistema impide la producción de serotonina en la noche, de ahí la cruda física y la "tristeza" al día siguiente. Intuitivamente buscamos carbohidratos y azúcar como desesperados para compensar.

Ayer vino la persona que siguió mis consejos, está muy bien de su matriz, dice que la dejé con buenas herramientas para trabajar este tiempo que no nos hemos visto. Ahora vive un desastre en sus relaciones interpersonales. Es divorciada con dos hijos y se acuesta con muchos hombres. Está tapando sus emociones con sexo, es "su sustancia". Le aconsejé que se abstuviera, "Ojo, no te estoy diciendo que no salgas con chavos, sólo que no te involucres con ellos sexualmente". "¿Por cuánto tiempo?" "El necesario". "Por favor, que no sea mucho." Le dije que escribiera todo lo que piensa sobre el sexo, también le dije que cuando esté caliente lo escriba para ver qué le prende el chip, qué situaciones y cuáles son sus ilusiones con respecto al sexo.

Me habló mi papá biológico. Me dijo que no van a tomar la opción del Tec. Ya no me meteré en nada de eso, puse mi granito y ya.

26 de marzo

Ayer fui a jugar tenis con mi papá y mi hermano. Por más que lo intento, no puedo no juzgar a mi papá. Se va a morir, se está suicidando. Me duele ver cómo se envenena diario pero no le digo una sola palabra.

Vi *Constantine*. Es verdad que estamos en un mundo dual donde somos fichas entre dos "jugadores", ninguno tiene el permiso de entrar en este mundo material pero sí de influenciarnos, con un susurro al oído. Siempre he soñado que soy guerrera, sé que lo soy, sólo que a veces dudo de mí y de mis capacidades. A veces tengo aires de grandeza, hay días que siento que lo puedo todo y que no hay poder en el mundo que me pueda parar y otros donde siento que no puedo nada y que todo lo que construí con mucho esfuerzo se me va de las manos en cuestión de segundos, sólo toma un pensamiento, y me tiro al drama del ego fácilmente.

27 de marzo

Ayer vi a Erick, mi relación con él funciona, no violo el espacio y la confianza de mis padres, no tengo que darle dinero, sexo, compromisos. Estamos juntos porque así lo elegimos cada momento. ¡Qué bien! Ahora que me voy a Bacalar le quiero decir que el "acuerdo de exclusividad", se disuelve. Sabe bien que no sé cuándo voy a regresar, yo le digo que no piense nada, que sólo viva y ya. Este viaje es como si me fuera a ir a la luna o a otro universo, no quiero llevarme nada de esta tierra. Si él es para mí, ahí estará sin necesidad de "acuerdo". Por las malas he aprendido que el control es irrelevante y los acuerdos y compromisos son una forma muy astuta de control.

Ayer, en el *gym*, empecé a hacer mi segunda rutina funcional. Está cabrón lo que me pone este cuate. Necesito comprar una barra de las que se pegan en las puertas para pegarla allá, con eso, unas mancuernas y un *mat* hago todo el entrenamiento. La gente en el gimnasio cree que me estoy entrenando para correr un maratón o algo, me han visto que hago barras como si fuera hombre, "entreno así porque me encanta y me apasiona, lo hago para mí". Pero la gente no entiende que haga cosas sólo para mí. Estar fuerte, rayada, con un muy buen cuerpo no es para atraer a los hombres, para ser más halagada, para tal evento, o tal concurso, en lo absoluto; mi trabajo diario con mi cuerpo físico me ha abierto las puertas del Cielo, a través de él he contactado con mi alma, es parte de mi práctica espiritual diaria. No sabes cuántas limitaciones mentales he roto cada que entreno y hago cosas que pensé jamás podría hacer. El *gym* es mi terapeuta y correr mi inspiración. Se acostumbra a tener la motivación de afuera. Yo la tengo adentro.

28 de marzo

Terminé de pagar mi tarjeta de crédito. Ayer me llegó el estado de cuenta, no sabes lo feliz que estoy. Desde 2007 nunca había logrado pagarla o tenerla en cero. Mi mamá me felicitó.

Fui a casa de Erick con sus amigos. El muchachito a cada rato estaba: "un whisky, dime si se te antoja una chela helada ahorita, flaca". Durante el día me sacó tres o cuatro de whiskys (porque sabe que cuando me echo mis chupes es lo que tomo); yo me volteé y le dije "a ver, hijito, tú no entiendes, ¿verdad? El alcohol para mí está más que trascendido y no tengo ganas de chupar, nada". Él tenía unas ganas de chupar, buenas, yo le digo que haga lo que se le dé la gana. Hoy vamos a ir a Teques a esquiar con mi papá y mi hermano.

Ayer la pasé muy bien con los amigos de Erick. Son gente sana, muy intelectual, inteligentes a madres, puro financiero, no entendía un carajo sus conversaciones, qué oso. Las chavas, igual. Mentes matemáticas. Erick es así. En la reunión no faltó la pregunta incómoda ¿qué haces?, ¿a qué te dedicas?, y me choca porque no sé qué decir. Me acuerdo de Don Juan, no me gusta decir quién soy ni qué hago, pero al mismo tiempo no quiero ser grosera, y pues dije que era licenciada en comunicación pero tenía muchos estudios en desarrollo humano. Un abogado empezó "cómo, a ver, profundiza, explícame bien", y yo *"really*?", le medio explicaba, pero no fluían las palabras, no sentía conexión, tons, mejor a las 8 p.m. aborté la misión.

29 de marzo

Me duele todo, no manches, qué buen día. Fuimos a Teques mi papá, mi hermano, Erick, su amigo y yo. Rentamos una moto de agua y una lancha. El primero en esquiar fue mi papá, hijo de su madre, con todo y que vive en un eterno estado etílico se paró a la primera con dos esquís.

Hay varias formas de esquiar, con dos esquís, con uno se llama *slalom*, o con la tabla, *wakeboard*. El más fácil es con dos, el segundo el *wake* y el más difícil es salir con un solo esquí, con el *slalom*, porque la presión de la lancha es muy fuerte y necesitas mucho equilibrio. Le pregunté al lanchero cuál era el más difícil, "el *slalom*, por mucho". "Quiero ése", "Coral, no mames, primero sal en dos hijita, *slalom* no vas a poder". Y el lanchero, "Señorita, ¿ha esquiado antes?", "sí, cuando tenía 6 años", "no va a poder, primero intente con dos", "deme el *slalom*", y me eché al agua. Salí a la primera, ¡ándenle, putos!, jajaja. Aunque, después de que me caí ya no pude volver a salir porque tenía el músculo a dos de reventar, por bruta fui al gimnasio en la mañana y esquiar demanda mucho físicamente, agoté mi cuerpo. En el *wake* también salí al primer intento y duré un chingo, con todo y que el lago estaba súper movido. Erick y su amigo me dijeron que parecía *pro*. Cuando terminé de esquiar, el lanchero estaba impactado de cómo esquié. Es que estoy en forma y tengo mucha fuerza, además heredé de mi papá las habilidades para los deportes.

30 de marzo

Ayer vinieron mis amigas de México. Estuvo chistoso, había un señor amigo del papá de una de mis amigas, imagínate, no sabes el alcoholismo que maneja, pobre. Platiqué con él un segundo y percibí el gran dolor en el que está sumergido. Me dijo que su ex esposa le puso el cuerno y rompió su familia. Te digo, un alcohólico no es así nomás porque sí, tengo mucha compasión por ellos, me reflejé muchísimo y me acordé de mis días en ese infierno. Llegó pedo de jugar golf y no paró en toda la noche, se quedó a dormir en casa de mi amiga y, hoy en la mañana, lo primero que hizo fue servirse un vodka e ir a jugar golf.

Coral:

Te leo casi a diario cuando no tengo mi trabajo en el guerrero. Parece que el tema del alcohol apenas lo estás descubriendo. Tienes herencia, ten cuidado. El alcoholismo es una enfermedad que se convierte en física, por la abstinencia, tu papá no puede dejar de tomar aunque quiera, requiere tratamiento médico. La abstinencia puede provocar hasta un paro cardiaco, así que aprende a dejar de juzgar.

Yo viví con un alcohólico que no quiso curarse y al final me divorcié. Por otro lado, estoy teniendo un poco de problemas con lo de la cabaña, así es la gente *populus*, dice una cosa y luego la cambia, pero lo arreglaré. Sigue en pie la fecha.

Quiero decirte que no debes traer ningún aparato de ejercicio. Tu ejercicio será por medio de la naturaleza, nada de *gyms*. Vienes a abrir un canal para otros planos, no traigas nada que distraiga o te arraigue a este plano, ¿comprendes? Bacalar es un lugar muy especial, lleno de energía, e ideal para lograr este trabajo. Si obedeces, se dará con la gracia del Padre/Madre; si no obedeces, ¡paso! No voy a luchar por algo que tú quieres, yo ya lo tengo.

Te espero con alegría. El camino no es fácil, por eso no lo hace cualquiera. Jesús pasó cuarenta días y noches en el desierto. Los grandes maestros, todos, pasaron por periodos desarraigados por completo del plano terreno. ¿Lo quieres vivir? Adelante, yo te guío pero es necesario que te recuerde que vienes a la nada para vivir el todo.

Mi papel no es comprenderte (aunque lo hago), sino usar el rigor para ayudar a romper la capa (ego) que te impide conexiones a otros portales o planos.

Bendiciones y luz.

De acuerdo, maestra, no llevaré nada de aparatos y dejaré el juicio de lado. Del alcohol, ¿herencia? El ambiente en el que uno crece es mucho más importante que los genes. Siento que es mucho más profundo de lo que el ojo puede ver. Te agradezco infinitamente que me apoyes en mi camino. Sé lo que quiero y voy a trabajar diario por llegar ahí.

Soy una guerrera

1º de abril

Ya sé por qué recaí tantas veces en la fiesta, era como si necesitara más emoción en mi vida. Estaba escuchando a la doctora Candace Pert, ella dice que nuestro cuerpo y nuestro corazón no están diseñados para estar en total coherencia. Ella sostiene que si al corazón lo sometes a tener todos los latidos iguales se crea una línea recta y básicamente *it means you are about to drop dead*, es importante un poco de caos o movimiento para estar vivo. Un corazón vivo no late en línea recta, tiene subidas y bajadas; entre más movimiento tenga el corazón, más vivo y fuerte está.

Este estudio tiene sentido, por lo que pensé "necesito otro tipo de estímulos"; lo ideal es que no necesitara absolutamente nada y fuera una maestra iluminada para estar feliz y plena, pero en lo que llego a eso, necesito ser más creativa.

Ayer compré unas conferencias sobre las adicciones. Reúnen testimonios y estudiosos del tema, desde el que logró recuperarse con AA, el científico que habla de la química neuronal del adicto, el hindú que cura con ayurveda y yoga, hasta el joven sin estudios que trascendió solito con libros de autoayuda. Es muy interesante escuchar otros puntos de vista.

Ayer me sentí muy conectada con el espíritu. Soy una terca que aprende con grandes retos. Hay personas que aprenden rápido y con una llovizna divina agarran la onda, pero yo no, a mí me tienen que mandar una tormenta.

Hoy llega mi mamá porque el jueves se va a Venezuela a un congreso espiritual. La noto activa. Cuando pone su mente en algo, lo logra; tiene una fuerza impresionante, pero le falta motivación. Parece que ahora está reencontrándose.

Hablé con Erick. Esta semana perdió la paciencia varias veces, se peleó con la gente y se sintió medio raro. Le dije que era por su peda del fin de semana, que el cuerpo con la desvelada y el alcohol entra en mucho estrés y el sistema nervioso queda muy afectado. La gente cree que se siente mal nada más porque sí, no les conviene hacer el link a sus actos destructivos porque se da cuenta de que es responsable y lo más cañón es que hay que cambiarlos. La vida es así, prueba y error prueba y error.

No sabes las ganas que tengo de llegar a Bacalar, aunque me da miedo de no estar a la altura. Me hablas de la vida de los grandes maestros, *I feel I'm no where near them*.

2 de abril

Quiero empezar esta recapitulación diciendo que el 15 de abril es el último día que escribo en lo que según yo será mi tercer libro. *Un curso de milagros* dice que nada es lo que parece, y yo tiendo a irme por las apariencias —pero cada vez menos—, estoy logando un dominio de mi mente mucho más fuerte que antes; puedo controlar mis pensamientos cuando se están descarrilando con más facilidad.

He escrito por ocho meses con la única certeza de que estoy viva. Ya no me voy al futuro, porque me genera ansiedad, y no estoy más en el pasado, porque ya no existe. El presente es mi lugar seguro.

Escuché otra parte de la conferencia sobre adicciones. Un chavo que ya está en recuperación sin consumir ninguna droga contó que seguía apostando, por lo que descubrió que seguía dentro de "la energía de adicción", que es cuando: "tienes algún tipo de comportamiento que a pesar de que te destruye lo sigues haciendo". La adicción es un comportamiento, no una sustancia, eso hay que entenderlo, y es un comportamiento no una definición de lo que eres (esto aplica para lo que sea). Dice que puedes estar en abstinencia de las clásicas drogas pero seguir vibrando en esa frecuencia. Sostiene que hay una frecuencia de la adicción. Eso resonó conmigo, creo en el alcoholismo como cualquier otra enfermedad, fui alcohólica cien por ciento, pero también creo que con el cuidado adecuado y el trabajo personal puedes trascenderlo y sanar para siempre, si los de AA me escucharan me lincharían, pero es mi verdad.

No hay nada afuera de mí más poderoso que yo, no hay cosa (sustancia, persona) que tenga el poder real de hacerme sentir mejor, de llenarme, de hacerme feliz, de darme ese desesperado confort, sensación de bienestar. Mi conexión con mi Padre es lo único real, y mi Padre está adentro de mí. Por eso me rehúso a catalogarme como "algo". Soy nada y soy todo. Si hoy rompo un comportamiento adictivo en mi vida, lo hago por el gran amor que empiezo a sentir hacia mí, no por miedo; como me restringía antes, lo dejaba por miedo, no por amor y ahí es donde creo que estaba mi error, por eso recaía tanto. He dejado de ponerme hasta la madre, de meterme cuanta cosa, de vomitar, porque hoy me amo demasiado. Y cuando lo hago, reflexiono porque ese día en particular *I missed my mark*.

Tommy Rosen afirma que la dieta es una parte importantísima en la recuperación de las adicciones, y no podría estar más de acuerdo con él. Es clave. En algún momento de mi vida voy a estudiar nutrición. La comida es energía.

3 de abril

Noticias, mi mamá está enferma y cree que no podrá ir al congreso en Venezuela. Me pidió que fuera en su lugar. Carmen, la maestra espiritual que lo organiza, trabaja con los maestros ascendidos, con Saint German, por ejemplo. Cada año organiza congresos con diferentes temas en diferentes partes del mundo, donde muchos trabajadores de luz se unen. Es mucho trabajo espiritual, te levantas a las 5 a.m. y estás una hora en silencio y otras cosas. Hacen sanaciones a la tierra, un gran grupo de personas trabaja unido.

Cuando mi mamá me dijo, me dieron ganas de ir, a pesar de ser mi penúltimo fin de semana y tener planes. "Coral, los maestros te están llamando a ti, no es casualidad que me enferme un día antes de mi viaje y que nadie más pueda ir, ese lugar es para ti." Me quedé pensando, a lo mejor esta oportunidad sólo es el inicio de mi preparación para este viaje tan poderoso que estoy a punto de emprender.

Ahora todo depende de la salud de mi mamá. Si es la voluntad de mi Padre, iré a Venezuela.

Coral:

Ésta es una manipulación de tu madre. Si vas, no vengas. Nada de irte a otro curso, no nos sirve. Tu mamá me escribió, te diré luego en qué me baso para esta decisión. De tarea: no ir. Obedece. Agarra tu camino.

Bendiciones y luz.

4 de abril

Ayer fue un día muy interesante. En cuanto me levanté lo primero que me dijo mi mamá fue "Me siento mal, te vas a Venezuela", y yo me puse feliz porque tenía muchas ganas de ir. Casi me caigo de la silla cuando leí tu respuesta, no entendía nada; sólo pensaba "mi mamá me va a matar", porque le había dicho que sí iba. En ningún momento dudé dejar mi camino contigo. En cuanto pude le marqué a mi madre. Cuando le dije que no iba, ardió Troya. Le dije que me habías dejado de tarea no ir al viaje. Se enojó contigo, me dijo que no te entendía, que no había nada de malo en ir, que esas cosas no le gustan de ti y bla, bla, bla. "Bueno, yo elegí mi camino y fui clara contigo. Tengo los pies ahí y continúo." Se enojó y nos colgamos. Por supuesto fue un putazo para mí, nunca antes había puesto a nada ni nadie antes que ella y ahora puse mi proceso contigo y tus instrucciones. La desilusioné, no la complací. Honestamente, fue muy fuerte porque una parte de mí busca complacerla todavía.

Una de mis debilidades es que cambio todo el tiempo, no tengo estabilidad en nada, eso lo aprendí de mi mamá. Por eso nunca profundizo en nada ni hago nada realmente bien, o sea, el que mucho abarca poco aprieta, y yo era así, muy buena en muchas cosas pero profesional en nada. Cuando elegí el camino contigo, me dije "Coral, nada de un pie adentro y otro afuera como siempre, si vas, vas bien, los dos pies adentro y se acabó".

Todo lo que pasó fue muy significativo, me he vuelto una mujer de palabra y cumplo con las cosas que digo. Sigo mi camino aun cuando se me presentan dificultades. Después de la llamada entré a mi masaje y me quedé profundamente dormida, cuando me desperté la paz reinaba en mí y toda sensación de duda había desaparecido, ¡increíble!

Cuando llegué a casa, mi mamá me llamó para decirme: "Perdón por hace rato, quedé contigo en que respetaría tus decisiones", "No te preocupes mamá, no pasa nada". Después de un desmadre total de malos entendidos, pasaportes extraviados, reproches y chantajes disfrazados, nadie fue a Venezuela. Mi tía aprovechó su boleto para ver a mi mamá y cuidarla.

Coral:

La verdadera lealtad es contigo misma porque tú tienes el poder de tu vida, no es conmigo ni con nadie, sino contigo. Tu madre ha querido asegurarse de no quedarse sola, y te eligió a ti. Hace lo necesario para que estés mal y la necesites, por supuesto, esto es inconsciente. La competencia que tiene conmigo es absurda. Ve la película *Como agua para chocolate*, encontrarás respuestas. Todo lo hizo para manipularte y sacarte de tu proceso de preparación para venir a recibir la estafeta del universo. Te felicito por tu fidelidad contigo y con tu palabra. "La impecabilidad sólo es ante uno mismo."

Me ganaste lo de la película, se me vino a la mente desde hace tiempo y así me sentí. Tienes toda la razón, la lealtad es conmigo, por mí y para mí, porque así lo decido y lo quiero. Su competencia o no me da lo mismo en la vida, ella también está en su proceso, así que fuera juicios. Tú me ayudas mucho a ver cosas que no alcanzo a entender. Tengo la voluntad de cambiar y lo estoy haciendo.

5 de abril

Mi día empezó tranquilo en la mañana, vi la salida del sol, escribí, despertó mi madre y se vino a platicar conmigo a la terraza. Luego despertó mi tía y las tres platicamos largo y tendido toda la mañana.

Este fin me iba a ver a Erick a México pero no me habló ni supe nada de él temprano como habíamos quedado. No me hice chaquetas mentales y continúe mi día como lo había planeado. Como a las dos de la tarde, a diez minutos de irme a México, me llamó súper desvelado porque tuvo fiesta con sus amigos. No me pude controlar, me puse fúrica, me monté en mi neurosis y empezamos a discutir. Le dije que ya le había dicho que la gente cruda me da *güeva*, que las veces que quisiera ahogarse que fueran días que no nos viéramos, pero que yo, el alcohol, las pedas y las fiestas *bye, was done with them* y no las quería más en mi vida. "Es nuestro último fin y se te ocurre ahogarte. Qué *güeva* estar así contigo, no voy a ir a México." Lo mandé a la chingada.

La gente es libre de hacer lo que quiera, pero eso me rebasó, me encabroné, se acabó. Le dije que no era malo lo que hizo, simple y sencillamente estaba hasta la madre. De broma, y esperando que me dijera "no, cómo crees perdóname", solté "Bueno, vete a chupar hoy otra vez con tus cuates", y ¿sabes qué me respondió?, "pues sí", lo que fue suficiente para alimentar mi fuego y explotar, cero *sensei* me vi. Queriéndolo castigar continúe: "¿Sabes qué? Esto ha estado súper padre, me la he pasado muy bien, te quiero, pero me voy en una semana, no tengo idea de qué va a ser de mi vida, esto por ahora no puede ser, a lo mejor en un futuro, si regreso, vemos qué onda, así tú haces tu vida sin que nadie te joda y yo hago la mía también y la dejamos aquí bien". *Again*, me contestó tranquilo "Coral, estoy enamorado de ti, he cambiado muchísimos aspectos de mi vida para poder estar contigo. Tú eres una mujer que soluciona todo yéndose, y lo respeto, quiero que sepas que te adoro con toda mi alma y acepto tu decisión". Me cagué. Todos mis planes de ataque habían fallado. Me hervía la sangre. Esta "relación" terminó.

6 de abril

El cambio de horario no me gusta porque amanece a las 7:30 a.m. y no a las 6:30 a.m. Me gusta que el día empiece y acabe más temprano. Me llegó nueva información. Mi inconsciente está cambiando y está logrando trascender. Ayer le metí más peso a todos mis aparatos y dije "bueno, le meto más peso y hago menos repeticiones porque no voy a aguantar", evidentemente agarraba las pesas y las sentía muy pesadas, por lo que mi mente empezaba "no, olvídalo, está muy pesado este pedo, no voy a sacar ni dos", sin embargo, algo me empujaba a intentar hacer el set que me había propuesto. Y, ¿qué crees? Que sí las sacaba, pinche mente limitante. Poco a poco estoy logrando ver mis verdaderas creencias y romperlas. El gimnasio es mi herramienta de trabajo personal muy efectivo. Mi subconsciente se reprograma cada que mi acción contradice su mandato como esto de las pesas. El subconsciente actúa noventa y cinco por ciento de las veces en nuestra vida. Es muy poderoso, más que el consciente, ayer lo comprobé. Conscientemente sigo dudando de mis capacidades pero mi cuerpo no escucha esa parte o, en su defecto, lo estoy entrenando para que no lo haga.

Mi mamá mandó traer de España *Anorexia y bulimia*, del doctor Salomón Sellam. Como todos los buenos doctores no se va con la finta de la vanidad, atribuye la enfermedad a la relación con la madre. Dice que ese tipo de relación conflictiva se desarrolla desde el vientre materno y hasta los siete años de vida, cuando el niño está formando su cerebro y aprendiendo. Según la percepción del niño, no es alimentado afectivamente como lo necesita.

Platiqué con una amiga que estudia medicina en la UNAM. Al enterarse de mi bulimia me preguntó "¿Cómo es posible que no estés con aparatos en el estómago? ¿Cómo es posible que sigas teniendo dientes? ¿Cómo es que sigue funcionando tu tráquea y no tienes el estómago hecho mierda? ¿Cómo es posible, Coral?" Estaba *shockeada*, dice que vio un caso de una niña que vomitó por ocho meses y tuvieron que operarla y ponerle un tubo de plástico que conectara el estómago con la garganta porque se quemó todo. Piensa que anatómicamente debe haber algo diferente conmigo. Creo que me protegieron mucho de allá arriba, no creo que tenga algo raro o diferente. No sé, es raro.

7 de abril

Ya se me pasó el berrinche con Erick y me arrepentí, ahora lo extraño, tengo ganas de buscarlo. Tal vez debería hablar con él y cerrar bien antes de irme.

8 de abril

¡Me dieron mi lección! Busqué a Erick, y pensé "obvio se va a emocionar y va querer regresar conmigo, después de todo él la cagó", pero desde el primer mensaje que le mandé se mostró distante y frío. Me ardí. En la noche le hablé con el pretexto de que tenía que regresarle unas cosas, típico gancho y, como soy marica, no le dije las cosas como son, le di a entender que quería volver con él. Pero me mandó a la chingada: "Coral, eres una mujer muy inestable, yo me jugué todo por ti, vi un futuro contigo y tú con la mano en la cintura amaneces de malas y mandas todo al carajo. Vete a Bacalar, haz tus cosas, regresa y luego vemos". *Fuuuck*... Me quería morir, me volví a arder, mi ego estaba *in soo much PAIN I could hardly handle it*. Lo peor es que tiene razón, ya lo había cortado dos veces antes. Todo este tiempo estuve parada en la soberbia, me veía como: "la guapísima que andaba con un físicamente no tan atractivo", sentía que podía tronarlo y regresar como a mí me diera la gana porque me situé muy por encima de él desde el principio. Entiendo mi lección, ¿en qué momento pasé de tener la peor autoestima del mundo a la soberbia y orgullo de: "soy demasiado para ti"? ¿Cómo creer que eres súper valiosa y que mereces lo mejor de lo mejor sin caer en la vanidad y el orgullo? Caí en la soberbia y ahora ve, perdí a un gran tipo, nunca me había pasado que me mandaran a la fregada. Acepto la consecuencia de mis actos aunque me duelen y estoy sufriendo. Tiene razón, soy inestable.

En el pasado me gustaba terminar mis relaciones manipulando como la buena. Hay tanto qué aprender.

9 de abril

Ayer pasé el día con mi hermana, la ayudé con sus hijos. Cada día están más hermosos. En el camino a México escuché una conferencia de adicciones. La de Kia Miller, una chava que sufrió una bulimia como la mía, vomitó diario por años. Su motor para frenarse fue cuando supo que seguir vomitando dañaba su crecimiento espiritual. Su proceso duró un año, entre vomitar varias veces al día hasta dejar de hacerlo por completo. Muy parecido al mío. Mencionó que el yoga la salvó de la bulimia. Ahora se dedica en cuerpo y alma a hacer yoga.

A mí me gusta comer, nunca seré de las que comen "como pajarito", yo como bien, disfruto comer, tengo mis buenas piernas, nalgas, chichis. Estoy contenta con mi cuerpo, ahora domino mi mente cuando quiere atacarme al decirme que estoy gorda. No la dejo, la mando a la chingada y me digo que estoy perfecta.

Me acordé de mis episodios en los que comía sabiendo que si comía de más siempre podía vomitar un leve y ya, hasta que me dije "vomitar ya no es opción", eso transformó todo. La comida ya no se regresó.

Me está cargado la chingada, extraño a Erick. Y me pidió que no lo buscara.

10 de abril

Ayer fue un día difícil, emocionalmente, me sentí baja en energía todo el día. Comer ligero en el desayuno me hizo entrar en un tipo de depresión, me sentía cansada y triste. Pensé en Erick, en mi pendejada. Seguí escuchando la conferencia de Kia. Dice que una bulímica cuando vomita genera endorfinas que la hacen sentir feliz. Vomitar se vuelve una dependencia física más que emocional. Si soy honesta, el peso no era un factor que me impulsara a vomitar, si no "el sentirme bien", lo único que buscaba era sentirme bien y feliz. Y vomitar me daba eso, cuando lo hacía, me ponía feliz. Hice ese link desde que tengo memoria, romperlo me está costando un chingo, es un trabajo diario.

Coral:

¿Qué te duele, que él te botó o tu ego? ¿No habías visto que con él regresabas al alcohol? ¿Qué no lo salvaste? ¿Quién te crees? ¿Eso es amor? ¿La ansiedad de ser única, admirada y aprobada te maneja? Guau, ¡con razón sufres!

Bendiciones y luz.

Como te dije, me ardió que me haya mandado a volar. Lo mío fue la soberbia servida en charola de plata, lo acepto. ¿Ego? Sí, pinche ego cabrón, me la volvió a aplicar. Definitivamente con él volví al alcohol, pero no quiero echarle la responsabilidad de las decisiones que tomé. En mi cabeza nunca pretendí salvarlo, le dije cómo llevaba mi vida, jamás lo juzgué por no querer cambiar la suya, sólo decidí irme. Él se acopló a mi estilo de vida la mayor parte del tiempo. No me creo nadie, no soy nadie para opinar del proceso de los demás. No es amor lo que siento, el amor no duele y esto me está quemando. Estoy confundida. Por lo pronto me dio una muy buena lección.

11 de abril

No pude dormir bien, hacía mucho que no me pasaba esto. En las mañanas siempre platico con mi mamá, en esta ocasión salió el tema de que es importante ver cuáles son tus problemas, tus creencias, tus traumas para sanarlos y trascenderlos. Platicamos de cuando mis papás se divorciaron y lo mal que tomé la ruptura, dice que no paraba de llorar. De eso no tengo recuerdo. El mejor amigo de mi mamá se dedica a lo espiritual, hace sanaciones y otras prácticas. A la hora de la comida mi mamá me dijo que había hablado con él para que me ayudara a sanar todo lo que he bloqueado de mi infancia, lo que no puedo ver e inconscientemente me sigue manejando. Pero le recordé que tengo una maestra con la que trabajo y que estoy en un proceso. Todo el tiempo me quiere "componer"; mucho me ayudaría componiéndose ella.

12 de abril

Ayer trabajé con mi entrenador y le conté mi historia con Erick. Me dijo que yo había tenido un acto de humildad y valentía al volverle a hablar y aceptar que había actuado fuera de proporción cuando lo troné, que había logrado vencer mi ego en ese aspecto y que debía reconocérmelo, a pesar de que me hubiera mandado a volar. Siempre controlo y pongo límites en todas mis relaciones, también digo "la cosa es así y, si no, me voy"; como amenaza más que como límite. No es que esté mal poner límites, pero creo que mi *approach* ha sido erróneo, porque no lo hago como algo sano, si no como una posición de amenaza, ahí está mi error. No puedo entrar en una relación poniéndome por encima de mi compañero. Sigo siendo temerosa de que la gente me abandone y la única manera que aprendí de "sentirme segura" es fabricando una falsa sensación de poder y de superioridad porque si me pongo al mismo nivel significa que no soy especial y que me pueden botar en cualquier momento. Maestra, tengo tanto miedo que la gente me deje. Hago exactamente lo que mi madre hizo conmigo, soy su pinche copia, mi madre es la persona más inconstante que conozco, un día me ama, otro me odia, un día me corre, otro me manda al doctor, un día me abraza, otro me pega. Igualita. Renuncio a la necesidad de sentirme especial y admirada porque eso me destruye y aleja a las personas de mí.

Sigo triste por Erick. Mi proceso y la lectura de *Viaje a Ixtlán* van en total sincronía con el proceso de Carlos: "Lo más difícil de este mundo es adoptar el ánimo de un guerrero, de nada sirve estar triste, quejarse y sentirse justificado de hacerlo, creyendo que alguien nos está haciendo algo siempre". Este pasaje del libro lo sentí como una confrontación fuerte y muy acertada, porque ahí estoy yo. Sin embargo, no sé cómo empezar a cambiar eso.

El caso es que hoy tengo otra actitud, me siento mejor, porque aunque me ha estado cargando la chingada y aunque me he dado cuenta de que mi mamá no me quiere (el amor es constante), que no soy ni especial, ni admirada, ni nada y que me mandaron a volar, bendito sea este momento en mi vida que se me caen mis teatritos. Lo que me da fortaleza es ver que con todo y que me llovió sobre mojado, hallo ese espacio de paz, ¿sabes cómo lo sé? Porque no he vomitado, porque no he buscado confort en la comida, ni en otro *güey*, ni en la fiesta, ni en el alcohol, porque tengo la fuerza suficiente de sentir sin ir corriendo a anestesiarme y eso para mí no tiene precio, y me da esperanza.

13 de abril

Soñé que mis papás estaban hartos y se quejaban por mi bulimia, ni te digo adónde los mandé. Nadie sabe lo difícil que es salir de eso, nadie tiene idea de lo que es. Tienen que vivirlo para saberlo, leerlo en libros *it's not even close*. Esta enfermedad es progresiva, y yo llegué muy lejos.

Un amigo que tengo en común con Erick me contó que el día después que le llamé para terminar todo, acabó en el hospital con gota, ¿puedes creerlo? Pienso que somatizó todo. En mi cabeza hoy es mi último día de luto con relación a él, mañana pasaré la hoja y haré mi vida normal, es suficiente. Cuando fui a correr me dije a mí misma "Coral, deja de controlar la situación y confía, no tienes fe y por eso sufres. Finalmente, cuando te pones en control la cagas y no te das cuenta", es que todo lo que he hecho desde que troné, debo aceptar, es manipular con este amigo en común para ver cómo va la cosa. Quiero asegurarme de que no me olvide.

14 de abril

La incertidumbre es lo que más trastorna en la vida. Reflexioné más en mi comportamiento. Moraleja: humildad. Pasé de estar en una posición de pésima autoestima a soy lo máximo en la vida, el mundo no me merece, ¡lo hice pésimo!

Ayer me fui a México a comer a casa de los suegros de mi hermana. En mi camino de regreso de México seguí escuchando las conferencias. Esta vez fue la de una chava que ha escrito tres libros, todos *best sellers*. Ella enseña el *Curso de milagros*. Era adicta a la cocaína y al alcohol, me llamó mucho la atención porque todos los autores que hablan y que entrevistan te dicen que la herramienta más importante en su recuperación es una comunidad con la que puedan compartir y sentirse apoyados; todos dicen que sin el grupo de AA, los doce pasos o la comunidad tal o tal no hubieran podido. Y pienso, yo me he echado mi recuperación casi sola, no tengo comunidades, ni grupos, ni voy a AA, ni nada, me la eché como pude, mi familia es de chocolate, mi padre biológico es adicto activo, mi madre no nada más no ayuda, si no que se la pasa saboteando mi proceso, mis hermanos son como burbujitas flotando por el universo, mi hermana hasta hace poco agarró el pedo, pero también era de las que me clavaba el cuchillo por la espalda. No tengo amigos que estén en el mismo canal que yo, no pertenezco a nada ni nada, estuve sola hasta que el universo se apiadó de mí y me llevó a ti. La verdad está cabrón vivir en el mundo cuando apenas estás entrando en recuperación sola, y sin embargo eso fue lo que me tocó, porque ni siquiera tenía terapeuta. Sólo éramos mis libros, mi oración y yo. Como podía, me rompía la madre y me paraba, eso sí nunca perdí la fe totalmente, dudé mil veces y me arrancaba los pelos. Nada más de acordarme cómo estuve, se me paran los pelos de punta, pinche dolor, sentía que me moría en vida y me asfixiaba en mi propia piel.

En algún momento estuve en grupos y clínicas, pero por alguna razón los dejé, no sentía que fueran lugares para mí. También ha sido mi decisión echarme esto sola, la ayuda siempre está pero no me sentí guiada a tomarla de esa forma.

No sé qué tenga el universo preparado para mí. Cuando propusiste armar un grupo de jóvenes, me puse feliz porque nunca he tenido eso. Bendecida tú que tienes tus grupos de guerreros. Lejos de compadecerme, creo que para mis circunstancias lo he hecho bien, porque salí sola de mi alcoholismo. Lo de la bulimia es otra historia. Y cuando pienso que ya superé la bulimia veo que estoy de la chingada en las relaciones interpersonales y de la chingada en lo profesional. Ves cómo siempre hay gente que tiene áreas que funcionan y otras que no, pues yo no tenía ni una, todas mis áreas estaban de la mierda.

Coral:

Te he estado leyendo y me da gusto que te estés estudiando a ti misma. Te envió una guía para que trabajes en tus dramas de control. Por alguna razón, el universo no quiere que nos juntemos para tu entrenamiento conmigo aquí. Tengo prohibido hablar por un mes. Por un lado, se me hace lógico en este plano terreno, porque mi voz ha sido el instrumento principal de mi trabajo y está madreado por esforzarme de más. Por otro lado, lo veo como un trabajo personal y de entrenamiento para mí y para mis alumnos. Las formas de enseñar del universo son diferentes.

Me queda claro que no se ha dado que vengas porque tienes que lograr y cerrar círculos allá para recibir el poder. Si no, todo se hubiera alineado para que estuvieras aquí. Deja abierto tu boleto. Por lo pronto, este mes no podré escribirte. Sigamos en contacto diario, trabajando desde tu terreno familiar. Esto no quiere decir que no vendrás, el universo lo quiere postergar, y yo lo entiendo, así es esto del poder, nos deja resolver para avanzar al siguiente nivel.

Este entrenamiento ya empezó en tu vida desde que decidiste venir aquí y que has estado conociéndote y adquiriendo conciencia desde allá. Nada está perdido, todo fluye. Nuestros deseos serán realizados. Fluyamos, el universo sabe cuándo es el momento y cómo, recuerda que está a nuestro favor.

En eso quedamos, vendrás cuando te diga. Mientras, no te comprometas a nada. Trabaja en ti, toma este tiempo para el conocimiento real, nada de estudios ni nada, ni viajes ni cursos, ¿OK? El libro o el doctorado que debes estudiar eres tú misma. Sigue mis instrucciones, recapitula, estúdiate, toma este tiempo para eso, no será mucho, máximo para el mes que entra. Te envió este archivo, estúdialo y lo comentamos.

Bendiciones y luz.

Dramas de control

El temor es la base de los dramas de control. Cuando hacemos un análisis de nuestros padres, descubrimos sus creencias. Unos ejemplos de esas creencias son:

- A veces es necesario hacer cosas que no se quieren hacer.
- Ahí tienes algo bueno. Mejor quédate con eso.
- Espera para vivir.
- Haz planes para las tragedias.
- No hay suficiente tiempo para hacer todo.
- Nunca descanses ni un momento.

Las creencias implantadas por nuestros padres no nos permiten cumplir nuestros sueños. Por eso es importante ser estratégico, comprender que la precaución excesiva no conduce a una existencia satisfactoria. Por eso vamos a considerar las siguientes preguntas:

- ¿A qué le temía tu mamá?
- ¿Cuál es la conducta que presentaba?
- ¿A que le tenía miedo tu papá?
- ¿Qué conducta presentaba?

- ¿A qué le tienes miedo tú?
- ¿Cómo actúas?
- ¿De qué modo eres similar a tus padres?

Estoy impactada y no, a la vez. No puedo dejar mi boleto abierto, debo volver a cambiar de fecha, ¿qué fecha pongo? ¡Qué chistoso que digas que necesito cerrar círculos! Ayer a pesar de mi orgullo le escribí a Erick, necesitaba decirle unas cosas que nunca le dije, no le pido regresar ni nada, sólo quise expresar mis sentimientos por él, si algo me trastorna es quedarme con él "que hubiera pasado sí..." Decidí jugar diferente esta vez y ser yo quien se muestre vulnerable y humilde. Me siento más en paz, no estoy aferrada a ningún resultado, le escribí que me iba.

Me estudio a mí misma, leo, entreno, escucho conferencias, pero tengo demasiada energía y necesito hacer más cosas. Me aburro mucho. Dame tareas, algo. No sé cómo lo van a tomar mis papás. En fin, a fluir.

Coral:

La nada genera el todo. De tarea: no grupos, no estudio, quizá un grupo de oración nada más. Un mes, ése es tu entrenamiento. No hagas la tarea, es tu libertad.

15 de abril

Me estoy enfrentando a una soledad terrible. Me gusta estar sola pero siento que llevo "sola" siglos, desde mi proceso en Acapulco, donde estuve en total aislamiento. Siento que ese aislamiento sigue aquí.

Estoy en la incertidumbre total. Se me viene el mundo encima y que se me va la vida haciendo "nada", sé que de la nada nace el todo, pero no entiendo. No quiero sentir este miedo, esta incertidumbre, este rechazo, este abandono, esta duda. Definitivamente, no la estoy pasando nada padre. Me

siento como en una cárcel de cristal, nada más rayando pa-
litos en la pared y contando los días que llevo, a ver en qué
momento me permiten salir.

16 de abril

A veces me da miedo decirte cómo me siento porque creo que
fracasé y que acabes abandonándome... (ya sé que nadie te
puede abandonar). Mi mamá no tomó muy bien que no me
fuera el 15, me propuso que me fuera a Akumal, me dijo que
allá puedo ayudar mucho trabajando en el hotel, pero paso sin
ver, lejitos estamos bien. ¿Será que una parte de ella se puso
feliz de que no me salgan mis planes?

Hoy es una mejor mañana, siento resignación; si me
muero hoy, está bien, acepto mi soledad, mi abandono, mi
fracaso, mi nada. Si me dijeras que me voy a morir en cinco
minutos, te diría, OK; si me dices que ya no quieres ser mi
maestra, también te diría, OK. A lo mejor me estoy muriendo
o una parte de mí está muriendo. No es que me valga madre
todo, pero nada está en mis manos, no hay nada que pueda
hacer para cambiar mi situación. Creo que por fin estoy dejando ir.

La idea de la fraternidad universal se halla contenida en las
primeras palabras de la oración enseñada por Jesús: "Padre
Nuestro que estás en los cielos". Cuando nos dirigimos a
Dios, el Creador, diciendo "Padre nuestro", ¿cómo se puede pensar que sólo es el Padre de algunos? Es el Padre de
todos los seres humanos porque es Él quien ha dado la vida
a todos. Así, pues, cuando se dice que los humanos somos
hermanos, hay que comprender esta idea de fraternidad
como la más alta expresión de la vida.

Incluso si resulta difícil dar una explicación exacta, puede
decirse que la vida es el resultado de las relaciones que
existen entre todos los elementos constitutivos de este gran
cuerpo cósmico: el universo. Ningún elemento puede sobrevivir si permanece aislado, separado de los demás. El ais-

lamiento conlleva siempre la muerte, si no la muerta física, al menos la muerte espiritual. La vida, por el contrario, son las relaciones, la fraternidad, el amor que debe existir entre todas las criaturas.

Omraam Mikhaël Aïvanhov

Era lo que te escribía ayer, ni las monjas están tan aisladas, pues se tienen entre ellas. A lo mejor me están dejando así hasta que me muera y vuelva a renacer, simbólicamente hablando, no estaría mal, ¿y si me muero?, ¿y si amanezco muerta? No estaría mal.

Estoy pensando hacer un *detox*, dicen que la primavera es lo mejor para hacer desintoxicaciones físicas con jugos. Antes me daba pavor, me creía incapaz por la bulimia y pero ahora me da igual. Lo raro es que a pesar de quejarme de estar sola no quiero ver a nadie ni estar con nadie.

Coral:

Soy tu maestra, la que tú escogiste, no escogiste una maestra que sólo te dijera bla, bla, bla, sino la que por instrucciones del universo y del Padre/Madre te mete en situaciones de vida que te llevan a encontrarte con tu ego y a conocerlo, a enfrentarte con tus creencias, tus miedos, a ser consciente de esto y aprender a manejarlo.

Esto que estás viviendo es un proceso para ser guerrera. Justamente cuando uno se entrega al proceso, el universo hace esto, dice que vas y luego que no vas. Lo importante es que salgas adelante en la batalla que se te presenta con los deseos, con lo planeado, con el entorno. Fija la vista en el objetivo, confía en la bondad y en el proceso del universo para ti. No olvides que estás en un entrenamiento, así que no te azotes.

Para ser una verdadera guerrera de la luz no sólo debes leer o asistir a muchos cursos. Debes vivirlo. Ve la película de *Troya* y observa al guerrero. Esto que está pasando es por razones y órdenes del universo, es parte de tu entrenamiento y, aunque no lo creas, del mío también. Para llegar a lo que deseamos debemos andar por este camino, aceptar que el universo nos pone obstáculos por superar para llegar a lo que pedimos.

Espero haber sido clara (ojalá en mis procesos de iniciación alguien me hubiera dado esta explicación que ahora te doy, ¡qué alivianada me hubieran dado!). Cuando te digo no estudies, significa "no te comprometas a nada, ni metas otras ideas a tu cabeza que no sean tu trabajo personal". Busca libros de Tasha Abelar, ella es una mujer guerrera.

La fecha ponla tú, ¿OK? Decreta la fecha al universo, yo estoy dispuesta a lo que diga.

Bendiciones y luz.

17 de abril

Logré estar toda la mañana en buena actitud y en la tarde tuve que luchar con mi mente para no sufrir. La dominé aunque no fue fácil, por segundos me ganaba.

Investigué sobre Taisha Abelar y Florinda Donner, ambas fueron discípulas de Carlos Castaneda. A raíz de su muerte nadie sabe dónde están. Voy a buscar sus libros por aquí. ¿Qué significa ser una guerrera de luz? ¿No tener hijos? ¿No pertenecer al mundo? ¿Renunciar a todos los placeres materiales? ¿O a todos los placeres en general? ¿No tener una pareja? Si es así, no quiero. Después vi que Carlos Castaneda sí tuvo hijos. Para mí, convertirme en madre algún día es mi sueño más grande del mundo. Siento que renací para eso. Desde que tengo memoria tenía muñecas que eran mis bebés y yo las cuidaba, no podría renunciar a la bendición de ser mamá o no quisiera, creo que si me lo pidiera el Cielo, lo haría, pero me sentiría miserable. Quiero ser guerrera de luz pero no quiero llevar una vida en total aislamiento, sin nada de nada, me gusta el mundo, no quiero ser sólo espíritu, me gusta la materia también.

Después de casi un año de aislamiento han salido a la luz mis miedos, el más grande es el miedo al fracaso, por eso nunca hago nada. El problema es que por no hacer nada estoy en el fracaso.

En la tarde me enojé con el universo, he hecho un chingo de esfuerzos, de cambios y mi vida sigue en la pinche nada y... vomité. Pensé, "si no me das algo qué hacer está bien, ya no estés chingando entonces", y lo hice, lo hice porque estaba enojada. Estoy muy encabronada y desesperada. Ojalá pudiera sentirme todos los días como me sentí ayer en la mañana.

Salí al jardín y le grité al universo que me quería morir, de qué le sirvo encerrada en mi casa, "mátame, no tiene ningún caso seguir así", pero no hubo respuesta, estoy más viva que nada. Pude y puedo frenar mi ola de emociones un tiempo pero al final me alcanza. Ayer hablé con mi mamá, salió el tema de tomar decisiones y llevarlas hasta el final. "Cory, yo respeto tus decisiones, pero casi tienes 30 años y sigues sin hacer nada, ¿qué vas a hacer de tu vida?" Quiso meterme miedo, pero no se lo dejé ver, me mostré segura de lo que hacía y le dije, "No pretendo que entiendas, entiendo tu preocupación y gracias por la observación, elijo seguir adelante". Quiero que sepas que me la estoy jugando. Los días en que me sentía poderosa se han ido, ahora me siento miserable, llena de miedos, en la incertidumbre, triste y encabronada. En fin, voy hasta el final con mis dos proyectos: mi proceso contigo y mi libro, pase lo que pase.

En cuanto a mi boleto de avión, no sé. Carlos dice que todos los caminos llevan a lo mismo, la verdadera pregunta que hay que hacerse es si el camino que uno elige tiene corazón, y pienso "El que yo escogí no sólo tiene mi corazón, sino mi vida entera".

Maestra, mi mamá me envió este correo, la verdad me hizo dudar de seguir en este aislamiento y soledad, ¿me está haciendo bien o me está haciendo perder la cabeza? Chance, estoy sufriendo por Erick porque no tengo nada más, para él es súper fácil olvidarme porque está tapado de trabajo, sale a fiestas, chupa y ni tiempo de sufrir tiene, ¿y yo? Yo no tengo una sola distracción, maestra, ¿tú qué haces en un día? ¿Cuáles son tus actividades? ¿Meditas todo el santo día?

18 de abril

Me levanté analizando la situación de cómo funciona nuestro poder como seres humanos con respecto a la voluntad de Dios. Siempre dicen que uno mismo es el creador de sus circunstancias, que uno puede tener todo lo que quiera y desee. Qué tal que eso no es la voluntad de Dios. Marianne Williamson en *Un curso de milagros* dice que puedes estar trabajando para manifestar algo que quieres, y que tal que a lo mejor pides un papel en una obra de teatro y por estar tan clavado en manifestar eso, cuando un importante director de cine te quiere, no puedes porque manifestaste tu papel en la obra. ¿Cómo usar mi poder, entonces?

Quiero regresar con Erick y volverlo a intentar, quiero ser una escritora, quiero compartir mi historia, quiero diseñar ropa deportiva, quiero ser una fitness guru, me gustaría tener mi propio centro, importar buenos suplementos libres de químicos para deportistas, me gustaría diseñar una línea de ropa cómoda, buena para la piel y joyería, en fin, tantos proyectos, que están en mi mente. No quiero quedarme en las nubes, quiero aterrizarlos, pero ¿qué tal si no es la voluntad de Dios? ¿Qué tal que eso no es ser una guerrera de luz? ¿Qué tal que mis sueños no son lo mejor para mí? Dicen que soñando uno no llega a nada.

Por lo pronto, ayer pensé "lo que resistes persiste", me he estado resistiendo a mi proceso de soledad y eso nada más me ha hecho estar en guerra con el universo. Tienes razón, estoy en una batalla, no acepto dónde estoy ni mi situación y me peleo. El resto de la semana mi objetivo será aceptar que no hacer nada está bien, aceptar que hoy no estoy con Erick. No sé qué venga la próxima semana, pero en ésta voy a dejar de pelear y sólo confiaré.

Hoy voy a hacer las paces con el universo, ya lo decidí. Mi plan es no hacer nada hasta el final de esta semana. La viviré en "sólo por hoy". Voy a tornar mi frustración en gratitud. Estoy bendecida y soy privilegiada. De las fechas pensé en 15 o 22 de mayo. Los días originales, pero en mayo. Ayer que iba a México se puso en mi IPod la canción de "Acompáñame a estar solo" de Ricardo Arjona. Sentí que en ese momento era mi canción: "Acompáñame a estar solo, a purgarme los fantasmas, acompáñame a estar solo, acompáñame al silencio de charlar sin las palabras a saber que estás ahí y yo a tu lado, acompáñame a estar solo para calibrar mis miedos, para envenenar de a poco mis recuerdos, para quererme un poquito y así quererte como quiero para desintoxicarme del pasado, y si se apagan las luces, y si se enciende el infierno, y si me siento perdido, sé que tú estarás conmigo con un beso de rescate".

¡Qué símbolo tan profundo y significativo el de la fuente! ¿Por qué? Porque nunca cesa de brotar y de fluir. Y esta fuente que nunca debe cesar de brotar y de fluir en nosotros, pura y transparente, es el amor. Pase lo que nos pase y hagamos lo que hagamos, nada debe impedir nunca que fluya nuestra fuente. ¡Cuántas personas deciden cerrarse a los demás cuando descubren que les han engañado! ¡No hagáis nunca esto! Antes incluso, si os engañaban, al menos vuestra fuente brotaba y erais los primeros que os beneficiabais de este amor que fluía en vosotros. No es tan grave ser engañado; lo más importante es estar habitado por el amor. Así pues, cualesquiera que sean las decepciones, las amarguras y las pruebas, dejad que vuestra fuente fluya: ella es quien os devolverá la alegría, la inspiración y la fuerza.

Omraam Mikhaël Aïvanhov

19 de abril

No he dormido bien, me he sentido cansada. No sé qué sea. Ayer fue un día bueno, estoy mucho más tranquila y más en aceptación de mi "nada". Entiendo que debo tener paciencia en este proceso.

Mandé traer el libro de Taisha Abelar. Ayer leí una frase que le dice Don Juan a Carlos en Viaje Ixtlán, fue la que más me impactó de toda mi lectura: "para, hasta que tus ojos se acostumbren a la oscuridad", para mí fue como "hasta que te acostumbres a tu nada". Hasta que no aprenda a estar cómoda (como estoy ahora), no podré caminar. Entonces mejor aprendo a disfrutar mi nada y en vez de quejarme de mi aburrimiento, bendigo lo que tengo. Es buena técnica, cambiar la queja por la gratitud. Me invitaron a una fiesta, me da la peor *güeva*, así que rechacé la invitación. Dicen que estoy deprimida pero no, o chance sí, me da lo mismo.

Coral:

Voy por puntos: no estás deprimida, estás viendo tu sombra, viviéndola se cura. El hecho de que no quieras fiesta es que buscas la fiesta eterna. No esperes te entiendan, te estás empezando a convertir en el uno por ciento de la población que vivimos la conciencia.

Primero ve por el conocimiento de ti misma, como dice Krishnamurti, "porque lo que tú eres el mundo es". Adelante, el que conoce el arte del guerrero del "no hacer" puede con todo.

Me llamó mi prima y me dijo que va a correr mañana una carrera de diez kilómetros. Me invitó a correrla. Al principio, me dio pánico pero después pensé *"fuck it, vamos"*. Y acepté correrla. Estoy nerviosa.

20 de abril

Hoy voy a correr, pondré una intención a mi carrera. Hoy corro por mi verdadera libertad. Le pedí a mis células reprogramarse, liberarse y soltar el pasado. El problema no es mi exterior sino mis cosas sin resolver, por eso me siguen activando, por eso digo que hoy quiero correr por mi libertad. Quisiera poner *delete* a toda mi maquinaria de programación a nivel celular y regresar de nuevo a mi esencia divina.

Voy a rezar todos los días por Erick hasta que no sienta dolor por él. Necesito desaprender todos los mecanismos de la mierda que solita construí en el pasado para sobrevivir, ya no los necesito. Puedo lidiar con mis problemas de una nueva forma. Incluso estos miedos de "competir" son de memorias aprendidas en el pasado, puras inseguridades; esa necesidad de importancia personal, de ser la mejor. Me da miedo competir porque me da miedo no ganar y hacer el oso, ¿a quién chingados le importa? Eso no me sirve, a menos de que enfrente mis miedos, no podré darme cuenta de lo que soy capaz de hacer. Siento que la seguridad se va construyendo conforme vas teniendo logros en la vida y vas viendo que eres bueno en algo. Hoy corro contigo, pues te llevo en mi corazón, y corro por ti también, corro por tu salud.

21 de abril

Maestra, ¡lo logramos! Estoy muy feliz. La experiencia estuvo cañona, la carrera fue en Interlomas, había un mundo de gente, corrimos como dos mil personas. Al principio, yo muy insegura, diciendo "Voy a hacer mi mejor esfuerzo, no corro por un tiempo", aunque tenía la intención de correr chingón y competir. Estaba corriendo por ti y por mí, y eso me daba mucha fuerza. Pensaba "Coral, estás entrenada, tu cuerpo tiene la capacidad de competir, estás en forma para competir y tienes la habilidad deportiva", pero el miedo de competir y no ganar estaba latente. Así que me concentré en no decir nada y sólo hacer las cosas.

La carrera estuvo intensa, pura subida y bajada. La gente hizo diez minutos más de sus tiempos normales. Yo iba escuchando música, intenté poner mi mente en blanco, pero no pude. Mi diálogo interno iba monitoreando mi cuerpo para que no me fuera a desmayar porque estaba fuera de mi zona de confort, jamás me había empujado a correr tan rápido. Cada vez le metía un poquito más, en las subidas iba más rápido y en las bajadas dejaba que mi cuerpo me empujara para descansar.

Todas las veces que fallé era porque no me había entrenado. Me lanzaba al chile a todo y, obvio, si no hay una buena preparación atrás aunque tengas el talento no harás mucho.

Ser brillante y tener la habilidad para algo jamás es suficiente. Aunque en mi cabeza no pueda hacer las cosas, cuando me propongo hacerlas, mi cuerpo sí puede, porque tengo el don y porque he entrenado, tengo las herramientas y llevo bien los retos.

Empezaré a correr porque tengo madera para eso. De dos mil personas quedé en octavo lugar, ¡padrina! Dentro de toda la energía chingona de ayer, en la tarde me dio el bajón por Erick y empecé a sufrir.

Mi tía habló conmigo, puso en su lugar a mi ego. "Tu ego te ha hecho miserable y no te das cuenta", tiene toda la razón. "Si en verdad lo quieres, háblale y ten los Pantalones de decir tu neta, si te manda a la mierda, pues ni modo." Cuando me decía eso se me calentó la sangre, sentía tanto miedo que no podía respirar. "Cómo le iba a hablar si me dijo que no lo buscara."

Me costó tres horas repasar lo que le iba a decir, es más, escribí todo mi *outline* para que no fuera a sonar pendeja. Nada más veía el teléfono y me inundaban todos mis miedos. Logré marcarle, no mames, el tiempo que sonaba el teléfono fueron los segundos más cabrones de mi existencia. Me contestó fresco. Hablamos una hora. Estaba feliz de que le hubiera marcado, me escuchó atentamente. Obvio, ni me acordé del puto *outline*, las palabras me fluyeron solitas y todo fue muy bien. Me agradeció la llamada, dijo que me adoraba, no me reclamó nada. Quedamos en vernos y platicar. Otro logro más. Benditos cambios.

Coral:

Primero quiero felicitarte y decirte que también para mí es la primera vez que corro. Nunca he podido, porque escogí un vehículo, contrario a este mundo. Al escribirme que corrías por mí, me metí en ti (energéticamente) y lo viví. Guau, se siente padre. ¡Gracias!

Un guerrero no da su cien por ciento, sino su ciento diez en cada cosa que realiza sin importar la meta, lo que importa es el camino. Sé consciente que el universo te dejó ahí, un tiempo más, para que vivieras la carrera y te tiene más entrenamiento ahí, antes de venir conmigo. El universo es así, cuando decides seguir el camino, hace cosas contrarias a la lógica o al mundo, pero siempre con un propósito a favor de tu intención.

En este momento me encuentro en Playa del Carmen recuperando mi energía. El libro que leerás no es para que lo imites, sino para que aprendas conceptos. Felicidades de nuevo, no te salgas del camino.

22 de abril

Entré a una racha de felicidad. Esta carrera me cambió el chip de varias cosas. Mi próxima carrera es el 5 de mayo. Ayer vi a Erick. Estuvo increíble, de los mejores días de mi vida románticamente hablando. "Coral, no te busqué no porque no te quiera o por hacerme el cabrón, sino porque me sentí guiado a dejarte sola, libre a que hicieras lo que tuvieras que hacer. Yo estaba tranquilo porque algo me decía que cuando estuvieras lista vendrías a buscarme, yo siempre estuve listo." No mames, dime si no está cabrón. "Todos tus consejos y lo que me enseñaste me dieron la fuerza de hacer lo que tenía que hacer, dejarte ir, sin la seguridad de nada y confiar en el universo." Éste me salió más chingón.

Jamás me había pasado en una relación, cuando le dije que había descubierto que quería intentarlo con los dos pies adentro, me dijo "perfecto, te estaba esperando, vamos a hacerlo". Y regresamos.

23 de abril

Estoy en Cuerna, compré tenis nuevos para empezar a correr. Mi entrenador me dijo que si corro, perdería todo el músculo, por supuesto, ni lo dudé, voy a seguir adelante con mi plan de correr el 5 de mayo. Si tengo que escoger, escojo el camino que tiene corazón, y ése es correr. Mis papás me dieron dinero para todo, tenis, entrenador. No me obligan a hacer su voluntad, estamos funcionando.

En algún momento abracé intelectualmente el "acéptate y ámate a ti mismo". Ése es el trabajo de Louis Hay resumido. Amarse a uno tal y como eres puede ser una arma de doble filo en el sentido de que la gente se vuelve conformista y se convierte en su propia alcahueta. Hay una línea delgada entre lo que dice Osho, que la vida te va haciendo mejor y dejar de hacer esfuerzos por superarse a uno mismo. Los defectos de la personalidad y del ego son cañones, si no te conoces y no sabes de qué pie cojeas, te carga la fregada. En esencia, todos somos perfectos pero llegamos aquí y nos llenamos de nubes al grado que no volvemos a ver jamás.

Me cuesta trabajo aceptarme porque siento que puedo dar más, que puedo mejorar, "no mi reina, no seas *güevo*na, te paras y haces esto", "Coral, ni madres, sabes que si te tragas estas galletas te vas sentir muy mal, te aguantas", "Échale *güevos*", me digo todo eso para empujarme a salir de mi zona de confort y cumplir mis metas. El chiste es tener claro cuando estás en total aceptación de la vida misma y de ti. ¿Cómo diferenciar un camino del otro, ya que ambos podrían camuflarse?

24 de abril

Empecé el entrenamiento para la carrera. Corrí en banda con mi entrenador, voy a entrenar casi todos los días, diferentes distancias y a diferentes velocidades. Ayer fue uno de esos días súper productivos, entrené y luego leí un libro sobre la anorexia-bulimia del doctor Salomón Sellan. Él da el testimonio de pacientes. Me identifiqué mucho con uno en particular. Una mujer que tuvo bulimia por veinte años y —como yo— vomitaba hasta diez veces al día. Después de leer empecé a escribir todas las causas posibles que conozco y he aprendido con mi experiencia para la manifestación de la bulimia.

25 de abril

Ayer bajé mi tiempo cinco minutos en cinco kilómetros. Sigo tu tip de ver a un punto fijo, eso hago cuando siento que me voy a desmayar. Estoy aprendiendo a desarrollar la capacidad de sentir malestar y quedarme con él, eso pasa cuando estoy corriendo y el entrenador le empieza a subir a la velocidad o a la inclinación. Estoy aprendiendo a lidiar con el malestar en paz. Con eso podré aprender a comer menos, aun cuando me cague de hambre.

En la mañana medité, todavía no aprendo que yo, Coral, sin nada, soy una persona realmente increíble; siento que el cuerpazo, el dinero de mis papás, mi cara, mi próximo libro, todo eso me va dando más valor.

Maestra, enséñame qué es para ti una pareja, ¿hay un manual para parejas?

El amor en pareja es lo más difícil de aprender, una pareja consta de afecto (amistad), pasión (sexo) y compromiso. Si falta uno de estos elementos, no es pareja. Ten cuidado con otra vez caer el en ego, que correr sea una conexión con el todo, no una satisfacción mundana. Por situaciones del universo ahora me mudaré a Playa. Sigue en pie el entrenamiento ahí.

Bendiciones y luz.

1º de mayo

Maestra hoy checo en cuánto me sale el cambio, ¿la fecha queda para el 15? Se me hace chistoso que el universo nos lleve a Playa del Carmen, ahí estuve el verano pasado poniéndome hasta la madre. Tengo muchos conocidos, es un lugar tan diferente a Bacalar, tan dual. Es la ciudad del pecado y al mismo tiempo de las ciudades más espirituales que conozco. Playa es más grande que Bacalar, ahora seguro encontramos un lugar apropiado para mí. ¿Tú te encargas de eso? ¿Irías por mí al aeropuerto? Quiero que me cuentes sobre la información que te llegó.

Yo me baso en tu guía y en una fe sin tener certeza de nada, camino con la esperanza de hacerlo por el camino correcto, de estar poniéndome al servicio de la luz, que es lo que vine a hacer, trabajar en mí. Trabajar diario en tirar todos mis mecanismos de defensa que desde que era un feto aprendí. Cuando leo libros, leo casos de gente que estuvo de la mierda, pero que un buen día escucha algo o va a alguna conferencia donde dicen "algo" o lee "algo" o van a una terapia de "algo" y en ese momento su vida se transforma para siempre y son capaces de dejar patrones destructivos y resolver *issues* para siempre, y yo me digo "ah, cabrón, qué chingón, pero mi vida nunca ha sido así, yo tengo que chingarle diario". No me ha llegado un hada madrina que me toque la cabeza y todos mis problemas desaparezcan. He tenido que recaer un millón de veces.

Coral:

Ya sé que el trabajo de salir de la manada es difícil, y más si escoges a una maestra que no sólo ha leído, sino lo aplica en su vida y te habla con la pura neta. Mucha gente quiere alcanzar el poder sin hacer lo necesario para lograrlo, por eso somos el uno por ciento y vamos contra corriente. Sabemos que existen otros planos a los que queremos llegar trascendiendo éste, y trascenderlo es cambiar uno mismo, conociéndose, viendo los límites y cambiando de estilo de vida.

Playa es lo que quieras que sea, para mí ha sido paz, salud y crecimiento. Te espero del 25 de mayo en adelante para que me des tiempo de buscarte lo adecuado para vivir tu entrenamiento. Mientras, sigue trabajando en ti.

Bendiciones y luz.

2 mayo

Hoy voy a decirles a mis papás el cambio de lugar y de fecha para irme contigo. Me van a mentar la madre.

3 de mayo

Mi mamá puso el grito en el cielo cuando le dije que me habías cambiado la fecha y el lugar otra vez: "Se te va a ir la vida esperando", me dijo. Sugirió que si cambias la fecha lo tome como señal de que mi camino no es por ahí. Que redirija mi atención y me enfoque en otra cosa. Sólo la escuché y se calmó.

5 de mayo

Ayer fue la carrera de diez kilómetros, quedé en séptimo. Bajé mi tiempo un minuto en una ruta más difícil.

16 de mayo

Terminé *Viaje a Ixtlán* después de diez meses. Espero estar en Playa, si tu propuesta sigue en pie porque vaya que el universo cambia y cambia, nos redirecciona constantemente.

21 de mayo

Ayer llegué a Cuerna. Voy muy bien, a pesar de todo este desmadre de cambios. Mi bulimia acaba de dar otro salto más a la recuperación, casi no tengo ataques. Estoy súper orgullosa de mí, me siento libre, estable, puedo conmigo.

Ayer observé cómo mi niña interior está enojada con mi mamá porque me habla feo, se siente rechazada y maltratada por su actitud conmigo y por cómo me ha estado tratando y las cosas que me dice. Cuando me dijiste que no podías pagarme y que aceptaste que mi mamá me apoye económicamente en este entrenamiento, la verdad dije *"no please*, recurrir a mi mamá, no" porque, como la anoréxica, siento tóxica su ayuda.

Coral:

Recibí la visita de tu mamá, estuvimos platicando de tu entrenamiento. Ella te rentará un estudio cerca de mí. No necesitarás coche (ni conviene, para tu proceso). Cuando llegues te diré cómo comenzaremos, piensa que será austero el rollo, como en Bacalar.

Yo sé, me llamó para pedirme tu teléfono. Me siento muy bendecida y al mismo tiempo me siento rara, como que otra vez estoy en sus manos y en su control. El hecho de que ellos renten significa que tendré 1 900 reglas de ellos, y te apuesto que te pusieron "condiciones" para mí, con ellos nunca tendré libertad de elegir nada, todo es impuesto.

Coral:

Vas a entrar en un entrenamiento de guerrera conmigo, no con ellos. Las reglas las pongo yo, no ellos. Y como te dije, deben ser como en Bacalar, sobre todo al principio. Tranquila, piensa si estás dispuesta a todo por el poder.

Sí lo estoy, pero ¿por qué tienen que estar involucrados mis papás? Siento que entraron en mi espacio contigo, tú eres lo único en lo que ellos no se pueden meter, y ahora vienen y contaminan mi espacio. No me gustó que te hayan marcado, me sentí como si fuera una niña de primaria y estuvieran negociando.

Coral:

No es necesario me digas más, realmente no es mi problema, así que mejor quédate donde estás. Se buscaba una manera de hacer el entrenamiento, eso era lo importante. Tus papás serán todo lo que quieras, lo que dices, yo soy yo y me ofendes. ¿Lo llamas negocio? Pues ya no quiero. Que quede claro, ya me cansé de tu falta de confianza en mí. Yo no negocio (me siento molesta porque quiero).

No es falta de confianza en ti. Siempre me malinterpretas. Si te lo digo es para que me ayudes a corregir mi percepción, no para que te emputes y me mandes a la chingada. Tú siempre haces lo mismo. No puedes mandarme a la chingada cada que entro en crisis. No es justo. Si no quieres ayudarme cuando estoy mal, entonces de plano no tengo remedio.

Mi problema son mis papás no tú, nada tiene que ver contigo. Cuando dije "como si estuvieran negociando", me refería a ellos, yo confió en ti al cien por ciento, te lo he demostrado. Hago todo lo que dices, espero, confío, cambio, sigo tus instrucciones.

Coral:

Agradezco la confianza que pusiste en mí, si quieres te veo en consulta el 28, para que no pierdas tu boleto en vano. Pero tomé la decisión de no entrenarte en este poder. Considero que no es el momento, son muchas señales y no tienen que ver tus papás. Te lo dije, no se puede entregar este poder a cualquiera, y tú reaccionas "normal". Sigue con tus planes a Harvard o con Erick, sigue tu vida. No te entrenaré por el momento.

Bendiciones y luz.

¿Cómo es posible? ¿Harvard? ¿Erick? Si estoy dispuesta a dejar todo por ir contigo. Más bien, dejé todo desde el momento en que elegí que me iba a ir. ¿Qué señales son las que te ha enviado el universo? Es mi vida la que está en juego, aposté todo por este camino, lo dejé todo y ahora lo pierdo todo. ¿Es tan fácil decirme esto así nada más? Casi un año siguiéndote, abandonando todo, aguantando vara para que un día antes de irme me digas "pues no, decidí que no". Explícame porque no entiendo.

Coral:

Tú tienes una vida. Fueron pasando cosas para que el entrenamiento no se diera, quizá se dé más adelante. Esto iba a pasar tarde que temprano porque el fondo es el mismo, no importa el tema. Te lo dije: "es una gran responsabilidad entregar el poder", no veo que sea el momento. Podemos vernos periódicamente, yo guiarte, como quieras, pero el entrenamiento, no. Todo lo que has hecho en el camino ha tenido su propia finalidad.

¿Esto iba a pasar tarde que temprano? ¿Ya lo sabías? ¿Por qué no me mandaste a la chingada antes? ¿Por qué dejaste hasta el último día para decirme esto? Sí, claro que tengo una vida, pero que le di una dirección específica porque confié. Ya no importa.

Ayer fue una noche muy difícil para mí, pero lo entendí, acepto y le doy la bienvenida a todo lo que pasó. Tomé la decisión de que no iré a verte, ni quiero seguir en proceso contigo. Estoy lista para volar sola.

Gracias.

* * *

Adiós no es hasta nunca

No importa qué tan jodido crees que estás, qué tan roto te juzgues, qué tan cabrón fue tu pasado. No tienes que vivir tu vida bajo las consecuencias de ello. No eres víctima, eres poderoso. No tomes los dictámenes externos como la verdad absoluta, ni lo que expongo en este libro. Busca en ti, tu verdad es la única cosa absoluta que existe.

Tendrás días malos (no está mal), lo importante es que cuando vengan no dejes de creer en ti. Eres más poderoso de lo que podrías imaginar y en el Cielo no sabes lo amado que eres. Te bendigo, pues eres parte de mí. Bendigo tu camino y me pongo a tu servicio. Si buscas, vas a encontrar. No te des por vencido nunca; si te caes, sacúdete y vuélvete a parar. Si te insultan, no lo tomes personal. Si te rechazan, te están redireccionando. Tú no eres tu pasado, créeme.

Las respuestas a todas las preguntas que jamás vas a tener ya existen en ti. No te sientas culpable si no sabes qué quieres hacer de tu vida, como dicen, la gente más interesante no supo qué quería hacer hasta sus cuarenta, y algunos —los más, más interesantes— ni a sus cincuenta. El día que dejes de tratar, sabrás. Sé feliz, sé la luz en tu casa, sé todo lo que quieres de los demás. Brilla, libera, no busques perdonar, busca comprender.

Si tan sólo pudieras verte un segundo como te ve tu Padre, jamás volverías a dudar de ti. Te han dado el alma de un guerrero. Respeta tu cuerpo físico, aprende de él porque es tu más grande aliado, es tu templo. Atiéndete, chécate, supleméntate, nútrete, busca ayuda, ríe, baila, ama, vive la vida con pasión.

Querido hermano, espero que este libro, mi experiencia, mis lecciones actúen en tu vida como un rayo de luz y esperanza. No importa qué pase en tu vida, siempre hay una manera de darle la vuelta; siempre hay puertas abiertas, sólo decide caminar sin miedo. En mis momentos de oscuridad, de dolor y desesperanza, las palabras de una canción llegaban a mi mente. Supe que me las dedicaba el Cielo y ahora son para ti:

When the visions around you, / Bring tears to your eyes /
And all that surround you, / Are secrets and lies /
I'll be your strength, / I'll give you hope, /
Keeping your faith when it's gone / The one you should call, /
Was standing here all along.

Dios está contigo, siempre, jamás te ha abandonado porque aunque no creas en él, ÉL CREE EN TI.

Agradecimientos

En primer lugar, le agradezco a mi Padre, por no dejarme sola ni un segundo, por estar ahí, cuando estaba metida en la oscuridad y en el infierno de la adicción. Por cada día, a pesar de mis múltiples recaídas, por darme la oportunidad de volver a empezar, sin darse por vencido un solo segundo ante mis errores. La paciencia que tuvo conmigo es la lección de amor incondicional más fuerte que he tenido en mi vida.

A mi madre, mi madre bendita, la mujer que actuó como puerta divina para traerme al mundo, la madre que desde mi nacimiento hizo grandes sacrificios para sacarme adelante, la madre que siempre se las arregló para que tuviera techo, comida y educación. Mi maestra más grande y mi aliada, sus lecciones fueron —y son— difíciles, sé que me ama profundamente y jamás me abandonó a pesar de mis tropiezos, mi terquedad, mi rebeldía. Ha sido mi brazo derecho toda la vida, la persona que más se ha preocupado por mí en este plano de existencia, me ha aconsejado y me ha guiado incansablemente. A esta gran guerrera dedico este gran logro, mi primer libro.

A mi papá Carlos: qué valor de hombre de adoptar a dos hijas, de criarlas como tuyas, no cualquiera. Agradezco infinitamente las oportunidades tan grandes que me diste, mis viajes, mis escuelas, mis estudios, pero mucho más que las cosas materiales, valoro y agradezco infinitamente tu amor, las veces que me enfermé y estuviste en la esquina de mi cama, el millón de ocasiones en que te sentaste conmigo en el comedor a reflexionar mis acciones, la bendición que fue crecer con tu ejemplo: un hombre responsable, honesto, amoroso y atento con sus hijos, con su familia; jamás nos fallaste, ni una vez. Tu estructura, tu capacidad de prever, las virtudes que aprendí de ti, aunque sólo fue el uno por ciento de tu grandeza, debes saber que gracias a ese uno por ciento de disciplina y de estructura que me inspiraste, me salvé. Gracias papá.

A mi maestra: bendita seas maestra por actuar como guía en este duro proceso, no tengo idea de lo que hubiera sido de mí, si Dios no te hubiera puesto en mi camino, gracias a tus recapitulaciones nació este libro. Gracias.

A Cesar Ramos, el único editor que a pesar de ser autora novata y llevar un manuscrito que sólo Dios entendía, se sentó a escucharme, me abrió la puerta, confió en mí y me guió en este proceso que se debe caminar en el mágico mundo de la edición.